本书出版得到了江苏高校优势学科建设工程资助项目
（苏学科办[2018]3号）的资助。

U0615679

The Relationship between Firms' Export, Productivity,
and Management Decision in China
in the Framework of Heterogeneous Firm Trade Theory

异质性企业贸易理论框架下中国企业出口、生产率与经营决策的关系

汤二子◎著

经济管理出版社
ECONOMY & MANAGEMENT PUBLISHING HOUSE

图书在版编目（CIP）数据

异质性企业贸易理论框架下中国企业出口、生产率与经营决策的关系/汤二子著 . —北京：经济管理出版社，2021.3

ISBN 978 - 7 - 5096 - 7877 - 0

Ⅰ.①异…　Ⅱ.①汤…　Ⅲ.①企业管理—出口贸易—研究—中国　Ⅳ.①F752.62

中国版本图书馆 CIP 数据核字（2021）第 055400 号

组稿编辑：赵亚荣
责任编辑：赵亚荣
责任印制：黄章平
责任校对：董杉珊

出版发行：经济管理出版社
　　　　　（北京市海淀区北蜂窝 8 号中雅大厦 A 座 11 层　100038）
网　　址：www. E - mp. com. cn
电　　话：（010）51915602
印　　刷：唐山昊达印刷有限公司
经　　销：新华书店
开　　本：720mm×1000mm/16
印　　张：12. 75
字　　数：208 千字
版　　次：2021 年 5 月第 1 版　　2021 年 5 月第 1 次印刷
书　　号：ISBN 978 - 7 - 5096 - 7877 - 0
定　　价：68. 00 元

前　言

在异质性企业贸易理论提出之前，已有的国际贸易理论无法对同一行业中的不同企业做出的差异化出口决策给予充分解释。根据对企业行为的观察，特别是对企业生产率的追踪识别，经济理论研究者特别是 Melitz 将企业生产率异质性假定引入到贸易理论分析框架中，解释了生产率如何决定企业的出口决策以及出口贸易量多寡等问题。换言之，作为前沿的异质性企业贸易理论，根植于对企业实际生产与经营行为的洞悉。该理论被提出以后，贸易理论与实证研究者进行了大量的拓展性与经验性研究，获得了丰硕的学术成果。尽管学术界对此充满热情，但是该理论究竟对企业实践有何借鉴意义呢？和众多西方经济学理论一样，该理论虽然能够帮助人类认识经济运行规律，但对生产实践的指导却要逊色得多。企业是否出口以及如何出口均由企业管理者决定，可以想象绝大多数企业管理者时至今日根本不知道异质性企业贸易理论为何物，更无法明白构建贸易理论的一大串数学符号与模型到底代表着什么，遑论让这些企业管理者运用该理论去指导企业生产与经营实践。因此，无论是经典的还是前沿的经济学理论，应该按照"立地"要求来解读。

不可否认，西方学者对经济学经典与前沿理论的建构付出了大量心血。就拿国际贸易理论来说，从绝对优势理论到比较优势理论与资源禀赋理论，再到新贸易理论与异质性企业贸易理论，无一例外均由西方经济学者建构。那么，这些由西方经济学家建构的理论如何用于中国经济实践呢？很明显，直接套用西方经济理论肯定是不恰当的，所以需要认真思考包含异质性企业贸易理论在内的西方经济学理论在中国的适用性。唯有做到这一点，才能进一步考虑如何让西方经济理论指导本土企业的生产与经营实践。中国经济规模宏大，本土企业的生产和经营实践更是包罗万象，这可为经济理论研究提供极为丰富的经验支撑资料。诚如异质性企业贸易理论来源于企业生产实践那样，国内学者如果能够聚焦本土企业生产与经营实践，就很有可能找到拓展西方经济理论的突破口，进而为原创经济理论贡献本土力量。

本书以异质性企业贸易理论为基本框架，前两章首先探讨经典与前沿的国际贸易理论在中国的适用性，接着分析困惑学术界很长时间的中国出口企业"生产率悖论"的存在性及其理论原因，以此识别中国企业出口与生产率的逻辑关系。企业生产与经营会以盈利为根本目标，经济体自身的技术进步或者说宏观技术进步会对企业盈利产生影响并加剧企业之间的竞争。企业要想赢得竞争，寄托于研发投资是一种好的战略选择，同时出口决策会改变企业研发的盈利功能，这是本书第三章与第四章的研究内容。研发的生产性影响包含产品创新、技术增进与质量提升，第五章对其进行识别，同时根据产品质量信息，延展异质性企业贸易理论以对中国出口企业"生产率悖论"给予一种特殊解释。第六章将研发与员工在职培训联合起来，探讨两者对企业生产领域的影响。第七章与第八章分别讨论员工学历对企业经营的影响以及企业出口决策对劳动者工资性别歧视的影响，把企业经营与员工薪资水平结合起来进行研究。企业正常时期的生产与经营决策会以追求利润最大化为目的，但在遇到严重的不利冲击如新冠肺炎疫情时，企业舍利取义即放弃追逐盈利而按照疫情防控需要进行决策则更为可取，这比较接近传统的儒家理念，因此本书以概述孟子商业理念以便对企业遇到不利冲击给予借鉴来结束全书内容。

总的来看，本书既尊重异质性企业贸易理论，更重视企业生产与经营的实践需要，特别关注西方经济理论在指导本土企业经营方面的适用性，以求为国际贸易理论发展与企业合理做出生产与经营决策发挥某些积极影响。鉴于笔者才疏学浅，书中难免会有一些错误，欢迎大家批评指正。

汤二子

2021 年 1 月于南京审计大学位育楼

目　录

第一章 国际贸易理论的发展及其在中国的适用性[①]

异质性企业贸易理论作为前沿的国际贸易理论，成为研究者分析包括中国企业在内的微观企业如何从事出口贸易决策的基本框架。然而，异质性企业贸易理论的诸多观点是前置贸易理论的延伸，比如新贸易理论的模型框架就是异质性企业贸易理论构建的逻辑起点，同时诸如比较优势理论以及资源禀赋理论等还在对现阶段的国际贸易研究产生显著影响，甚至会结合到异质性企业贸易理论中来进行具体的理论分析。因此，本书开篇第一章探究随着异质性企业贸易理论被建构出来，发展中的国际贸易理论如何对中国企业出口行为选择提供正确的借鉴。这意味着要讨论发展中的国际贸易理论在中国的适用性究竟如何，据此可以自然而然地落脚到异质性企业贸易理论在中国的适用性问题上。

一、研究背景

在经济学理论体系中，国际贸易理论家构建了很多理论框架来分析国际贸易收益与分配等问题，为推进贸易自由化而辩护。的确，国际贸易涉及主权国家之间的利益交往与权力博弈，其理论研究所要关注的点比其他经济学问题要多，涉及政治、民族、语言乃至空间距离等。在国际贸易研究领域颇有建树并因此获得诺贝尔经济学奖的保罗·克鲁格曼及其合作者相当自信地表示"对国际贸易和国

[①] 本章主要内容发表于《制度经济学研究》2020 年第 3 期。

际金融的研究是经济学作为一门学科的标志"①。对国际贸易的研究标志着经济学作为一门学科可能有些夸大其词，但国际贸易在经济实践中所发挥的巨大作用却毋庸置疑。回顾中国发展历史，古代的闭关锁国与近代中国贫穷落后形影相随（乔瑞雪，2011），四十余年前的改革开放与新时代中国的繁荣富强联结在一起。中国增长奇迹被经济理论家当作国际贸易对主权国家发展具有重大作用的一个佐证，并用来指导其他发展中国家（Frankel，2016；Rodrik，2018；Almås and Johnsen，2018）。中国顶层设计者把开放作为延续增长奇迹和促进经济持续与健康发展的主要理念。开放是"五大发展理念"之一，作为新发展理念不可或缺的一部分写进了中共十九大报告之中，勾勒出中国经济发展的蓝图。2019 年 10 月 31 日中共十九届四中全会审议通过的《中共中央关于坚持和完善中国特色社会主义制度推进国家治理体系和治理能力现代化若干重大问题的决定》，把建设更高水平开放型经济新体制作为推动经济高质量发展的中国之治的组成部分，足见开放在中国未来发展中是不可或缺的。总而言之，在国际贸易理论方面，西方主流经济学家致力于建构越来越完备的经济理论。在国际贸易实践方面，中国长期坚持并业已写入国家治理体系中的开放战略成为国际贸易带动发展的典型案例。中国对外贸易实践验证了西方主流经济学家所提出的"贸易是有益的"这一主要论点，接下来应该回答"西方主流经济学家所构建的国际贸易理论对中国对外贸易实践究竟有何意义"这一问题。惯常的思维模式是理论可以用来指导实践，但在中国特定的政治与经济环境下，要说由西方经济学者所构建出来的主流国际贸易理论可以直接用来指导中国对外贸易实践，很显然不符合实际情况。

尽管国际贸易对于整个主权国家来说能带来可观的收益，而实际中充当国际贸易执行者的是众多负责生产的企业以及致力于赚取贸易差价的商人。被称为经济学鼻祖的亚当·斯密在研究城市工商业如何促进农村改良时说道："领主们为了宝石钻戒而放弃了自己先前的权利，成为城市中的市民和商人。"② 可见能被独占的经济利益对理性个体来说，其重要性远大于名誉与身份。如果国际贸易对于所有生产性企业都能带来利益，那么国际贸易在文明的主权国家中应该也就不

---

① 保罗·R. 克鲁格曼、茅瑞斯·奥伯斯法尔德. 国际经济学：理论与政策（第八版）［M］. 北京：中国人民大学出版社，2011.

② 亚当·斯密. 国富论［M］. 南京：江苏人民出版社，2011.

存在什么严重问题了，然而情况并非如此。哪怕是在初级的经济学教材中，几乎都会提到贸易保护以及利益集团等概念①。经济体中某些生产性企业特别是大型企业的利益可能会因为国际贸易而受损，进而促使其通过寻租等手段从内部影响主权国家对外贸易政策。如此看来，西方主流经济学家在国际贸易理论研究中只论证国际贸易对国家所能带来的收益看似是不够的，所以也论证了与贸易保护主义相关的其他理论问题（Melitz，2005）。这些理论其实也可归结到自由贸易能对国家产生收益这一范畴，因为对贸易保护主义的论证几乎都说明该行为破坏了自由贸易，进而对整个经济体产生了危害。马克思非常形象地说过："对英国教会，你在三十九个信条中攻击了他三十八条倒不要紧，他也许还会原谅你，但若你在他的收入中，夺去了他的三十九分之一，他一定恨你入骨。"② 所以具有资本主义逐利信仰的生产性企业不会因为国际贸易对国家有利就自然地支持贸易，它们会为了保护国内市场而甘愿放弃对外出口，只要这种做法对企业自身有利就行。换言之，西方主流国际贸易理论无法直接用来指导所有的西方企业做出出口行为选择，遑论指导中国企业的对外贸易营销决策。中国本土学者也在理论分析中研究贸易利得（李建萍和辛大楞，2019），但受到西方主流国际贸易理论分析框架的严重影响，难以把中国元素包含在理论构建之中。在主流国际贸易理论中看似存在可以用来指导中国企业出口行为选择的某些信条，比如在异质性企业贸易理论中，高生产率是企业具备出口能力的必要条件。根据这一论点，在经济实践中就宣称企业要想出口，就得想办法提高自身的生产率，比如研发活动等（孙晓华和王昀，2015）。然而，这些论点究竟能不能对中国企业出口行为选择提供有价值的启示意义，并不是一个简单的问题。

为了回答上述问题，必须解答以下三个子问题：国际主流国际贸易理论到底是不是正确的理论？如果是正确的，其具不具有理论上的一般性？如果具有一般性，如何把中国特色的经济现实纳入其中？只有解决了这三个子问题，才能彻底明晰西方主流国际贸易理论能对中国企业出口行为选择发挥出何种作用。如果不能正确认识这三个子问题，直接套用西方主流国际贸易理论来指导中国企业的出

---

① N. 格里高利·曼昆. 宏观经济学（第九版）［M］. 北京：中国人民大学出版社，2016.
② 马克思. 资本论［M］. 上海：上海三联书店，2011.

口行为选择，就有可能出现错用理论的结果。西方的异质性企业贸易理论强调了生产率对企业出口的作用，中国学者就大为突出了提高生产率对刺激本土企业出口的重要性（叶娇等，2018）。幸运的是，即便异质性企业贸易理论的这一信条在未来的某一天被证明是片面的，在实际中该信条所造成的损失应该也不会很大，因为鼓吹企业提高自身生产率，至少在目前来看不会产生什么严重危害。然而，因为直接照搬这一理论与中国现实相结合，已经在学术界引起了一些疑惑，比如中国出口企业"生产率悖论"问题就是其中一个（汤二子，2017）。在国际贸易理论发展中，某些当时被认为是"金科玉律"的观点，后来被证明是错误的或片面的，如绝对优势理论与要素禀赋理论等，在经济实践中到底有没有造成损失，其实是值得深思的。

二、国际贸易理论的正确性

主流国际贸易理论致力于论证贸易能够给经济体带来收益，其实很容易看出该论点在一般意义上均成立。对于一个主权国家，如果世界上没有国际贸易，那么它的备选物集所组成的集族为 $\mathscr{B} = \{(自给自足)\}$。如果允许国际贸易，只要这一经济体具有主权国家的性质，那么备选物集所组成的集族就变为 $\mathscr{B} = \{(拒绝与他国贸易)，(同意与他国贸易)\}$。自由贸易增加了主权国家的备选物集，它至少可以选择拒绝同他国贸易以实现与自给自足同等的经济收益。历史上存在被迫参与国际贸易而不利于国内收益的情况，所以国家具有主权以自由裁决是否参与国际贸易是贸易能够带来收益的先决条件。国际贸易对主权国家所带来的额外机会使国际贸易能够产生贸易利得，这是比较明显的结果，主流国际贸易理论学家为了证明这一论点耗费了巨大精力。建构国际贸易理论所依赖的假设越来越接近经济现实，同时用以建构理论的数理模型越趋完备，基本上就是国际贸易理论发展的方向。

在经济效益层面，自由贸易对国家的好处可谓非常明显，主流经济学家不遗余力地对此进行论证。某些追求个体利益最大化的私人企业可能会反对自由贸易，甚至掌握主权国家最高权力的政治人物也有可能反对贸易。韦尔在研究经济增长时注意到，有些国家的领导人不希望本国经济得到增长或发展，比如刚果（金）前总统蒙博托就形象地说过不要修路，因为修路会让反对者驱车去争夺他的宝座，表明经济增长会产生新的精英阶层以挑战原有统治集团①。经济增长对于主权国家的作用应该要比自由贸易的作用显著得多，而掌握国家权力的个别领导人会坚定地排斥经济增长，那么拒绝自由贸易就更具可能性。特别地，国内民众一般不会支持领导人做出阻碍经济增长的决策，但很有可能在民族情绪被点燃的情况下大力支持领导人拒绝自由贸易。换言之，对于一个主权国家来说，拒绝自由贸易远比拒绝经济增长要容易。主流的增长理论可以聚焦于研究影响增长的各种要素如储蓄、技术等（Ramsey，1928；Romer，1990），主流的国际贸易理论却不能放任干扰获取贸易利得的各种政治因素而不顾。尽管中西方经济理论家在这方面投入了精力，比如对所谓的幼稚工业论、战略性贸易政策等议题进行的研究（Brander，1995；Tsai et al.，2018；金祥荣，1994；何欢浪，2019），但其相对于主流国际贸易理论在论证贸易利得上所取得的成果要逊色一些。凯恩斯说过，经济学家与政治哲学家的思想统治了这个世界，实干家很可能是某个已故的经济学家的奴隶②。凯恩斯认为，经济理论的实践价值是非常大的，他个人所创建的总需求理论的确得到了极具价值的广泛使用。然而，在主流国际贸易理论体系中，论证贸易利得这一核心论点最多会在贸易纠纷谈判桌上，成为一方用来劝解另一方放弃贸易保护主义措施的一个理由。得益于保护主义的生产性企业不会因为国际贸易理论家的论证就会放弃原有的排斥国际贸易的立场，得益于自由贸易的企业或商人也不会因为国际贸易理论家放弃论证国际贸易能带来好处就拒绝对外贸易，即自由决策下的那只"看不见的手"所产生的影响比数学符号所组成的国际贸易理论要大得多。企业等经济单位的决策与行为选择受到国际贸易理论的影响比较小，而后者的发展所依赖的实践基础却是这些经济单位的行为模式。

由于国际贸易理论取决于实体经济单位的行为这一实践基础，从而这些理论的正确性具有动态变化的特征。亚当·斯密从经济体之间的行为合作以及出自私

① 戴维·N. 韦尔. 经济增长（第二版）［M］. 北京：中国人民大学出版社，2011.

② 约翰·梅纳德·凯恩斯. 就业、利息和货币通论［M］. 南京：译林出版社，2019.

利的相互帮助出发，发现经济体专业化生产自己擅长的东西并用来交换，会对各方都有利。这种古典的经济学思想被认为是经济学的开始，其实中国古代思想家早已观察到专业化分工与相互交易的好处。比如《孟子》中记录了"古之为市也，以其所有，易其所无者，有司者治之耳"[①]，即发现了用于交易的市场对民众互通有无的重要性，并且非常前瞻地提出了政府干预市场的思想。汉代开了一场著名的官员述职与民众议政的盐铁会议，其会议记录《盐铁论》上记载着"工不出，则农用乏；商不出，则宝货绝。农用乏，则谷不殖；宝货绝，则财用匮"[②]，生动描绘了在农业经济体中，农工商之间相互合作的重要性。中国古代的这些经济思想要比亚当·斯密早了大约两千年，但此处不为谁先谁后去作辩护，只凝练如下的经济实践基础：经济个体之间的相互交易可促使其专业化生产自己擅长的物品，这样可以提高彼此的经济利益。当把主权国家这一经济体看成是一个特定的经济个体时，国家之家的相互交易即国际贸易可以让这些主权国家专业化生产自己擅长的商品，从而带来经济利益即贸易利得，这就是绝对优势理论的核心观点（方向和魏艾，2018）。这种根植于经济体行为实践的国际贸易理论在其被提出后，成为初生的国际贸易理论的核心部分，当然也是首次论证国际贸易利得的主流理论。不过，绝对优势理论很快就在实践中遇到了挑战，因为其分析的假设条件很容易被质疑。绝对优势理论一般假设存在两个经济体并各自生产两种物品，通过生产单位物品所投入的劳动量来确定每个经济体在何种物品上具有绝对优势。当假设更具一般性的时候，比如存在很多个经济体并生产很多种商品时，究竟如何比较绝对优势就成为了一大难题。特别地，即使是在两个经济体与两种商品的假设下，绝对优势理论也会出现逻辑上的严重矛盾，即一个经济体可能在两种商品的生产上都没有绝对优势，进而得到这一经济体什么也不生产这种严重错误的结论。

尽管绝对优势理论早已被更替，它对经济学理论研究以及经济政策制定者所提供的启示却是重大而深远的。可以想象一下，如果绝对优势理论现在还是主流的国际贸易理论，用这个理论来指导中国企业的出口行为选择会发生什么呢？大

---

① 方勇. 孟子（译注）[M]. 北京：中华书局，2010.
② 陈桐生. 盐铁论（译注）[M]. 北京：中华书局，2015.

量出口附加值较低的工业制成品这种贸易模式，显示了中国企业在这方面可能具有所谓的绝对优势，在附加值较高的高技术产品方面可能具有绝对劣势。用绝对优势理论指导中国企业出口行为与专业化生产的话，必然会认为中国企业应该专注于附加值低的工业制成品的生产，放弃在附加值高的科技产品领域的探索与生产。很明显，这是一种极为严重的理论指导错误，与中国这一大国经济正致力于提升核心竞争力的外贸战略格格不入（洪世勤和刘厚俊，2013；易先忠和欧阳峣，2018）。绝对优势理论已被抛弃，当然现在也不会利用这种理论来指导实践，但引以为戒的是，现在正在利用的西方经济理论家所构建的主流国际贸易理论，不能保证其一定就是正确的，甚至会在不久的将来就被其他理论所替代。在历史上，绝对优势理论对某些秉持这一理论的经济体有没有产生不利影响，还真的让人怀疑，比如某些农业国一心发展农业而放弃不具有绝对优势的工业，肯定会对长期的经济发展造成不利影响。

直接替代绝对优势理论的国际贸易理论是相对优势理论，学术界公认李嘉图是该理论的创建者并持续为此提供实证经验（薛蕊和苏庆义，2014）。比较优势理论解决了绝对优势理论中的绝大部分逻辑矛盾，比如某个国家在两种产品的生产方面均要比其他国家更为劣势，但总会在某些产品的生产上具有相对优势。集中生产具有相对优势的产品并与其他国家交易获得相对劣势的产品，就会产生贸易利得。即使存在多种产品，比较优势链条也可以非常清晰地告知单个经济体应该如何集中资源去生产，甚至可以在连续商品的假定下利用比较优势理论来进行分析（Dornbusch et al.，1977）。比较优势理论时至今日还在被贸易研究者用来分析国际贸易（郑文博，2019），甚至还能得到高度赞誉，比如把比较优势视为国际贸易的基石（吴杨伟和王胜，2018）。在国际贸易理论发展过程中，比较优势理论的生命力的确要比其他理论更为顽强。不过，用比较优势理论来指导经济个体的行为选择时，其"非白即黑"的选择方式即只生产具有相对优势的产品而放弃生产相对劣势的产品，对于大型经济体来说不太合适。把中国作为案例，如此庞大的一个经济体在比较优势理论指导下直接放弃所谓的比较劣势产品的生产，仅依赖于进口来满足本土需要，显然是一种非常不安全的经济发展模式。特别地，就中国目前的经济发展状况来看，相对于其他发达国家存在比较劣势的产品，很有可能正是当前中国产业政策努力调配各种资源予以重点发展的领域（张莉等，2017；杨继东和罗路宝，2018），如某些高新技术产业等。在特定情况下，大国应该有不依靠外部经济的能力，这就是经济安全。中国企业生产的某些具有比较劣势的产品很可能是国民经济所必需的，就必须持续生产下去。此外，在当前的国际产业发展之中，衡量产品的主要竞争优势是产品的技术含量、附加值以及质量等因素，要素投入量的相对高低即比较优势或劣势已经不是唯一的生产指示器了。让中国企业退出比较劣势产品的生产而专门生产具有比较优势的产品，尽管听起来似乎很有意义，但却远离中国经济与社会发展的现实，因为这么做会让中国企业在某些领域的劣势相对于西方发达国家而变得更加明显。

绝对优势或相对优势理论依托整个经济体不同生产部门的效率状况，论证了劳动分工以及国际贸易的巨大收益，尽管现在也会提及这些理论，但其逐渐淡出了国际贸易理论的主流。在实际的经济运行中，绝对或相对优势理论只能给予某些粗略指导，比如某个小型经济体根本不存在某种自然资源，那么致力于生产需要大量使用这种自然资源的商品对这一小型经济体来说应该就不可取，因为该经济体在这类商品的生产上不存在绝对优势，也很可能不存在相对优势。利用经济体的要素禀赋来指导生产与国际贸易模式，其实就是国际贸易理论中的赫克歇尔－俄林理论（Heckscher－Ohlin Theory，H－O 理论）的精髓（王岚和罗小明，2012）。H－O 理论证明了主权国家应该集中生产密集使用资源相对充裕的产品，接着相互之间进行国际贸易，从而能够给贸易双方带来收益。某个经济体在某种资源上的拥有量是否"充裕"，并非取决于该资源的绝对数量，而是受制于该资源与其他资源的相对数量。在这个层面，资源禀赋理论其实是一种广义上的比较优势理论。林毅夫和李永军（2003）相当客观地评价了比较优势理论对要素相对密集度方面所给予的参考原则，同时表示单个企业甚至整个经济体无法进入这个国家所有具有比较优势的行业。造成所有具有比较优势的行业无法全部囊括在经济体的生产环节之中的原因还是要归结为资源的稀缺性，所以考虑了资源禀赋的比较优势理论要比只根据生产相对效率来确定比较优势更具现实意义。时至今日，依然存在部分学者利用资源禀赋来确定个体企业的竞争优势。比如李晓华（2011）认为企业的国际竞争力建立在国家特征的资源禀赋条件与企业特征的核心能力之上，中国企业跨境并购屡遭失败的重要原因就是本土资源禀赋条件会随着企业"走出去"而消失。在 H－O 理论中，要素禀赋的相对比率很有可能会发生变动，Rybczynski（1955）就注意到资源供给变动对生产偏向性影响所产生的国际贸易动力。要素禀赋充裕程度的变动情况可以为主权国家贸易变动提供某种解释，比如某个劳动相对资本更为充裕的经济体首先会集中生产劳动密集型产品并出口，同时进口资本密集型产品用于生产或消费。随着这种贸易模式的逐步发展，该经济体可能会积累大量的资本，劳动力因为人口总数增长缓慢而受到限制，使其变成资本相对劳动更加充裕的经济体，让国际贸易的动力发生了变化。在技术变迁极为快速的科技时代，要素充裕程度的变动速度应该没有技术或生产效率变化的快，所以依靠资源充裕程度的变动来解释国际贸易模式变动，不如利用生产效率变动进行解释更具说服力。在中国刚实行改革开放之时，庞大的劳动力资源使中国集中生产劳动密集型产品并出口，如加工贸易（陈陶然等，2018）。经过四十多年的经济积累，中国经济中资本存量远非改革开放之初所能比拟，从而出现了资本密集度越高的行业越有可能选择国际化经营战略如对外直接投资（金晓梅等，2019）。这种贸易模式转变可能会受到资本积累程度变化的影响，但改革开放后中国本土科学技术进步以及企业生产效率的大量释放（汤二子等，2013）应该是中国企业出口行为决策与模式变化的更为主要原因。

要素禀赋理论在论证国际贸易动力以及贸易利得等方面均没有冲破比较优势理论的研究范畴，如果想利用该理论指导当前中国企业出口行为选择的话，比较优势理论比它更直截了当。在理论上，H-O理论很容易受到贸易保护主义者的攻击，比如Stolper和Samuelson（1941）就一针见血地指出贸易保护主义会让禀赋相对不足的那类要素的实际支付如实际工资或实际租金得到提高，因为要素禀赋理论指导下的生产模式与国际贸易会降低这些要素所获得的实际支付，从而劳动力相对不足的国家为了保护本国劳动者，就应该实行贸易保护政策。这么来看，绝对优势、相对优势以及要素禀赋理论在刚被提出之时，都是国际贸易理论的主流，也都论证了自由贸易的收益。它们都来源于经济参与者的实践，在解释某些经济现象时推动了国际贸易理论向前发展。尽管在当前国际贸易理论与政策研究中，它们还时不时地被提及，甚至被直接用来指导实践，但其理论之光已暗淡多了。这三种国际贸易理论均在整个国家层面给出了"非黑即白"的逻辑理念，即集中生产某一大类产品而放弃生产另一大类产品，这既被经济行为的实践所否定，更不会成为一个追求稳定发展的大国的经济政策导向。因此，新的国际贸易理论产生了，即新贸易理论与新－新贸易理论。

新贸易理论特别是新－新贸易理论是当前国际贸易理论中的前沿，也是被学者们大量用来研究与指导企业出口行为选择的主流国际贸易理论。绝对优势、相对优势及 H－O 理论在其成立之初也被认为是"完全正确"的国际贸易理论，但后来的经济实践证明这些理论均具有较大的片面性。因此，国际贸易理论的正确与否是其能否用来指导企业出口行为选择的关键。历史的经验显示，国际贸易理论的正确性具有动态变化的特征，所以目前被认为是"前沿"的国际贸易理论也有可能在将来被证明是片面的，从而利用该理论去指导对外贸易实践时，务必应该小心谨慎。即使把前沿的国际贸易理论视为这些理论追随者口中"完全正确"的理论，也不能直接用来指导中国企业的出口行为选择，因为这一所谓的前沿国际贸易理论很可能不具备一般性。

三、国际贸易理论的一般性

在国际贸易理论研究中，取得实质性理论飞跃的当属经济学家保罗·克鲁格曼（Paul R. Krugman），他所构建的国际贸易理论被称赞为新贸易理论（雷达和刘元春，2005）。Krugman 注意到已有从国家层面所探讨的贸易模式无法用来解释新的经济现象，即不同经济体会在类似产品之间进行相互贸易，对此绝对优势、相对优势与 H－O 理论显得苍白无力。Krugman（1979）构建了一般均衡模型，讨论了国际贸易如何建立在规模经济生产的基础之上。完全相同的两个经济体，即没有一个具有绝对优势、相对优势或资源禀赋优势，也没有任何技术优势，但这两个经济体之间依然可以产生国际贸易，并且通过释放生产中规模经济的力量以产生贸易利得。Krugman（1980）构建了与其本人前一年度所发表的成果（Krugman，1979）非常相似的一个均衡模型，专门用来解释国际贸易如何通过实现产品多样化而给普通消费者带来收益。Krugman 的两个均衡模型既论证了国际贸易产生的根源，也识别了国际贸易如何使贸易双方获益，即经济体中的生产者会因为规模经济而受益，消费者会因为商品多样化而得益。Krugman 连续两年所构建的模型在数理层面是相当完备的，但其所依赖的较为严格的假设条件依然会让人去审视该理论具不具有一般适用性。Krugman 本人也意识到这一点，所以在 1980 年的那篇文章中主动谈到了一般化利用该模型的问题。Krugman（1980）指出由于假定需求弹性固定不变，从而得不到前一年论文（Krugman，1979）中所论证的贸易可以引起规模经济生产而使经济体受益这一命题。这两个模型在形式上是非常接近的，且出自同一位经济学家，仅因为一个假设条件的不同，就无法得到新贸易理论体系中"贸易引致规模经济生产而得益"这一最重要的命题，足见数理层面上非常完备的经济模型也非常"脆弱"。在实践中利用经济理论之时，把握该理论在构建时所依赖的假设条件是衡量其是否具有一般适用性的关键。经济理论家经常会为自己的理论所设定的假设条件去辩护，如范里安就形象地指出"一张以 1:1 的比例画出的地图是毫无用处的"，进而表示"一个经济模型也无需描绘出现实世界的每一个方面"[①]。然而，如果经济理论或模型所依赖的假设条件过于苛刻的话，就会越来越不具有一般性。在利用丧失一般适用性的经济理论来阐述政策启示时，更应该小心谨慎，因为手中的理论"法宝"很可能不符合实际条件。

　　通过改变 Krugman 新贸易理论模型中的一个主要假设条件而推动国际贸易理论再向前迈出一步的经济学家就是 Melitz。Krugman 模型中假设同一产业中的企业是同质的，这的确是一个很强的假设条件，由于 Krugman 所构建的模型在数理逻辑上是相当完备的，所以想变革他的这一假设条件而构建完备的一般均衡模型并非易事，所以在隔了将近 25 年以后，Melitz（2003）才把同质企业假定变革为异质企业假定，构建了用于分析国际贸易模式的一般均衡模型，成为异质性企业贸易理论的开山之作。异质性企业贸易理论的确更接近经济现实，也更容易用于指导企业的出口行为选择，因而该理论成为当前国际贸易理论的前沿。Ranjan 和 Raychaudhuri（2016）把 Melitz（2003）模型作为主体的异质性企业贸易理论称为新 - 新贸易理论。尽管名称可以唤为"新 - 新贸易理论"，但笔者认为新贸易理论并非如同它自身替代其他贸易理论一样被异质性企业贸易理论所替代，所以没有把新贸易理论放在审查理论正确性的部分中。将新贸易理论与新 - 新贸易理

---

① 哈尔·R. 范里安. 微观经济学：现代观点（第九版）［M］. 上海：格致出版社，上海人民出版社，2015.

论放在一起来审视国际贸易理论的一般性，主要有以下三点考虑：第一，异质性企业贸易理论的确是国际贸易理论中的最新前沿，但是新贸易理论是国际贸易理论更新换代的巨大飞跃，异质性企业贸易理论充其量只是对新贸易理论的扩展，所以将异质性企业贸易理论当作完全替代了新贸易理论是不公平的；第二，新贸易理论在异质性企业贸易理论被提出以后依然得到了广泛使用，且该理论可以用于产业领域中某些非常有价值的分析，比如新贸易理论在新兴的文化产业贸易中具有较好的适用性（程相宾，2018）；第三，异质性企业贸易模型与新贸易理论的经典模型之间存在高度相似性，同时异质性企业贸易模型是在突破新贸易理论模型的假设条件基础上构建出来的，因此在探讨异质性企业贸易理论的假设条件是否具有一般性之时，结合新贸易理论予以评述将更有启示意义。

1. 需求方面

尽管 Melitz 构建的异质性企业贸易模型突出了生产环节中企业生产率异质性所产生的影响，但构成其数理模型框架的基础是对市场需求方面的设定。Melitz（2003）设定代表性消费者的效用函数①是 $U = \left[\int_{\omega \in \Omega} q(\omega)^{\rho} d\omega \right]^{1/\rho}$，这是连续的 C. E. S. 型效用函数，这一效用函数决定了特殊的市场需求。在微观经济理论中，决定需求行为的内在原始动力应该是消费者的偏好，效用函数仅仅是描述具有某些性质的偏好的一种数理形式，同时任何对效用函数的正单调变换均代表了相同偏好②。由于参数 $0 < \rho < 1$，从而效用函数 $U = \int_{\omega \in \Omega} q(\omega)^{\rho} d\omega$ 与 Melitz 所设定的 C. E. S. 效用函数代表了相同偏好，所决定的需求也就具有相同特征。如果把连续效用函数 $U = \int_{\omega \in \Omega} q(\omega)^{\rho} d\omega$ 写成离散形式，那么就是 $U = \sum_{i} q_i^{\rho}$，这与 Krugman（1980）所设定的效用函数在形式上是完全一致的，只是 Krugman 写成了 $U = \sum_{i} c_i^{\theta}$ 而已。Melitz（2003）所构建模型的需求与 Krugman 在 23 年前所建模型是

---

① 为了论述的简洁，本章在直接引用已有文献中的公式时，不再重复性地介绍各种变量及参数的含义。此外，本书第二章会向读者展示完整的异质性企业贸易模型及其推导过程。

② 杰弗里·A. 杰里，菲利普·J. 瑞尼. 高级微观经济理论［M］. 北京：中国人民大学出版社，2012.

相同的，之所以使用看似较为复杂一点的 C. E. S. 型效用函数（Dixit and Stiglitz，1977），取决于该函数在处理某些棘手问题之时，能带来某些直觉上的认知力，如 Krugman（1991）在研究产业集聚的经济地理问题时，就因为 C. E. S. 型效用函数的这一优点而使用了它。只要把效用函数设定为 C. E. S. 等特定形式，即使该函数在数理分析中具有非常优越的特征，也已经不具备经济理论上的一般性了，所以 Krugman（1991）在使用 C. E. S. 效用函数之前，强调了自己所构建的理论框架是极为特别的。Yang 和 Heijdra（1993）试图在 D – S 框架基础上拓展这一分析，以求使其更具使用价值。Redding 和 Weinstein（2020）在发展 C. E. S. 偏好的基础上提出了新的更为精确的价格指数测算方法，也在试图回避 C. E. S. 型效用函数所造成的不利影响。为了理论上的一般化需要，构建效用函数的隐函数形式可能更有适用性，Krugman（1979）就是利用隐函数形式的效用函数进行的数理分析。

为了看出 Melitz（2003）利用的效用函数所推导出的需求到底有多特殊，先写出该模型中的（瓦尔拉斯）需求函数 $q(\omega) = Q\left[\dfrac{p(\omega)}{P}\right]^{-\sigma}$。需求函数中没有包含收入，即暗含了收入不影响商品需求这一假定。Melitz 在分析生产过程时把劳动者工资标准化为 1，同时依据他对福利变化的分析来看，其所做的代表性消费者假定应该表示规范的代表性消费者，从而经济体中的总收入即 $wL = L$ 应该要包含在需求函数之中。利用 C. E. S. 效用函数进行分析时，却"自然地"排除了收入因素。在一般性意义上，对于价格向量 $p = (p_1,\ p_2,\ \cdots,\ p_L)^T$ 与收入 w，可微的瓦尔拉斯需求函数 $x(p,\ w)$ 在满足瓦尔拉斯法则（必须在收入用完之时才会得到最大满足）、零次齐次性（价格与收入同比例变化不影响需求）以及显示偏好弱公理这三个相对稳健的性质时，在 $L > 2$ 的情况下，以下 Slutsky 矩阵 $S(p,\ w)$ 仅仅是负半定的[①]：

---

① 安德鲁·马斯 – 克莱尔，迈克尔·D. 温斯顿，杰里·R. 格林. 微观经济理论 [M]. 北京：中国人民大学出版社，2014.

$$S(p, w) = \begin{pmatrix} \frac{\partial x_1(p, w)}{\partial p_1} + \frac{\partial x_1(p, w)}{\partial w}x_1(p, w), & \cdots, & \frac{\partial x_1(p, w)}{\partial p_L} + \frac{\partial x_1(p, w)}{\partial w}x_L(p, w) \\ \vdots & \ddots & \vdots \\ \frac{\partial x_L(p, w)}{\partial p_1} + \frac{\partial x_L(p, w)}{\partial w}x_1(p, w), & \cdots, & \frac{\partial x_L(p, w)}{\partial p_L} + \frac{\partial x_L(p, w)}{\partial w}x_L(p, w) \end{pmatrix}$$

$$(1.1)$$

如果需求来自理性偏好的最大化决策，其实等价于显示偏好强公理对需求施加了约束，导致 $S(p, w)$ 具有对称性。显示偏好强公理是比显示偏好弱公理更为严格的假设条件（Houthakker, 1950），所以 $S(p, w)$ 的对称性意味着性质并不稳健，即在 $L > 2$ 时，下式已经算是比较严格的条件了：

$$\frac{\partial x_i(p, w)}{\partial p_j} + \frac{\partial x_i(p, w)}{\partial w}x_j(p, w) = \frac{\partial x_j(p, w)}{\partial p_i} + \frac{\partial x_j(p, w)}{\partial w}x_i(p, w), \quad \forall i, j$$

$$(1.2)$$

对于 Melitz（2003）的需求函数，由于 $Q \equiv U$ 且 $P = M^{\frac{1}{1-\sigma}}p(\widetilde{\varphi})$，所以在某一静态时点上，从离散的角度来看，其 Slutsky 矩阵 $S(p, w)$ 为：

$$S(p, w) = \begin{pmatrix} -\sigma Q \frac{P^{\sigma}}{p_1^{\sigma+1}}, & 0 & , \cdots, & 0 \\ 0 & , & -\sigma Q \frac{P^{\sigma}}{p_2^{\sigma+1}} & , \cdots, & 0 \\ \vdots & \vdots & \ddots & \vdots \\ 0 & , & 0 & , \cdots, & -\sigma Q \frac{P^{\sigma}}{p_L^{\sigma+1}} \end{pmatrix}$$

$$(1.3)$$

这是一个极为特殊的对称矩阵，从而严重影响了由其出发所构建的经济理论的一般性。在原理上看，Melitz（2003）的理论模型在静态时点上抛弃了商品的市场需求取决于收入以及其他产品价格的假定。在产品差异化视角下讨论国际贸易的产品流动时，不同经济体之间相互贸易的商品之间的替代或互补性质其实是决定贸易模式的关键。因此，仅从商品价格相互影响的视角出发，Melitz（2003）模型在需求层面的一般适用性甚至都不及博弈论中常用的关税和不完全国际竞争模型，如 Gibbons（1992）设定企业 $i = 1, 2$ 分别为两个国家中的企业，分别为国内市场与国外市场，提供的商品量为 h_i 和 e_i，经济体 1 与经济体 2 中的商品总

量分别为 $Q_1 = h_1 + e_2$ 与 $Q_2 = h_2 + e_1$，市场出清价格为 $P_i = a - Q_i$。这种直接设定市场需求形式，淡化了从理性偏好消费者最大化决策中求解市场需求的分析过程，尽管也很特殊，但其至少包含了商品之间价格的相互影响，从而在一定程度上突出了相互贸易的商品之间的某些内在关联。

Melitz 在 2003 年之后，依然在异质性企业贸易模型的构建方面倾注了大量心血，确实也把这一理论框架继续向前推进了很多，Melitz 和 Ottaviano（2008）的模型就是重要成果之一，他们放弃了 C. E. S. 效用函数的假定，构造了被称为 OTT 形式（刘海洋等，2012）的拟线性效用函数，计算得到的产品市场需求为：

$$q_i = \frac{\alpha L}{\eta N + \gamma} - \frac{L}{\gamma} p_i + \frac{\eta}{\eta N + \gamma} \frac{L}{\gamma} \int_{i \in \Omega^*} p_i di \qquad (1.4)$$

由于单位化了工资，劳动力总量 L 代表了经济体中的总收入，从而商品 i 的需求在某个静态时点上取决于总收入，同时也能发现会受其他商品价格的影响。由于 Melitz 和 Ottaviano（2008）假定每个消费者具有相同偏好，求出个人需求函数并对其进行加总以得到市场需求函数，完全不同于 Melitz（2003）所做的代表性消费者假定，导致市场需求函数的 Slutsky 矩阵取决于收入分配等因素。仅从需求函数并依赖固定程序去计算，式（1.4）的 Slutsky 矩阵依然是相当特殊的，但至少比 Melitz（2003）所确定的 Slutsky 矩阵更加具有一般化。为了论述的简洁性，在此不给出这一替代矩阵的具体计算结果。简言之，为了推动国际贸易理论向前发展，变革影响市场需求方面的效用函数假定以求更接近现实，可能是理论上的一大突破口。

前沿国际贸易理论模型的基础来自于商品市场的需求特征，后者又取决于所使用的能够代表某种特殊偏好的效用函数。消费者偏好建立在个人的心理基础之上，从而依据某种带有自省性质的个人价值导向以重新设定效用函数，那么就有可能改变前沿国际贸易理论的核心论点。比如中华传统美德中含有节俭的内在要求，这种美德建立在淡化个人欲望的基础之上。中国古代思想家极力告诫"目好色，耳好声，口好味，接而说之，不知厉害，嗜欲也"[①]，强调修身养性的重点

---

① 陈广忠. 淮南子（译注）[M]. 北京：中华书局，2012.

就是节欲。晚清时期掌握统治阶层话语权的权贵人物依然在宣传这种观点，即"降龙以养水，伏虎以养虎。古圣所谓窒欲，即降龙也；所谓惩忿，即伏虎也"①。如果把某个经济体中的代表性消费者的偏好建立在这种节制欲望的自省基础之上，从而构造的效用函数将与现代经济理论中所用的效用函数极为不同，对国际贸易理论的分析亦将产生实质性影响，甚至得不到主流国际贸易理论中所努力证明的贸易能够带来收益这一结论。比如在严格节制欲望的假设下，个体应该会警惕"五色令人目盲，五音令人耳聋，五味令人口爽，驰骋畋猎令人心发狂，难得之货令人行妨"②，努力排除产品的多样化，从而也就得不到国际贸易理论所证明的贸易能让消费者因产品多样化而获益这一论点。尽管以复古的视角去考虑消费者偏好及其所确定的效用函数可能要比已有的经济理论中如异质性企业贸易理论所设定的消费者偏好更为"特殊"，但其所给予的警示意义却是至关重要的，即主流国际贸易模型的构建取决于消费者偏好的假定，而假定的特殊性影响到所建模型的适用性。只要简单地变换效用函数的设定方式，可能就会全盘否定所构建的国际贸易模型，遑论用这种特殊的模型去对经济行为给予指导。变换效用函数的经验基础是广泛存在的，比如行为经济学中经常探讨的某些消费者行为，就有可能来自非理性的偏好。总之，从效用函数所决定的市场需求出发，可以非常清晰地看出如果照搬所谓的前沿国际贸易理论来指导微观企业出口行为决策，就忽略了理论的一般适用性。

2. 生产方面

Melitz（2003）沿用了 Krugman（1979，1980）对生产所做出的只使用一种要素即劳动 l 且每个企业只生产一种产品这种假定，Melitz 把生产函数设定为线性的：$l = f + \dfrac{q}{\varphi}$。究其本质来看，Melitz 所设定的生产函数与 Krugman（1979，1980）是完全一致的。Krugman 设定的生产函数为 $l = \alpha + \beta x$，这里的 α 与 Melitz 模型中的 f 均代表生产中的固定成本，β 与 φ 均代表生产中把可变要素变为产出

---

① 谭作文. 曾国藩家书（译注）[M]. 北京：中华书局，2017.
② 汤漳平，王朝华. 老子（译注）[M]. 北京：中华书局，2014.

的能力即生产率，只是 β 表示的是生产率的倒数而已。Melitz 所做的假定与 Krugman 的唯一不同之处就在于企业生产率 φ 的异质性，Krugman 模型中的 β 对所有企业均相同。需求与供给（生产）构成了一般均衡模型的两个最为重要的方面，结合需求与生产方面的设定，可以看出 Melitz（2003）与 Krugman（1980）在数理框架上的高度相似性。

对于企业生产中只使用一种要素即劳动力这一假定，显然与现实情况是完全不符合的，因为企业生产需要的要素多种多样，就在最为简洁的实证研究之中，至少也要把劳动与资本这两种要素看成是企业生产所必需的。Tang 和 Peng（2017）在利用 Melitz（2003）框架来分析中国能源消费如何通过产品特别是工业制成品的出口而贡献于世界其他国家时，假定了包含能源在内的所有资源这种组合体即"混合资源"s，这种混合性质的资源假定能够非常简便地利用异质性企业模型框架来分析诸如能源等要素如何随着企业出口而变化这类问题。在"纯"经济理论分析之中，Melitz 与 Krugman 等学者所做的只使用一种要素假定应该可以接受，只是他们把要素命名为具有单一确定性指向的"劳动"而容易引起疑惑罢了。不同经济体在各种生产要素的资源禀赋上存在了很大差异，同时不同经济体中生产性企业的技术特征也不尽相同，从而如何把经济体中的所有生产要素设定成单一的要素用于经济分析是很重要的（Tang et al.，2018）。

Melitz（2003）在生产要素假定上偏离一般化最为严重的是关于劳动力总量完全无弹性假定，Melitz 本人在后续研究中就做过完全不一样的假定，如 Costantini 和 Melitz（2007）就设定了劳动力这一要素供给满足完全弹性这样的假定，所给理由是：在局部均衡模型中分析某个产业时，可以把经济体提供给这个产业的劳动力看成是完全弹性的。经济体对某个产业的劳动力供给到底是完全弹性还是完全无弹性，直接关系到异质性企业贸易理论的核心论点。比如汤二子（2014）说明了如果在 Melitz（2003）模型中把劳动力供给的完全无弹性假定变为劳动力供给的完全弹性假定，那么 Melitz（2003）中低生产率企业因为出口贸易而被逐出市场这一重要命题将不复存在。在现实中，经济体对于某个产业的要素供给应该介于这两者之间，既不可能充裕到对于某个产业的劳动力要素供给是无限制的（完全弹性），也不可能缺乏到对这一产业的要素供给是完全不变的

（完全无弹性）。经济体对某一产业的要素供给量应该直接取决于该产业对要素的实际支付，这种实际支付的数量又取决于要素在生产过程中所带来的边际产品，而 Melitz（2003）单位化了要素价格即工资水平，使这种分析要素需求与供给的模型无法展开，影响了理论上的一般性。

中国作为劳动力资源极为充裕的经济大国，其始终存在的自然失业率意味着长期中劳动力资源在生产中没有出现供不应求的局面，年度城镇调查失业率可能要比自然失业率的估算值更高一些（张世伟和司颖华，2018；王东京，2019）。因此，在任何时点上，中国这一经济体对于任意产业的劳动力供给都不可能是完全无弹性的。即使把所有生产要素当作一个整体来看待，中国作为经济规模如此之大的一个经济体，单个产业中的要素投入在总要素中所占比率应该不高。如果对产业划得更加细致，尽管这会更接近异质性企业贸易理论的研究环境，但是单个产业吸纳的要素所占比率就会更低，从而更应该拒绝劳动供给完全无弹性假定。尽管特定的行业可能需要特殊技能的劳动力，使在某一时点上，经济体对该行业的劳动力供给接近于完全无弹性。在劳动力流动性越来越大的背景之下，这种专门为生产某种特殊商品而所拥有的特殊生产要素的数量固定不变，显得越来越不符经济现实，对于大型经济体来说更是如此。另外，对行业特殊性做出过于严格的限制，又有可能违背 Melitz（2003）在市场需求方面所做出的行业中差异化产品之间具有固定替代弹性这一假定。总之，对于中国这一大型经济体来说，科斯坦蒂尼和 Melitz（2007）的劳动供给完全弹性要比 Melitz（2003）的劳动供给完全无弹性更接近现实一些。只要突破了 Melitz（2003）完全无弹性劳动供给这一假定，异质性企业贸易理论本身都难以立足，遑论用来指导中国企业的出口行为选择。

Melitz（2003）假定所有企业都面临相同的固定成本 f，在工资单位化的情况下，f 可直接写入用劳动力代表的生产函数之中。Melitz（2003）与 Krugman（1979，1980）对于企业生产固定成本的假定完全相同，只是所使用的符号不同而已。企业要想投入生产并取得盈利，经营之前投入某一固定数量的成本确实比较接近现实。然而，对于应不应该设定固定成本这一问题，Melitz 本人却无法保持一致。Melitz 和 Ottaviano（2008）用边际生产成本表示企业所具有的异质性生产率，就假定了企业生产不存在固定成本，所给的直接理由是为了数理分析的简便性。汤二子（2017）指出 Melitz 及其合作者不设定固定成本的真实原因其实来自于不同的效用函数所带来的不同市场需求，在 Melitz（2003）模型中，如果假定不存在固定成本，那么将无法求解模型，而 Melitz 和 Ottaviano（2008）的拟线性偏好所确定的市场需求本身就能作为一个条件用于模型求解。皮建才和仰海锐（2017）在构建经济理论模型时强调，出于不考虑企业自由进入的需要，把企业生产的固定成本设定为 0。Melitz 和 Ottaviano（2008）研究了企业自由进入的均衡，但没有设定固定生产成本。在 Melitz 作为主要合作者的 Bilbiie 等（2019）的文献中，假定企业投入生产需要支付沉没成本（Sunk Entry Cost），但不存在固定生产成本（Fixed Production Cost）。Melitz 被视为主流国际贸易理论中新 - 新贸易理论的开创者，但在对企业生产的各种设定中，多次做出"前后矛盾"的假定来服务于特定模型的构建，如经济体对单个产业的劳动力供给是否满足完全无弹性以及固定成本是否存在等，均无法保持前后一致，意味着他所创建的国际贸易理论在实际运用中必然存在着片面性。

对于所有企业面临相同的固定生产成本这一假定，其实也有待商榷。对某个经济体中的某个行业，所包含的生产性企业的确存在着非常相似的生产特征，从而假设这些企业具有相同的固定生产成本具有一定的现实基础。不过，Melitz（2003）设定了企业生产率的异质性，如果所有企业面临的固定生产成本因为所属行业相同而被设定为相同的数值，那么更加依赖于行业特点的生产技术与经营效率，所有企业的差别就不会很大。换言之，在 Melitz（2003）与 Krugman（1979，1980）这三篇文献中，尽管都设定了所有企业面临相同的固定生产成本，但由于 Melitz（2003）又设定了生产率异质性，从而让该假定所造成的逻辑矛盾就更大一些。另外，企业生产率可能会取决于所投入的固定生产成本，因为固定成本投入量越大，比如建造的生产车间越大，会让企业管理者更容易协调劳动者之间的合作，进而提高了生产率，即 $\varphi = \varphi(f)$。为了单独分析异质性生产率的影响，可以构建反函数 $f = b(\varphi)$ 代入到原生产函数中，得到 $l = b(\varphi) + \dfrac{q}{\varphi}$。尽管这样做可能会让理论模型更具一般化，但却很难求解所构建的一般均衡模型。总之，所有企业面临相同的固定生产成本是个较强的假定，在生产率异质性这一前提下，相同的固定生产成本假定就会显得更为特别。

3. 生产率假定

Melitz（2003）把 Krugman（1979，1980）关于企业具有相同生产率的假定变革为企业具有异质性生产率的假定。那么，必然要问的一个问题是这样的假设变化更接近于经济现实，从而让异质性企业贸易理论更具一般性吗？如果仅从企业生产的实际情况出发，异质性生产率肯定要比同质性生产率更具一般化，因为每个企业在生产上的优劣差异是存在的。然而，Melitz（2003）所做出的异质性生产率假定也有一些问题，如在考虑企业固定生产成本假设时所指出的那样，企业面临相同的固定生产成本对理论研究所产生的影响因为异质性生产率假定而更为严重。换言之，引入异质性生产率假定的确能够更接近现实一些，从而对经济理论的构建具有某些积极意义，但对理论研究中其他设定所造成的负面冲击也不容忽视。

企业生产中所波及的面是极为广阔的，既然通过设定生产率异质性可以研究如何影响企业出口等经营问题，那么研究者自然会想到再去变革生产率的异质性来研究企业生产决策。比如段玉婉和杨翠红（2018）从加工贸易与一般出口这种不同贸易方式的生产异质性出发，研究了中国地区出口增加值的分解问题；祝树金等（2019）在研究企业产品出口加成率这一重要问题时，分别基于企业所有制异质性、进口状态异质性、产品集中度异质性、产品出口贸易方式异质性、出口产品用途异质性等领域去进行检验与分析；孙敬水和丁宁（2019）聚焦于创新能力、生产率、资本密集度与技术密集度、出口补贴、人力资本等多重异质性，研究企业出口与工资溢价的关系。这种突出企业多重异质性来研究相关议题，在实证研究中相对具有可操作性，但在理论研究中就难以进行了，因为很有可能求解不了所构建的数理模型。尽管在国际贸易理论发展过程中，通过引入生产率之外的其他异质性来拓展异质性企业贸易理论难有建树（汤二子，2017），但其所带来的启示意义却很重要，那就是在指导中国企业出口行为选择时，仅仅对照企业之间的生产率差异去识别出口动能是不够的。

尽管在生产率之外，其他异质性因素已经被研究人员用来思考企业出口的决定机制问题，但生产率异质性假定所产生的影响却是深远的，因为生产率会让研究者对接受异质性企业贸易理论产生"惯性"。换言之，中国本土研究人员在国际贸易理论与实证研究中，没有过多质疑这一由西方学者提出并被称为国际贸易前沿理论的主要原因正是该模型突出了生产率而非其他。在市场竞争中，企业应该想尽办法提高自身生产率，并把提高生产率当成企业避免"死亡"的唯一"药方"（汤二子，2016）。企业为了拥有更高生产率，只能寻求生产技术进步或生产效率增进，这两者一般不会对企业造成危害。在利用异质性企业贸易理论来指导中国企业出口行为选择时，把提高生产率作为桥梁的各种政策建议均鼓励企业加大技术投入或释放生产效率，这类建议自动拥有某种"合理性"而让人们广泛接受，如通过研发创新带动企业出口竞争力的提升等（毛其淋和方森辉，2018）。一旦研究人员完全信任基于异质性企业贸易理论所提出的各种所谓"合理的"政策建议时，就容易把该理论直接套用到中国实践之中，并把任何与之不相一致的现象当成是违背该理论的事物去看待，没有勇气去思考该理论究竟能不能适用于中国，更没有胆量去系统地质疑并拓展这一所谓的前沿理论。通过深入地分析，让人看出这种突出生产率异质性所构建的理论模型，依赖的假设条件是相当苛刻的，在理论上的一般适用性应该受到质疑。

四、中国现实

在利用异质性企业贸易理论来解决某些实际问题时，特别是对中国这类大型经济体，应该努力做到理论联系实际，决不能完全照搬这些所谓的前沿国际贸易理论。如若不然，就很可能导致某些令人疑惑的问题，如曾经引起国内学术界热切关注的中国企业"出口－生产率悖论"（李春顶和尹翔硕，2009），究其本质就是在利用异质性企业贸易理论来研究中国企业出口问题时，忽视了经济理论的一般适用性。Melitz（2003）在构建异质性企业贸易模型时，的确是基于行业中出口企业相对拥有更高生产率这一经济现实（Bernard and Jensen，1999）。从现实到理论，Melitz构建的一般均衡模型却绝对化了这个经济现实，推导出"生产率高的企业出口而生产率低的企业内销"这一命题。直接利用这个命题，能够得到"出口企业生产率均值要高于内销企业"这一推论。利用该模型来研究中国问题时，发现了与之完全相反的情况，即中国出口企业的生产率均值低于内销企业，它被称作"出口 – 生产率悖论"。李春顶（2015）详细评述了"悖论"，汤二子（2017）初步探讨了悖论的存在性如何影响理论与现实之间的逻辑联系，本书第二章还将从其他视角检测与讨论"悖论"的存在性及其原因。然而，不从理论的一般适用性角度去深入探讨，"悖论"始终是干扰中国企业合理做出出口选择的一个困惑，因而本章先行沿着国际贸易理论发展脉络讨论"悖论"这个问题的疑惑之处。

在 Melitz（2003）模型中，假设所有"存活"企业的生产率区间为 $[\varphi_{\min}$, $\varphi_{\max}]$，那么存在一个生产率 φ_0，使生产率处在 $[\varphi_{\min}$, $\varphi_0)$ 的所有企业只会内销，而生产率处在 $[\varphi_0$, $\varphi_{\max}]$ 的所有企业将选择出口。这种理论研究所得的绝对化结果，严格到 Melitz 所依赖的 Bernard 和 Jensen（1999）文献中的经验都难以满足。

对于任意经济体，不妨设 $\varphi^x_{\min} = \min\ \{\varphi: \varphi$ 是某个行业中出口企业的生产率$\}$，同样假设 $\varphi^d_{\max} = \max\ \{\varphi: \varphi$ 是某个行业中只会内销企业的生产率$\}$，只有在 $\varphi^x_{\min} > \varphi^d_{\max}$ 成立时，Melitz（2003）模型推导的结果才具有逻辑上的一致性。然而，通过直觉就能轻易地判断 $\varphi^x_{\min} > \varphi^d_{\max}$ 难以成立，因为经济中一个行业所包含的企业数量较多，即使是非常细分的行业类别，企业数量也不在少数，因而要求出口企业中生产率的最低值比内销企业中生产率的最高值都要大，显然是极为苛刻的条件。对于中国这种大型经济体来说，由于每个行业所包含的出口与内销企业的数量比较多，从而 $\varphi^x_{\min} > \varphi^d_{\max}$ 就更难以满足。如果接受 $\varphi^x_{\min} \leqslant \varphi^d_{\max}$ 这一更符合现实的条件，那么 Melitz（2003）所推导的"出口企业的生产率均值要高于内销企业"就不会必然存在。换言之，所谓的中国企业"出口 – 生产率悖论"在 $\varphi^x_{\min}$ $\leqslant \varphi^d_{\max}$ 条件下是一个正常的经验现象。

如果条件 $\varphi^x_{\min} \leqslant \varphi^d_{\max}$ 成立，是否可以彻底否定 Melitz（2003）模型呢？如果仅从举反例的角度严格对待理论的话，的确可以否定掉异质性企业贸易模型。不过，更有价值的发现是可利用 $\varphi^x_{\min} \leqslant \varphi^d_{\max}$ 这一条件来证明 Melitz（2003）模型的假设条件过于严格，导致其缺乏理论上的一般性。需要强调的是，$\varphi^x_{\min} \leqslant \varphi^d_{\max}$ 与 Melitz（2003）所依赖的生产率高的企业更有可能出口这一经济现实是相容的（汤二子，2017）。例如把企业按照生产率由低到高等量分为五个区间 $[\varphi_{\min}$,

φ_1）、$[\varphi_1, \varphi_2)$、$[\varphi_2, \varphi_3)$、$[\varphi_3, \varphi_4)$ 与 $[\varphi_4, \varphi_{max}]$，每个区间中出口企业所占的比率分别为 λ_i（$i = 1, \cdots, 5$），只要 $\lambda_1 \leqslant \lambda_2 \leqslant \lambda_3 \leqslant \lambda_4 \leqslant \lambda_5$ 成立，Melitz（2003）模型就有现实基础，这一条件比 $\varphi_{min}^x > \varphi_{max}^d$ 宽松，和 $\varphi_{min}^x \leqslant \varphi_{max}^d$ 也是相容的。对于条件 $\lambda_1 \leqslant \lambda_2 \leqslant \lambda_3 \leqslant \lambda_4 \leqslant \lambda_5$，还可继续放松，只要序列 $\{\lambda_i\}_{i=1}^5$ 具有递增的趋势，就能成为 Melitz（2003）模型的现实基础。如果把企业生产率区间继续细分，按照单个企业生产率由低到高进行排序，形成生产率序列 $\{\varphi_n\}_{n=1}^N$。随着这个序列，只要出口企业出现的频率越来越高，就能成为 Melitz（2003）模型的实践基础[①]，该条件比 $\lambda_1 \leqslant \lambda_2 \leqslant \lambda_3 \leqslant \lambda_4 \leqslant \lambda_5$ 宽松，与 $\varphi_{min}^x \leqslant \varphi_{max}^d$ 没有任何抵触。因此，异质性企业贸易模型只因其理论上的一般化问题而存在局限，在经济现实支撑与模型构建及求解过程等方面，目前还没有发现其存在严重的问题，这与其他被替代的国际贸易理论是不同的。当然，根据国际贸易理论变革与发展的特点，未来也有可能出现更替异质性企业贸易理论的新理论，同时中国经济状况可能会为新的国际贸易理论的构建提供有力的现实支撑。

　　尽管主流国际贸易理论处在更替与发展之中，但这些理论均致力于论证国际贸易能够带来收益。从整体经济福利角度出发，国际贸易可以带来好处应该是自由贸易者、政策制定者、学术研究者唯一能够形成共识的地方。在西方经济环境下，经常会出现不能代表主权国家的非政府组织如某些利益集团或院外集团通过游说影响甚至改变政府的贸易政策（Mitra，1999）。在中国经济与政治环境下，历史经验证明了开放有利于整个国家的利益，从而开放战略是不容许任何个人或组织予以质疑的，正如习近平总书记所强调的，"中国开放的大门不会关闭，只会越开越大"。即使在具体的对外贸易政策制定中，除了通过合理渠道提出建议之外，中国政府从来不允许任何利益集团直接干涉相关政策的制定与实施（王孝

---

　　① 如果把企业的出口状况写成序列 $\{EX_n\}_{n=1}^N$，其中企业 n 出口的话，$EX_n = 1$，否则 $EX_n = 0$。把序列 $\{\varphi_n\}_{n=1}^N$ 与序列 $\{EX_n\}_{n=1}^N$ 是否满足正相关性作为 Melitz（2003）模型的现实基础是非常严格的。因为这两个序列如果在统计上具有正相关性，那么 $\varphi_n = a + bNX_n + \varepsilon_n$ 的 OLS 回归结果就会显示 $\hat{b} > 0$，从而就能得到出口企业生产率均值严格高于内销企业的结论，也就是说中国企业"出口－生产率悖论"与之不能相容。因此，只能从出口企业的分布状况去梳理 Melitz（2003）的现实基础，不能从生产率与出口虚拟变量的相关性角度去寻找现实支撑。当然，本书第二章的常规性检验就是通过对比出口企业与内销企业生产率均值来判断中国出口企业是否存在"生产率悖论"的，这是学界的惯常做法。

松和谢申祥，2010）。特色的政治与经济环境让中国成为国家与民族利益至上的经济体，从而完全的贸易利得在中国实现的可能性反而要高于西方经济体，因为国家主导下的贸易政策所受到的内部干扰相对较小。中国企业在制定出口行为决策时，要始终把越来越开放的中国经济当成既定事实，这样才能做出合理选择。企业想通过游说政府而改变贸易政策，以求做出利于私人而损害公利的出口行为，在中国是行不通的。在开放战略下，中国企业面临的国际竞争必然会越来越激烈，不能刻意躲避这些外来的竞争，通过出口等国际化手段积极参与世界市场才是取胜之钥。

中华人民共和国成立特别是改革开放后所出台的对外贸易政策，很多在为世界上其他国家或地区的企业进入中国市场提供便利。2019年3月15日通过的《中华人民共和国外商投资法》，主要目的就是保护外商投资的合法权益，进而推动形成全面开放新格局。在具体政策实施层面，2020年1月1日起施行的《中华人民共和国外商投资法实施条例》，明确了如何保护与优化外商在中国的投资。在当代多边贸易体制下，除了少数地区之外，国际贸易基本上都建立在主权国家之间。中国鼓励本土企业"走出去"，比如"一带一路"倡议就为中国本土企业"走出去"提供了机会与动力（徐念沙，2015）。中国对外贸易政策致力于为其他国家或地区的企业提供更为优越的经营环境，其实也在间接地为中国本土企业进入其他国家或地区提供帮助。主权国家之间所形成的贸易政策是经过双边甚至多边的谈判才能达成，其他主权国家因为中国为其企业提供了越来越优良的经营环境，自然会为中国本土企业进入其市场提供更好的环境。反之，如果逆历史潮流与发展方向变对外开放为闭关锁国，世界上其他国家或地区自然也不会对本土企业给予公正的国际贸易条件。这就是说，秉持开放战略的中国为外商提供越来越优越的条件，能和世界上其他国家或地区在国际贸易与合作上形成良性循环，使中国本土企业更加容易地进入到世界市场。如果中国本土企业受到世界上其他国家或地区的不公正对待，中国向世界全面开放的巨大国内市场是国际贸易谈判人员为本土企业争取合法权益的最大筹码。因此，中国本土企业不能把对外企越来越优越的经营条件视为对自己的一种威胁，应该把这种致力于"引进来"的对外贸易政策当作国家鼓励其"走出去"的间接激励条件。尽管有学者对国家致力于引进来与促使本土企业"走出去"这方面进行了研究（李丹和董琴，2019），但主流国际贸易理论对两者关系所给予的关注并不多，但中国的开放政策就含有这种国际贸易互动机制。这意味着直接照搬主流国际贸易理论难以完全容纳中国对外开放元素，也就难以对中国本土企业的出口行为选择给予有效指导。

国际贸易涉及不同国家之间的货物交换，国家之间的距离一般要远于国内不同地区之间的距离，因而与国际贸易相伴的运输成本一直是主流国际贸易理论所感兴趣的问题。运输成本对国际贸易模式的影响应该是深刻的，亚当·斯密在他那个时代举了一个极为有趣的例子：英国只会进口爱尔兰瘦的牲畜而不要肥的牲畜，原因是"肥的牲畜无法行走太远，所以只有输入瘦牲畜"[①]。这种亚当·斯密时期的贸易图景在运输业越发先进的当今时代是匪夷所思的，其所给予的贸易会严重受到运输技术及其成本影响的启示意义却是久远的。在主流国际贸易理论中，把国际贸易的运输成本模型化为"冰山成本"非常有益于理论构建（Samuelson，1954），异质性企业贸易模型就是以"冰山成本"来处理国际贸易运输成本的（Melitz，2003）。"冰山成本"的确可以抓住国际贸易运输成本的实质并大为简化模型的求解过程，但是非常依赖于其他假定条件，使基于该假设所构建的理论对诸如中国这种地域广阔且接壤国家或地区较多的经济体来说，很可能不再适用。Melitz（2003）设定 $\tau > 1$ 为"冰山成本"，企业在出口市场销售额就是

$$r_x(\varphi) = \frac{1}{\tau^{\sigma-1}} r_d(\varphi) = \frac{R}{\tau^{\sigma-1}} (P\rho\varphi)^{\sigma-1}$$，这意味着只要企业进入国外市场且不需要支付

固定进入成本的话，那么就一定能够得到正的出口利润，即 $\pi_x(\varphi) = \frac{r_x(\varphi)}{\sigma} > 0$，

从而所有企业都会出口，这与经济现实不符。为了避免这种情况，Melitz（2003）引入了出口固定成本 f_x 以得到出口市场的零利润条件。在 Melitz 和 Ottaviano（2008）模型中，也利用"冰山成本"来处理国际贸易的运输成本问题，但他们却舍弃了出口固定成本 f_x 假定。对比这两个模型中的"冰山成本"与出口市场固定进入成本假定，造成不一致的主要原因还是效用函数所决定的市场需求结构不同，但显示出理论构建的脆弱性。

---

① 亚当·斯密. 国富论 [M]. 北京：江苏人民出版社，2011.

在中国企业出口行为选择中，出口固定成本与运输成本所产生的影响一般都比较显著。出口固定成本指生产者寻找与通知国外买者并学习出口市场结构、研究国外市场规制并努力使其产品符合国外市场标准等所产生的费用（Roberts and Tybout，1977；Melitz，2003），也就是生产性企业调研出口市场所应支付的与出口贸易量无关的成本。在中国对外开放越来越大的背景之下，生产性企业通过贸易中介来间接出口的趋势越发显著（郑小碧，2019）。在贸易中介存在的假定下，Melitz（2003）模型中出口固定成本所起到的限制作用将变小，让生产率低的企业通过出口实现盈利的机会变大。因此，利用异质性企业贸易理论指导中国企业出口行为选择时，低生产率的本土企业应该考虑通过贸易中介这种方式间接出口。中国广袤的地理空间以及漫长的国境线，在考虑国际贸易运输成本时应该小心谨慎。"冰山成本"的本质就是出口到国外市场的运输成本要高于国内市场，但在中国这种地理环境下，出口的运输成本低于内销运输成本是很有可能出现的。比如位于中国云南或广西的生产性企业，出口产品到越南所花费的运输成本可能远低于把产品运输到中国东北地区。同时，在国家对外战略部署与规划中，一些国际贸易运输方式如中欧班列等（许英明等，2019），本土企业应充分利用，尽可能降低运输成本对其参与国际贸易所造成的不利影响。

努力追求最大化的利润水平是企业积极开拓国际市场的内在动机，中国特色社会主义经济体制下，同样鼓励企业合理合法地追求利润并进入出口市场。中国本土企业把集体利益放在首位（王彩霞和李春秋，1999），相关舆论与评价体系也促使企业要以大局为重（朱方明和刘得扬，2009）。在国家或民族利益因为国际贸易而受到损害之时，与西方经济体中以追求私利为先的企业不同，中国本土企业一般都会坚定地站在维护国家与民族利益的层面，在特定情形下会果断放弃某些颇具盈利机会的对外贸易。集体利益导向下的中国本土企业，与西方主流国际贸易理论所依赖的追求私利企业是不一致的，不顾及中国现实而直接利用这些理论来指导中国本土企业对外贸易实践也就欠妥了。图1-1总结了本章所提及的国际贸易理论的发展脉络及其如何对中国企业出口行为选择给予启示与借鉴。

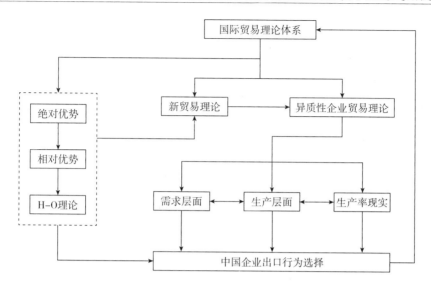

图 1 - 1   国际贸易理论的发展及其对中国企业的借鉴意义

五、结 论

在中国本土的学术研究中，过于强调西方主流国际贸易理论在资源配置与贸易动能方面的指导地位，也情愿跟在所谓前沿国际贸易理论的身后裹足不前。西方经济学家特别是国际贸易理论家对于建构国际贸易理论付出了巨大努力，也取得了很多学术成果。然而，这些主流国际贸易理论，包括依然被奉为前沿的异质性企业贸易理论，其理论本身所存在的局限性是值得深思的。首先，这种局限性使其不能直接用于指导中国本土企业的出口行为选择；其次，揭示理论中的这些局限性，可能是本土学者推动国际贸易理论向前发展的一个突破口；最后，对于规模与影响力越发显著的中国经济体，把其中具有鲜明特色的经济元素纳入到审视西方主流国际贸易理论的局限性之中，可为西方经济理论家提供蕴含中国特色的理论建构思路。

对于主流国际贸易理论的发展脉络，本土乃至世界上很多学者进行过大量的评论，但其主要工作是梳理国际贸易理论如何实现更新换代的。本章以如何利用理论来指导中国企业出口行为选择这一实践作为切入点，探究在国际贸易理论发展过程中，理论应该如何与实践相结合。当前看似完全正确的国际贸易理论，很有可能如同该理论所替代的原有理论一样，在未来的某个时刻被证明是不能直接用来指导实践的。这样的话，在利用当前的被认为是"正确"的国际贸易理论指导中国企业出口行为选择时，应该谨慎对待。即使在很久的将来，现有的前沿国际贸易理论依然被视为正确之说，也不能完全照搬这一理论来指导中国企业出口行为选择，因为该理论在一般适用性方面存在较大局限。中国作为大型经济体，所包含的可用于支撑经济理论建构的信息是非常多的。如果能够基于中国现实准确回答如何利用国际贸易理论来指导中国企业出口行为选择这一问题，就能为国际贸易理论体系添砖加瓦。简言之，研究西方主流国际贸易理论的发展能够发现已有理论不能照搬过来用于指导中国的实践，解析中国企业出口行为选择又能察觉到推动国际贸易理论向前发展的可能突破点。实现这种理论与实践的完美结合，既能对中国企业出口行为选择提供正确指导，也是本土学者实现国际贸易理论创新的绝好机会。

为了研究异质性企业贸易理论与中国企业出口等经营决策的关系，就不能回避中国出口企业"生产率悖论"这个问题，因而下一章将对此进行深入研究。

第二章 中国出口企业"生产率悖论"的存在性及其解释[①]

在讨论了国际贸易理论发展及其在中国的适用性以后，有必要详细探讨那个已经让国际贸易研究者感到困惑的中国出口企业"生产率悖论"问题。只有揭开了这层面纱，才能进一步探讨异质性企业贸易理论与中国企业出口等经营决策的关系。

一、研究背景

在经济全球化发展过程中，在深刻认识到国际贸易以及经济全球化对中国经济发展具有积极意义的同时，也注意到中国经济以及中国本土企业遇到前所未有的竞争压力。为了积极参与国际竞争并且能够在竞争中胜出，我国适时地提出本土企业"走出去"的国际战略。在"走出去"国际战略指导下，越来越多的中国本土企业开始走向国际市场，将中国商品逐渐带到世界各地，繁荣了全球商品交易市场。从总量角度来看，国际贸易在中国 GDP 构成中占据的比率较高，粗略地表明国际贸易的确能对中国经济增长产生积极影响。表 2-1 显示，2001~2019 年我国货物与服务净出口总额及其占 GDP 的比率。根据表 2-1 可以看出，货物与服务贸易对我国经济影响较大，净出口占 GDP 的比重在 2007 年达到了 8.7%，这对于像中国这样如此庞大的经济体来说是非常高的比重。在表中所列的这段时间内，出口贸易相对高于进口贸易，经常账户因为货物与服务净出口为

正而保持着盈余，为我国参与国际事务提供资金支持。从表2-1中也可观察到，在经济全球化这一背景下，世界经济波动会对单个经济体产生影响。例如，2008年爆发了全球性金融危机，该危机对实体经济影响的重要表现就是国际贸易的大幅度萎缩。在2009年，我国货物和服务贸易净出口相对2008年存在较大幅度的下降。特别是从2009年开始，净出口占GDP的比重由2006~2008年的历史高点降了下来。从2018年开始美国挑起的贸易纠纷以及全球经济面临诸多不确定性，也对中国国际贸易产生了一些影响，该年净出口总额相对2017年有较大幅度的下降，净出口占GDP的比重更是降低到不足1%的水平。因此，在参与国际经济的过程中，既要珍惜经济全球化带来的前所未有的发展机遇，更要重视可能遭受到的各种突发状况与危机。2020年席卷全球的新冠肺炎疫情对各个经济体的国际贸易均造成了不同程度的不利冲击，有的小型经济体甚至面临着严重困难。企业在这种紧急情况下的经营选择以及扶持企业渡过难关的方式会和正常时期差别较大，此时企业如何做出出口决策可能不再是传统的或前沿的国际贸易理论所能预期的，本书将在后面章节继续探讨这个话题。

表2-1 2001~2019年中国货物与服务净出口总额及其在GDP中的占比

年份	净出口总额（亿元）	占比（%）	年份	净出口总额（亿元）	占比（%）
2001	2325	2.1	2011	11688	2.4
2002	3094	2.6	2012	14636	2.7
2003	2965	2.2	2013	14552	2.4
2004	4236	2.6	2014	13611	2.1
2005	10209	5.4	2015	22346	3.2
2006	16655	7.6	2016	16976	2.3
2007	23423	8.7	2017	14578	1.8
2008	24227	7.6	2018	7054	0.8
2009	15037	4.3	2019	14805	1.5
2010	15057	3.7			

资料来源：《中国统计年鉴2020》，占比是笔者根据支出法国内生产总值信息自己测算所得。

企业是生产活动的主体，并且从事着货物商品的出口行为。研究中国企业出口行为的形成机理与影响机制很有必要，特别是在全球经济环境越来越复杂的背景之下。新－新贸易理论即异质性企业贸易理论提供了研究企业出口行为的分析框架，但是对中国企业出口行为的相关研究所得到的结论与该理论所预期的结果并非完全一致，比如中国出口企业"生产率悖论"问题。异质性企业贸易模型从生产率异质性角度分析企业出口行为的决定机理，认为企业进入出口市场需要支付一定的进入成本，并非所有企业都具有能力支付此类进入成本，唯有生产率相对较高（对应生产的产量与销售收入均较高）的企业才能在出口市场实现盈利，而生产率低的企业由于出口市场进入成本限制使其未必能实现出口盈利，甚至会造成利润损失。在追求利润最大化的动机下，生产率高的企业为了获得更高利润会自发选择出口，生产率较低的企业在出口市场中不能盈利，从而只选择面向国内市场。本书第一章提到企业在出口市场所销售的产品，需要投入要素来生产，因此出口企业会投入更多的资源来扩大产量。在生产要素不存在价格弹性的固定供给假定下，生产要素会向出口企业（亦即生产率高的企业）再分配，从而生产率最低的部分企业由于资源再分配效应而被逐出市场。总的来说，异质性企业贸易模型认为在利润最大化指导与约束下，生产率高的部分企业会选择出口，生产率较低的部分企业只面向国内市场，生产率最低的部分企业由于出口造成的资源再分配效应而被逐出市场。由于高生产率企业会自发地选择出口，从而得到推论认为出口企业的生产率总体上应该高于非出口企业。

　　尽管第一章已经论述了异质性企业贸易模型所依托的经济现实是很容易实现的，但当完全陷入到异质性企业贸易模型中时，那么认为出口企业生产率均值一定高于非出口企业确实是该模型的结论或命题之一。然而，对于中国企业生产率的检验却发现有悖于该命题的情形，即出口企业的平均生产率水平低于非出口企业。这一情形被称为中国出口企业的"生产率悖论"（李春顶和尹翔硕，2009）。中国经济逐渐融于世界经济体系，中国企业的出口越来越受到重视，那么违背新－新贸易理论①的"生产率悖论"现象无疑让诸多企业管理者甚至国际贸易理论研

---

　　① 异质性企业贸易理论因其前沿性以及对新贸易理论的扩展性，经常被称为新－新贸易理论。本书在介绍该理论时会同等对待这两种名称。

究者感到困惑，即努力改进生产率能否帮助中国企业走向世界市场。因此，深入研究中国出口企业"生产率悖论"存在性及其原因，既会丰富异质性企业贸易模型自身的内容，更会在企业管理实践中具有答疑解惑之效，因为中国出口企业能否在日益激烈的国际竞争下维持生存并且胜出，在很大程度上取决于生产率水平。研究中国出口企业是否存在"生产率悖论"及其原因，也是在探究中国企业出口模式，这有助于制定有效的出口政策。本章首先实证检验中国出口企业"生产率悖论"的存在性。为了使检验结果准确可信，计算多种企业生产率指标以及按照各个年份分行业进行检验，汤二子（2017）总结了不同的生产率算法如何影响对悖论的检验结果就是例证。中国出口企业"生产率悖论"，其"悖"于什么，无疑和异质性企业贸易模型的命题相悖。在实证检验以后，利用异质性企业贸易模型的分析框架，理论分析了造成中国出口企业"生产率悖论"的可能原因。汤二子（2017）从机理上阐述过悖论的各种原因，本章试图从纯数理模型角度进行理论分析，以便看出如何在中国情境下使用异质性企业贸易理论来解决具体的问题。

二、研究现状

异质性企业贸易模型提出前后，对世界各国企业数据的经验研究基本一致性地认为生产率是决定企业出口的重要因素，经济现实表明出口企业的生产率相对高于非出口企业。不过，这其中也有例外，例如 Greenaway 等（2005）对瑞典企业数据的经验研究发现出口企业与非出口企业在经营绩效方面是相似的。这一反例可以表明出口企业相对于非出口企业，可能并不存在异质性企业贸易模型所预测的生产率优势。异质性企业贸易模型提出之后，很多学者利用中国企业数据检验该模型预期命题的存在性，这类研究同时也揭示了中国企业出口行为的决定机制。在企业出口与生产率关系的实证检验中，主要分为两类研究：其一，研究企业出口的自我选择效应（Self – selection Effect）；其二，研究企业出口的学习效应（Learning – by – Exporting），即出口企业有机会从国外竞争者以及消费者那里获得新的知识，进而提高企业生产率（赵伟和李淑贞，2007）。对于企业出口的两种效应,中国学者所进行的研究呈现交叉状态,即同一篇或者类似研究中,既检验出口企业是否存在自我选择效应,也检验是否存在出口学习效应。马述忠和郑博文(2010)对2001~2007年277家中国上市公司样本进行了实证检验,认为出口企业生产率与非出口企业并没有显著差异,不过出口企业的生产率增长率显著高于非出口企业,由此看出中国企业出口可能不存在自我选择效应,出口学习效应却较为明显。研究出口的两种效应,除生产率视角外,还有工资溢价视角。赵春燕和黄汉民(2013)通过实证检验发现具有较高工资水平的企业自我选择进入出口市场,并且当企业进入出口市场以后,工资水平得到进一步提高,因此自我选择效应与出口学习效应共同决定出口企业的工资溢价。对于企业的异质性,中国学者也突破了原有的生产率单一范畴,扩展到从多重异质性层面来探讨中国企业出口及与之相关的其他经营绩效的决定机制,例如胡国恒和闫雪培(2020)将企业出口行为的多重异质性纳入统一的分析框架,研究出口如何对工资溢价产生影响。

对于生产率与企业出口,无论哪种效应,根本要点其实就是出口企业相对非出口企业究竟存不存在生产率优势,这种优势既体现在生产率的绝对水平上,也体现在生产率的增长率上。对于这个问题,利用中国企业数据进行的实证研究中,得到了很多有意义的结论。张杰等(2009)检验发现存在出口行为的企业在多项指标上均要强于非出口企业,并且稳健地验证"出口学习效应"促进中国本土企业全要素生产率的提高。因此,出口企业存在生产率优势,并且出口使出口企业的生产率优势变得更为明显,即出口进一步提高出口企业的生产率。余淼杰(2010)研究贸易自由化对我国制造业企业生产率的影响,认为出口企业相对非出口企业具有较高的生产率提升。类似地,荆逢春等(2013)指出出口对企业生产率具有显著的促进作用。不过,张礼卿和孙俊新(2010)却认为出口对企业全要素生产率的影响不显著,出口企业的生产率优势在企业出口之前就存在。更值得注意的是,李春顶和赵美英(2010)利用中国制造业企业数据进行实证检验,认为出口贸易不仅不能对生产率产生积极作用,反而会存在消极影响,并将其中的原因归为我国加工贸易企业过多、出口企业存在"惰性"以及国内市场进入成本较高等。这类实证研究没有得出一致性结论,一是源自各自使用的样本存在差异,二是生产率计算方法存在差异。张杰等(2008)在利用江苏省制造业企业进行实证检验时就指出了这一点，即生产率不同计算方法对判断生产率与出口的关系会造成影响。汤二子（2017）更是系统地总结了在分析企业出口与生产率关系的实证研究中，生产率计算方法如何产生实质性影响的。简言之，生产率与出口之间的关系会因为生产率计算方法的差异而表现得非常复杂。在这些复杂且不稳健的实证检验结果中，中国出口企业"生产率悖论"是一个重要提法。李春顶和尹翔硕（2009）利用《中国工业企业数据库》实证检验发现出口企业生产率低于非出口企业，并且企业出口与生产率呈负相关关系。在该研究中，李春顶等本土研究人员首次将出口企业相对非出口企业的生产率劣势称为中国出口企业的"生产率悖论"。在中国出口企业"生产率悖论"提出以后，李春顶继续进行了一系列检验工作。例如李春顶（2010）所作的检验就更为详细地验证了中国出口企业"生产率悖论"的存在性。李春顶等（2010）再次利用其他方式进行实证检验，同样得到了中国出口企业"生产率悖论"的存在证据。在此以后，汤二子和刘海洋（2011）利用2005～2008年中国制造业企业数据进行实证检验，认为出口企业存在"生产率悖论"的情形，并且提出"总量"法检验"生产率悖论"。盛丹（2013）进行的研究基本也支持中国出口企业存在"生产率悖论"的结论。李春顶（2015）所进行的研究综述可谓是对该问题的一次客观且系统的研究总结。

中国出口企业"生产率悖论"这一命题来自于实证研究，因此探究造成"生产率悖论"的原因也是从实证研究开始的。李春顶和尹翔硕（2009）在首次提出出口企业"生产率悖论"时，就指出占据出口贸易主体的加工贸易是主要原因。然而，梁会君和史长宽（2013）却认为行业国内外贸易成本的差异是造成中国出口企业"生产率悖论"的主要原因，而非加工贸易。当然，要从理论角度阐述中国出口企业存在"生产率悖论"的原因，一般还是应该回到异质性企业贸易模型的分析框架。刘海洋等（2011）利用异质性贸易模型的分析框架解释出口企业"生产率悖论"可能由出口市场进入限制以及边际报酬递减造成的。汤二子和刘海洋（2012）利用异质性企业贸易模型研究认为生产率是决定企业出口的必要条件而非充分条件。周世民和沈琪（2013）在异质性企业贸易模型分析框架下，构建两国三区垄断竞争模型，研究认为市场分割导致中国企业具有"重出口轻内销"的特殊情形，并且融资约束加剧出口贸易的扭曲而直接形成过度出口，这些都是中国出口企业存在"生产率悖论"的可能原因。安虎森等（2013）在异质性企业贸易模型框架下进行了理论研究，认为如果本国市场规模较小而进入成本较高时，只有高生产率企业才进入国内市场，低生产率企业被迫放弃国内市场而选择出口，因而导致中国出口企业存在"生产率悖论"。李丽霞等（2020）从开发区政策视角探讨了造成中国出口企业"生产率悖论"的原因，研究发现开发区降低了中国企业进入出口市场的生产率门槛而使出口企业的生产率不具有优势。中国出口企业"生产率悖论"让研究者重新关注异质性企业贸易模型，这是本土学者推动异质性企业贸易理论向前发展的一大动力，但也如第一章所言，本土学者还没有突破西方经济理论家所确定下来的贸易理论研究模式。另外，国内学者并不完全赞同"生产率悖论"的存在性，原因还是基于以下两点：其一，样本选择问题，检验得到出口企业存在"生产率悖论"的实证研究所使用的数据大部分来自于《中国工业企业数据库》，尽管该数据库对于企业经营方面的统计非常细致，并且样本容量巨大，但是采用它所进行的实证检验并不能代表全部观点。例如易靖韬和傅佳莎（2011）利用浙江省2001～2003年企业面板数据进行实证检验，认为只有生产率高的企业才能克服出口市场的固定沉没成本，自我选择进入出口市场，因此，该研究不支持出口企业存在"生产率悖论"。其二，生产率计算方法的不同导致检验所得到的结论存在差异。例如，范剑勇和冯猛（2013）利用LP方法计算企业的全要素生产率并进行实证检验，认为出口企业不存在"生产率悖论"。汤二子和孙振（2012）认为出口市场对产品质量的要求可能高于国内市场，当仅仅考虑产量而忽视质量来衡量企业生产率时，可能会人为降低生产高质量商品的出口企业生产率，进而在数据上表现为出口企业存在"生产率悖论"。接下来首先实证检验"生产率悖论"的存在性，然后再从理论分析角度阐述中国出口企业"生产率悖论"的形成机理，即利用异质性企业贸易模型作为基本分析框架来解释造成中国出口企业"生产率悖论"的可能原因。

三、数据、样本筛选与生产率计算

关于中国微观企业的经验研究中，使用较多的样本来自于《中国工业企业数据库》。尽管该数据在公布时间上存在极大的滞后性，但是大样本以及信息全面的特点，还是让众多研究者无比青睐。该数据库对企业经营变量进行了非常细化的统计，它是国家统计局从国有企业以及年销售收入达到500万元人民币以上（规模以上，该标准现已改变）非国有企业的统计报表中整理得到。它所统计的企业样本随着年份动态变化，即每一年都有部分新企业进入，也有部分企业退出。新进入企业指相应年份刚刚有统计记录的样本，退出企业指相应年份没有记录，而在该年份之前却有统计记录。对于每个企业，该数据库给予一个特定编号，但有些年份中却没有编号，这对相应实证检验中的数据处理工作造成不便。数据库对每个企业样本会记录生产经营方面的基本信息，例如记录工业总产值、资本总量、劳动力总人数以及利润总额等（An，2012）。关于《中国工业企业数据库》的使用，一直以来都存在着一些问题，这可参见聂辉华等（2012）的讨论。该数据库在每一年大约有30万个企业样本，在相关的实证检验中，所使用的数据一般只到2007年。截至2020年底，2007年及其之前的数据还在被很多青睐于实证检验的研究人员大量使用。当然，目前能够从相应渠道获取的最新数据应该是2010年，也有可能是2011年或更新的年份。在检验出口企业是否存在"生产率悖论"时，本章所使用的数据年份是2005~2008年。使用巨大样本容量的微观企业数据进行实证检验时，对时间滞后一般也不会十分敏感，这也是当前诸多使用该数据库在2010年之前的样本所取得成果可以发在经济管理学领域权威学术期刊上的原因。因此，本章利用2005~2008年的企业数据进行实证检验所得到的结论，依然可以作为经验支撑资料。检验中国出口企业是否存在"生产率悖论"，一般使用制造业企业样本（李春顶，2010）。汤二子（2020）研究中国制造业企业发展之路时所进行的相关经验分析，同样利用了该数据库中的制造业企业样本。《中国工业企业数据库》根据"国民经济行业分类（GB/T）"的规则，将每个企业所属行业进行了划分。按照二分位代码的行业划分，制造业行业共分为 30 个，二分位代码为 13 ~ 43，其中没有 38。表 2 - 2 是按照二分位代码划分的制造业行业及其名称。

表 2 - 2　二分位代码与行业名称

代码	行业名称	代码	行业名称
13	农副食品加工业	28	化学纤维制造业
14	食品加工业	29	橡胶制品业
15	饮料制造业	30	塑料制品业
16	烟草制品业	31	非金属矿物制品业
17	纺织业	32	黑色金属冶炼及压延加工业
18	纺织服装、鞋、帽制造业	33	有色金属冶炼及压延加工业
19	皮革、毛皮、羽毛（绒）及其制品业	34	金属制品业
20	木材加工及木、竹、藤、草制品业	35	通用设备制造业
21	家具制造业	36	专用设备制造业
22	造纸及纸制品业	37	交通运输设备制造业
23	印刷业和记录媒介的复制	39	电气机械及器材制造业
24	文教体育用品制造业	40	通信设备、计算机及其他电子设备制造业
25	石油加工、炼焦及核燃料加工业	41	仪器仪表及文化、办公用机械制造业
26	化学原料及化学制品制造业	42	工艺品及其他制造业
27	医药制造业	43	废弃资源和废旧材料回收加工业

资料来源：整理于《中国工业企业数据库》中数据对照分类。

对于该数据库所记录的原始数据，会存在或多或少的人为统计错误，例如将某些利用货币单位衡量的变量记录为负值的情形。当然，某些变量出现负值是允许的，例如企业利润就有可能出现负值，只是表明该企业在某个年度是亏损的。不过，大部分用货币衡量的变量不能出现负值，例如工业总产值等变量，从而这类样本在实证检验中是不能使用的。因此，需要进行样本筛选才可用于实证检验。根据数据库的特点以及谢千里等（2008）与张杰等（2009）的研究，按照以下步骤进行样本筛选：①删除相关变量统计明显存在错误的样本。②数据库对于企业的营业状态进行了统计，其中代码 1 表示"营业"，代码 2 表示"停业"，代码 3 表示"筹建"，代码 4 表示"撤销"，代码 9 表示"其他"。保留营业状态的代码是 1 的样本，其余全部删除。③进行实证检验时，选择具有一定规模的企业样本。数据库中对企业规模进行了分类，其中代码 1 表示"大型"（代码 11 表示"特大型"，代码 12 表示"大一型"，代码 13 表示"大二型"），代码 2 表示"中型"（代码 21 代表"中一型"，代码 22 表示"中二型"），代码 30 表示"小型"。不过，本章不按照这种方式对企业规模进行分类，而是根据企业固定资产总值来度量企业规模。删除固定资产总值低于 100 万元人民币的企业样本。④该数据库统计的是全部国有企业以及规模以上即年销售收入在 500 万元人民币以上的非国有企业样本，所以删除工业总产值在 500 万元人民币以下的样本。⑤删除雇佣人数不超过 8 人的企业样本。⑥删除销售额的增长率大于 100% 或者低于 0 的样本。⑦删除出口占销售总额比率超过 100% 的样本。以上样本筛选步骤是在各个年份内独立进行的。

企业生产率具有很多计算方法，很多方法取决于样本容量以及变量特征等因素。对于大样本微观企业数据，最简单也比较适用的生产率计算方法是近似劳动生产率（李春顶，2010）LTFP：

$$LTFP = \ln\left(\frac{Q}{L}\right) \tag{2.1}$$

根据所使用 2005 ~ 2008 年数据库中的变量特点，式（2.1）中 Q 代表企业的工业总产值，L 是企业的劳动者总人数。根据式（2.1）看出 LTFP 没有衡量企业在生产中的资本总量所起的作用，因此可以考虑纳入资本量来计算企业的全要素生产率。假定企业的资产总量为 K，生产函数满足规模报酬不变的 C–D 生产函数形式：

$$Q = AK^s L^{1-s} \tag{2.2}$$

其中 s 是资本的产出弹性。对式（2.2）取自然对数得到：

$$\ln Q = \ln A + s\ln K + (1-s)\ln L \tag{2.3}$$

因此，企业近似全要素生产率 ATFP（Griliches and Mairesse，1990）为：

$$ATFP = \ln A = \ln Q - s\ln K - (1-s)\ln L = \ln\left(\frac{Q}{L}\right) - s\ln\left(\frac{K}{L}\right) \tag{2.4}$$

根据式（2.4）计算的近似全要素生产率 ATFP 取决于参数 s 的取值。Hall 和 Jones（1999）利用美国经验数据检验认为 $s = 1/3$，赵志耘等（2006）利用中国

经验数据检验认为 $s = 0.56$。不过，为了准确获得 s 的估计值，应该使用特定的企业样本数据进行实证检验来估计。对于式（2.4）给出的近似全要素生产率 $ATFP$，尽管在企业生产中同时考虑了劳动力与资本所起的作用，不过生产函数规模报酬不变假定过强。因此，可以假定企业的生产函数是：

$$Q = AK^{\alpha}L^{\beta} \tag{2.5}$$

其中 α 与 β 分别是参数，代表企业生产中资本产出弹性与劳动产出弹性。对式（2.5）对数化得到：

$$\ln Q = \ln A + \alpha \ln K + \beta \ln L \tag{2.6}$$

根据式（2.6），还不能计算生产率指标，因为 α 与 β 是未知参数。假定存在一组数据可以对下式进行 OLS 回归：

$$\ln Q = C + \alpha \ln K + \beta \ln L + \varepsilon \tag{2.7}$$

通过 OLS 回归可以得到 $\hat{C}$ 以及参数估计值 $\hat{\alpha}$ 与 $\hat{\beta}$。其中 $\hat{C}$ 就是 $\ln A$ 的估计值，它表示所使用数据中所有企业生产率的总体水平。OLS 回归得到企业样本的残差 $\hat{\varepsilon}$ 代表这个企业生产率相对总体生产率水平 $\hat{C}$ 的偏离程度。为了与近似全要素生产率 $ATFP$ 名称区分开，命名为相对全要素生产率的 $\ln\_TFP$ 为：

$$\ln\_TFP = \hat{C} + \hat{\varepsilon} \tag{2.8}$$

通过以上阐述，分别得到了三种衡量企业生产率的计算方法，接下来就利用这些方法来计算相应的企业生产率。实证检验使用的数据年份是 2005～2008 年，并且具有 30 个行业。年份不同以及行业不同，相应的参数会存在差异，甚至是很大的差异。因此，应该按照各个年份里各个行业中的企业分别计算生产率。假定对于 t 年份中行业 j 中的企业 i，其工业总产出、资产总量以及劳动力总人数分别为 Q_{ijt}、K_{ijt} 与 L_{ijt}。那么，根据式（2.1），t 年份中行业 j 中的企业 i 的近似劳动生产率 $LTFP_{ijt}$ 为：

$$LTFP_{ijt} = \ln\left(\frac{Q_{ijt}}{L_{ijt}}\right) \tag{2.9}$$

在计算近似全要素生产率 $ATFP$ 时，需要估计参数 s 的值。利用 t 年份行业 j 中所有企业样本数据对以下方程进行 OLS 回归：

$$\ln\left(\frac{Q_{ijt}}{L_{ijt}}\right) = C_{jt} + s_{jt}\ln\left(\frac{K_{ijt}}{L_{ijt}}\right) + \varepsilon_{ijt} \tag{2.10}$$

这能得到 s_{jt} 的估计值 $\hat{s}_{jt}$。根据式（2.4），t 年份行业 j 中的企业 i 的近似全要素生产率 $ATFP_{ijt}$ 为：

$$ATFP_{ijt} = \ln\left(\frac{Q_{ijt}}{L_{ijt}}\right) - \hat{s}_{jt}\ln\left(\frac{K_{ijt}}{L_{ijt}}\right) \qquad (2.11)$$

在计算相对全要素生产率 $\ln\_TFP$ 时，利用 t 年份行业 j 中的所有企业样本数据对以下方程进行 OLS 回归：

$$\ln Q_{ijt} = C_{jt} + \alpha_{jt}\ln K_{ijt} + \beta_{jt}\ln L_{ijt} + \varepsilon_{ijt} \qquad (2.12)$$

可以估计得到 $\hat{C}_{jt}$ 以及残差 $\hat{\varepsilon}_{ijt}$。根据式（2.8），t 年份行业 j 中企业 i 的相对全要素生产率 $\ln\_TFP_{ijt}$ 为：

$$\ln\_TFP_{ijt} = \hat{C}_{ijt} + \hat{\varepsilon}_{ijt} \qquad (2.13)$$

对于式（2.13），也可利用估计参数 $\hat{\alpha}_{jt}$ 与 $\hat{\beta}_{jt}$ 来计算相对全要素生产率 $\ln\_TFP_{ijt}$。企业相对全要素生产率 $\ln\_TFP_{ijt}$ 计算方法则变为：

$$\ln\_TFP_{ijt} = \ln Q_{ijt} - \hat{\alpha}_{jt}\ln K_{ijt} - \hat{\beta}_{jt}\ln L_{ijt} \qquad (2.14)$$

在计算出所有企业三种生产率即近似劳动生产率 $LTFP_{ijt}$、近似全要素生产率 $ATFP_{ijt}$ 与相对全要素生产率 $\ln\_TFP_{ijt}$ 以后，就能利用这些计算结果分别检验中国出口企业"生产率悖论"的存在性，可以预期不同的生产率计算方法对于悖论检测结果一定会有差异（汤二子，2017）。

四、实证检验

利用计算得到的企业近似劳动生产率 $LTFP_{ijt}$、近似全要素生产率 $ATFP_{ijt}$ 与相对全要素生产率 $\ln\_TFP_{ijt}$，按照常规方法可以检测中国出口企业是否存在"生产率悖论"。这一常规方法就是在相应年份中，对每个行业中的出口企业与内销企业的生产率均值进行数值大小比较，如果出口企业生产率均值低于内销企业，那么该行业中的出口企业就被认为存在"生产率悖论"。表 2-3 列出了在 2005~2008 年各行业中出口企业"生产率悖论"存在性的检验结果。

表 2-3　出口企业"生产率悖论"的检验结果

代码	2005 年			2006 年			2007 年			2008 年		
	L	A	ln	L	A	ln	L	A	ln	L	A	ln
13	√	√	√	√	√	√	√	√	√	√	√	√
14	×	×	×	×	√	×	×	√	√	×	√	×
15	×	×	×	×	×	×	×	×	×	×	×	×
16	×	×	×	×	×	×	×	×	×	×	×	×
17	√	√	√	√	√	√	√	√	√	√	√	√
18	√	√	√	√	√	√	√	√	√	√	√	√
19	√	√	√	√	√	√	√	√	√	√	√	√
20	×	√	√	×	√	√	×	√	√	×	√	√
21	√	√	√	√	√	√	√	√	√	√	√	√
22	×	√	×	×	√	×	×	√	×	×	√	×
23	×	×	×	×	√	×	×	√	×	×	√	×
24	√	√	√	√	√	√	√	√	√	√	√	√
25	×	×	×	×	×	×	×	×	×	×	×	×
26	×	×	×	×	×	×	×	×	×	×	×	×
27	×	×	×	×	×	×	×	×	×	×	×	×
28	×	√	√	×	√	√	×	√	√	×	√	√
29	√	√	√	√	√	√	√	√	√	√	√	√
30	√	√	√	√	√	√	√	√	√	√	√	√
31	×	×	×	×	×	×	×	×	×	×	×	×
32	×	√	×	×	√	×	×	√	×	×	√	×
33	×	√	×	×	√	×	×	√	×			
34	√	√	√	√	√	√	√	√	√	√	√	√
35	×	×	×	×	√	√	×	√	√	×	√	√
36	×	×	×	×	√	√	×	√	√	×	√	√
37	×	×	×	×	×	×	×	×	×	×	×	×
39	√	√	√	√	√	√	√	√	√	√	√	√
40	×	×	×	×	×	×	×	×	×	×	×	×
41	√	√	√	√	√	√	√	√	√	√	√	√
42	√	√	√	√	√	√	√	√	√	√	√	√
43	×	×	×	×	√	√	×	√	√	√	√	√

注：L、A 与 ln 分别指生产率 LTFP、ATFP 与 ln_TFP；√ 与 × 分别代表出口企业存在"生产率悖论"与不存在"生产率悖论"；在 2008 年的数据库中，不存在行业 33（有色金属冶炼及加工业）的数据，具体原因不明。

对于表2-3的检测结果，横向可以看出：①对于行业13（农副食品加工业）、17（纺织业）、18（纺织服装、鞋、帽制造业）、19（皮革、毛皮、羽毛（绒）及其制品业）、21（家具制造业）、24（文教体育用品制造业）、29（橡胶制品业）、30（塑料制品业）、34（金属制品业）、39（电气机械及器材制造业）、41（仪器仪表及文化、办公用机械制造业）与42（工艺品及其他制造业）这12个行业，三种生产率 LTFP、ATFP 与 ln_TFP 在2005~2008年都显示出口企业的生产率均值低于内销企业，从而实证检验结果表明在这12个行业中，中国出口企业存在"生产率悖论"；②对于行业15（饮料制造业）、16（烟草制品业）、25（石油加工、炼焦及核燃料加工业）、27（医药制造业）与40（通信设备、计算机及其他电子设备制造业）这5个行业，三种生产率 LTFP、ATFP 与 ln_TFP 在2005~2008年里都显示出口企业的生产率均值高于内销企业，从而在这5个行业中，出口企业不存在"生产率悖论"；③对于剩余行业，三种生产率 LTFP、ATFP 与 ln_TFP 在2005~2008年里不能一致性地验证出口企业究竟是否存在"生产率悖论"。

根据对实证检验结果的分析，能够发现出口企业明显存在"生产率悖论"的行业数比出口企业明显不存在"生产率悖论"的行业数要多。因此，实证检验结果说明在大部分行业中，中国出口企业的"生产率悖论"是存在的。换句话说，中国出口企业"生产率悖论"的存在性具有较为强烈的经验支持。对实证检验结果横向分析后，再纵向分析表2-3中的结果。先从年份角度纵向分析，表2-4简明列出各年份用三种生产率进行实证检验均显示出口企业存在"生产率悖论"的行业数以及均显示出口企业不存在"生产率悖论"的行业数。

表2-4　出口企业存在"生产率悖论"的行业数（时间视角：2005~2008年）

	2005年	2006年	2007年	2008年
存在	12	12	17	18
不存在	11	7	5	5
不确定	7	11	8	6

注：不确定指所在年份三种生产率指标不能一致性地得出所在行业的出口企业是否存在"生产率悖论"。

根据表2-4可以明确得到在越往后年份，出口企业生产率均值低于内销企业的行业数越来越多，亦即中国出口企业存在"生产率悖论"的行业数随着时间推移变得越来越多。究其原因，可以归纳为：随着中国经济体越来越融入国际市场，企业出口变得更为可能。原先只有那些在国内市场占据绝对优势的企业才选择出口，这类企业的生产率优势相对较高。随着全球化的不断发展，特别是中国经济政策倾向于鼓励企业出口时，越来越多的企业能够选择出口。特别当一些规模较小的企业进入出口市场时，这类企业的生产率相对较低，所以一些行业中的出口企业相对于内销企业的生产率优势逐渐消失。由此看出，出口企业存在"生产率悖论"的行业数就自然会随着时间的推移而变得越来越多。很多研究都已指出生产率计算方法的不同影响了中国出口企业"生产率悖论"存在性的检验结果，按照生产率视角纵向分析表 2－3 中的结果。表 2－5 列出了在各年份里，三种生产率对出口企业"生产率悖论"存在性检验结果如何不同。

表 2－5　所在年份存在"生产率悖论"的行业数（生产率视角）

生产率	2005 年	2006 年	2007 年	2008 年
LTFP	12	13	17	18
ATFP	19	22	25	24
ln_TFP	15	18	22	21

根据表 2－5，近似劳动生产率 LTFP 作为生产率指标时，出口企业存在"生产率悖论"的行业数最少；近似全要素生产率 ATFP 作为生产率指标时，出口企业存在"生产率悖论"的行业数最多。特别在 2007 年，如果用 ATFP 检验出口企业是否存在"生产率悖论"，那么在 30 个行业中有 25 个行业的出口企业存在"生产率悖论"。因此，本章给出了汤二子（2017）总结的不同生产率计算方法影响出口企业"生产率悖论"存在性的论据。

在异质性企业贸易模型中，生产率决定企业在出口市场能否实现盈利，进而决定是否选择出口。由于中国出口企业存在"生产率悖论"的情形，那么一个重要问题亟须解决，即企业生产率提高，真的更有可能选择出口吗？在考虑中国出口企业存在"生产率悖论"时，如果片面地给予否定的答案，就有可能产生理论与现实的偏差。如果经济体满足异质性企业贸易模型的基本假定，生产率促进企业出口，进而使出口企业生产率均值高于内销企业。由于任何经济体都无法达到异质性企业贸易模型的基本假定，从而"生产率悖论"与实际中生产率如何促进出口贸易可能并不冲突。如本书第一章所介绍，"生产率悖论"这一现象甚至与异质性企业贸易理论所依赖的经济现实都不冲突。即使生产率可以促进企业出口，出口企业生产率均值也未必高于非出口企业。因此，不能根据中国出口企业存在"生产率悖论"就片面地认为生产率对企业出口不存在促进作用。

通过实证检验来分析生产率对企业出口的影响，如果检验结果符合异质性企业贸易模型的预期，即生产率促进企业出口，那么在理论分析中国出口企业"生产率悖论"时，寻找造成这一现象的原因就不能与"生产率促进企业出口"这一命题相违背。换句话说，在肯定生产率促进企业出口的前提下，阐述造成中国出口企业存在"生产率悖论"的可能原因将更具理论可信度。为了与经典模型的生产率尽可能保持类似，此处使用近似劳动生产率 $LTFP$ 指标，即实证检验近似劳动生产率 $LTFP$ 对企业出口选择的影响。数据库在 2008 年没有记录企业法人代码，难以与前几年数据合并以建立非平衡面板数据来进行固定效应与随机效应估计。为了更好地估计生产率对企业出口的影响，面板数据固定效应回归得到的结论一般会更具可信性。尽管利用企业名称可以将 2008 年数据与先前年份对应起来，但会造成样本量的巨大损失。鉴于此，在接下来的实证检验中删除 2008 年的数据，仅利用 2005 ~ 2007 年数据进行实证研究。

检验生产率提高能否促使企业选择出口，被解释变量是企业出口的虚拟变量。定义变量 $DEX_{it} \in \{0, 1\}$，其中如果 t 年份的企业 i 的出口交货值大于 0，那么 $DEX_{it} = 1$，否则 $DEX_{it} = 0$。解释变量是企业近似劳动生产率 $LTFP_{it}$。为了尽可能得到生产率对企业出口偏效应的一致估计量，根据数据库变量特点，控制以下变量：

（1）企业规模 $scale$。企业规模对生产率的影响较为明显，比如经济理论中规模经济就是描述规模对生产效率的一种影响方式。同时，企业规模对出口也存在影响（刘志彪和张杰，2009）。衡量企业规模的方法有很多种，比如用雇佣劳动力总数衡量企业规模。由于解释变量是近似劳动生产率 $LTFP$，所以用劳动力总数衡量企业规模会造成比较严重的共线性问题。鉴于此，使用固定资产衡量企业规模，并且采用对数化形式，即 $scale = \ln(K_0)$，其中 K_0 是企业的固定资产总值。

（2）企业利润规模 PRO。企业在生产经营中如果获得更高利润，则更具有

能力采用新技术设备或者引进先进生产工艺流程来提高企业生产率，并且更具能力抗拒出口市场所可能存在的风险。数据库中记录了企业的利润总额 profit，由于存在亏损企业以及利润等于 0 的企业，即存在 profit 不大于 0 的企业样本，对数化方式为 $PRO = \text{sgn}(profit) \cdot \ln(|prfit| + 1)$，其中 $\text{sgn}(\cdot)$ 是符号函数（汤二子等，2012）。

（3）企业获得的补贴规模 SUB。企业获得补贴，可能会促进企业的发展，比如引进新设备等，从而对生产率产生积极作用。同时，企业获得补贴对于出口也有影响（苏振东等，2012），数据库中记录了企业获得的补贴额 subsidy，由于存在补贴值等于 0 的企业样本，从而对数化方式为 $SUB = \ln(subsidy + 1)$。

（4）企业研发投入规模 RD。企业投入研发会对生产率产生促进作用，而研发投入对企业出口也具有影响（汤二子和孙振，2012）。数据库记录了企业研发投入总额 r&d，由于存在研发投入总额等于 0 的样本，从而对数化方式为 $RD = \ln(r\&d + 1)$。

（5）企业年龄 AGE。Fernandes（2008）利用孟加拉国制造业产业数据检验发现企业年龄与全要素生产率呈倒 U 形关系。企业年龄对其出口也存在影响（王永进，2012）。因此，检验生产率对企业出口的影响，需要控制企业年龄变量。数据库中记录了企业成立年份 year，从而企业年龄为 $AGE = t - year$，其中 t 是企业被统计时所处的年份。由于数据库在统计企业成立年份 year 时，可能会存在人为统计偏差，通过计算得到的企业年龄如果小于 0，肯定是异常的，需要删除。同时，如果计算得到的企业年龄过大，也可能是不正常的样本，比如年龄大于 100 的样本，不妨也删除之。

（6）企业所属行业向量 industry。企业所属行业不同，生产率以及出口状况都存在差异。

选择控制变量以后，利用筛选后的样本估计以下方程，得到生产率对企业出口的偏效应估计值，该方程为：

$$DEX_{it} = \beta_0 + \beta_1 LTFP_{it} + \beta_2 scale_{it} + \beta_3 PRO_{it} + \beta_4 SUB_{it} +$$
$$\beta_5 RD_{it} + \beta_6 AGE_{it} + B \cdot industry + a_i + \varepsilon_{it} \qquad (2.15)$$

对于式（2.15），利用混合横截面数据做 OLS 回归、非平衡面板数据做固定效应以及随机效应回归得到的估计结果如表 2 - 6 所示。表 2 - 6 记录了生产率与企业出口选择的相关性检验结果。在混合横截面数据做 OLS 回归以及非平衡面板数据做随机效应回归中，近似劳动生产率 LTFP 与企业出口虚拟变量呈显著的负相关性。不过，企业存在非常多的因素既影响出口也影响生产率，并且这些因素不随时间而变化，即使变化，速度也是非常缓慢的，例如企业管理者的企业家精神等因素。因此，为了准确地估计生产率对企业出口偏效应，应该使用非平衡面板数据做固定效应回归。在非平衡面板数据做固定效应回归时，可以看出近似劳动生产率 LTFP 与企业出口虚拟变量呈显著的正相关性。利用 Hausman 检验也支持非平衡面板数据的固定效应回归得到的估计结果更为准确。因此，此处实证检验结果中的生产率对企业出口具有促进作用应该更值得信服。

表 2-6　企业生产率对出口的影响估计

变量	因变量：DEX		
	混合横截面 OLS	面板数据 FE	面板数据 RE
常数项 C	- 0. 2299 ***	0. 1238 ***	- 0. 2239 ***
	(0. 0136)	(0. 0077)	(0. 0162)
生产率 LTFP	- 0. 0333 ***	0. 0077 ***	- 0. 0129 ***
	(0. 0006)	(0. 0007)	(0. 0006)
企业规模 scale	0. 0564 ***	0. 0117 ***	0. 0417 ***
	(0. 0004)	(0. 0008)	(0. 0005)
利润规模 PRO	- 0. 0004 ***	0. 0004 ***	- 3. 33e - 06
	(0. 0001)	(0. 0001)	(0. 00008)
补贴规模 SUB	0. 0062 ***	0. 0018 ***	0. 0040 ***
	(0. 0003)	(0. 0002)	(0. 0002)
研发规模 RD	0. 0174 ***	0. 0030 ***	0. 0082 ***
	(0. 0003)	(0. 0003)	(0. 0002)
企业年龄 AGE	0. 0008 ***	0. 0007 ***	0. 0018 ***
	(0. 0001)	(0. 0002)	(0. 00007)
industry	YES	NO	YES
R^2	0. 1475	—	—
Prob > F	0. 0000	—	—
P（Hausman）	—	0. 0000	—
N	657497	657497	657497

注：*** 代表在1%的显著性水平下拒绝系数等于0的虚拟原假设，括号内是标准误。

实证检验发现较多行业中的出口企业存在"生产率悖论",即这些行业中的出口企业生产率均值低于内销企业。总体来看,中国出口企业确实存在"生产率悖论"的情形。利用非平衡面板数据进行固定效应回归而得到的估计结果发现生产率与企业出口虚拟变量呈显著的正相关性,因此生产率对企业出口具有显著的促进作用,这与异质性企业贸易模型的预期是一致的。本章计算的三种生产率指标在检验出口企业"生产率悖论"时,尽管检验结果存在一定的差异,但是都比较支持"生产率悖论"的存在性。在承认中国出口企业存在"生产率悖论"以后,接下来从理论角度解释造成出口企业"生产率悖论"的某些可能原因。由于实证研究结果同样支持生产率促进企业出口,所以在寻找造成中国出口企业"生产率悖论"的可能原因时,不能与之相违背,这样所得到的理论结果才更具可信性,进而会丰富异质性企业贸易模型的理论宝库。

五、理论分析

在前一部分,实证检验发现中国出口企业很有可能存在"生产率悖论"这一状况。本部分利用纯数理模型进行理论研究,即在异质性企业贸易模型的分析框架下,解释造成中国出口企业"生产率悖论"的某些可能原因。为了将本书所论述的异质性企业贸易模型全景式地呈现给读者,本部分在模型推导时,将原始模型中省略掉的某些步骤也写出来。假定经济体中劳动力总数为 L,为了便于分析,假定所有劳动力都是消费者,并且对产品消费持有一致的态度,即效用函数是相同的。Krugman(1980)使用的代表性消费者效用函数为 $U = \sum_i c_i^\theta$,$0 < \theta < 1$,其中 c_i 代表商品 i 的消费数量。第一章介绍了该离散函数形式与 Melitz(2003)原文中采用的连续型 C.E.S. 型效用函数可以得到相同结果。为了验证这一点,本部分就采用 Krugman(1980)的效用函数,不过还是将其设定为连续型。假设经济体的商品集合为 Ω,对于任意商品 $i \in \Omega$,代表性消费者的效用函数为:

$$U = \int_{i \in \Omega} y(i)^\rho di \tag{2.16}$$

其中 $y(i)$ 是消费者对商品 i 的消费数量，ρ 是参数并且满足 $0 < \rho < 1$，即效用 U 对任意商品的消费数量满足递增的凹函数形式。假定商品 i 的价格为 $p(i)$，经济体中流通货币的边际效用单位化为 1。在确定了效用函数以后，消费者追求满足程度最大化这种最根本的动机就可模型化为追求效用最大化，从而对商品 i 的消费数量满足：

$$\frac{\partial U}{\partial y(i)} = p(i) \Leftrightarrow \rho y(i)^{\rho - 1} = p(i) \qquad (2.17)$$

代表性消费者对商品 i 的消费数量为 $y(i)$，因而整个市场对商品 i 的需求数量为 $q(i) = L \cdot y(i)$，将它代入式（2.17），得到商品 i 的反需求曲线为：

$$p(i) = \rho \left[\frac{q(i)}{L} \right]^{\rho - 1} = \frac{\rho L^{1 - \rho}}{q(i)^{1 - \rho}} \qquad (2.18)$$

对于式（2.18），根据 $0 < \rho < 1$ 看出商品 i 的反需求曲线向右下方倾斜，满足基本的需求定律。利用该式，商品 i 的需求价格弹性 $\varepsilon(i)$ 为：

$$\varepsilon(i) = \left(\frac{dq(i)}{q(i)} \right) \Big/ \left(\frac{dp(i)}{p(i)} \right) = \frac{1}{dp(i)/dq(i)} \cdot \frac{p(i)}{q(i)}$$

$$= \frac{1}{\rho L^{1 - \rho} (\rho - 1) q(i)^{\rho - 2}} \cdot \frac{\rho L^{1 - \rho}/q(i)^{1 - \rho}}{q(i)} = \frac{1}{\rho - 1} \qquad (2.19)$$

根据式（2.19）看出商品 i 在需求曲线的任何地方，它的价格弹性是固定不变的常数 $\varepsilon = \dfrac{1}{\rho - 1}$。由于 $0 < \rho < 1$，故 $\varepsilon < -1$。为了方便论述，假定 $\sigma = |\varepsilon|$，从而 $\sigma > 1$。

对于企业生产，假定劳动力是企业投入生产所需的唯一要素，劳动力总数是固定不变的 L。假定劳动力市场的供给是无弹性的，并且单位劳动力的工资为 w。假定单一企业只生产一种产品，从而生产商品 i 的企业也能标记为 i。对于企业 i，与其他企业只在生产率 φ 方面存在差异，这是单独异质性而非多重异质性的假定。企业 i 生产的产量 $q(i)$ 与所投入的劳动量 $l(i)$ 满足以下关系（Melitz，2003）：

$$l(i) = \frac{q(i)}{\varphi(i)} + f \qquad (2.20)$$

其中 f 是企业投入生产所支付的固定经营成本，以唯一的要素即劳动力投入数量来衡量，并且每个企业固定经营成本是相同的 f。因此，企业 i 生产所需要

的总成本 $C(i)$ 为：

$$C(i) = w \cdot l(i) = \frac{w}{\varphi(i)} \cdot q(i) + wf \tag{2.21}$$

根据式（2.21），得到企业 i 生产的边际成本 $MC(i)$ 为：

$$MC(i) = \frac{dC(i)}{dq(i)} = \frac{w}{\varphi(i)} \tag{2.22}$$

由于企业 i 生产的商品 i，市场需求价格弹性的绝对值为 $\sigma > 1$。企业追求利润最大化，根据边际成本加成定价法则，企业 i 制定的商品价格 $p(i)$ 为：

$$p(i) = MC(i) \cdot \frac{1}{1 - 1/\sigma} = \frac{w}{\varphi(i)} \cdot \frac{\sigma}{\sigma - 1} = \frac{w}{\rho\varphi(i)} \tag{2.23}$$

市场出清，即需求等于供给，企业生产达到均衡。将式（2.23）代入式（2.18），得到企业 i 的产量 $q(i)$ 为：

$$\frac{w}{\rho\varphi(i)} = \frac{\rho L^{1-\rho}}{q(i)^{1-\rho}} \Leftrightarrow q(i) = L \cdot \frac{\rho^{2\sigma}}{w^{\sigma}} \cdot \varphi(i)^{\sigma} \tag{2.24}$$

企业 i 的市场销售收入 $r(i)$ 为：

$$r(i) = p(i)q(i) = \frac{w}{\rho\varphi(i)} \cdot L \cdot \frac{\rho^{2\sigma}}{w^{\sigma}} \cdot \varphi(i)^{\sigma} = L \cdot \frac{\rho^{2\sigma-1}}{w^{\sigma-1}} \cdot \varphi(i)^{\sigma-1} \tag{2.25}$$

为了便于论述，不妨假定 $K = L \cdot \frac{\rho^{2\sigma-1}}{w^{\sigma-1}}$，根据设定的这些条件可以看出 K 对所有企业是一致的。企业 i 的市场销售收入 $r(i)$ 可改写为：

$$r(i) = K \cdot \varphi(i)^{\sigma-1} \tag{2.26}$$

企业主要目标是在生产与销售决策中获得最大化的利润，根据 Melitz（2003）的研究，企业获得的利润 π 与销售收入 r 满足如下关系：

$$\pi = \frac{r}{\sigma} - wf \tag{2.27}$$

将式（2.26）代入式（2.27），企业 i 获得的利润 $\pi(i)$ 为：

$$\pi(i) = \frac{K}{\sigma} \cdot \varphi(i)^{\sigma-1} - wf \tag{2.28}$$

根据式（2.28），看出企业 i 获得的利润取决于生产率 $\varphi(i)$，并且根据商品价格弹性 $\sigma > 1$ 得出：

$$\frac{\partial\pi(i)}{\partial\varphi(i)} > 0 \tag{2.29}$$

因此，企业生产率越高，获得的利润越高。假定潜在企业 i 的生产率极低以至接近于 0，不妨认为 $\varphi(i)=0$，如果该企业投入生产，那么获得的利润为 $\pi(i)=-wf<0$。企业生产经营的目标是为了盈利，从而一部分潜在企业由于生产率低下而放弃生产，或者即使投入生产也会由于亏损而退出市场。利润是企业生产经营的目标，亏损企业会立即退出市场，只有能够实现盈利的企业才能持续生产。根据假定，企业只在生产率方面存在差异，因而也可利用生产率刻画个体企业，上述一系列变量也可表示成生产率的函数。比如生产率为 φ 的企业，它的商品价格为 $p(\varphi)=\dfrac{w}{\rho\varphi}$，产量为 $q(\varphi)=L\cdot\dfrac{\rho^{2\sigma}}{w^{\sigma}}\cdot\varphi^{\sigma}$，销售收入为 $r(\varphi)=K\cdot\varphi^{\sigma-1}$，利润为 $\pi(\varphi)=\dfrac{K}{\sigma}\cdot\varphi^{\sigma-1}-wf$。假定 φ^* 满足下式：

$$\varphi^*=\inf\{\varphi:\ \pi(\varphi)>0\} \tag{2.30}$$

根据 $\pi(\varphi)$ 的连续性，式（2.30）表明 $\pi(\varphi^*)=0$。根据式（2.29）看出企业利润是生产率的严格递增函数，所以对于生产率为 φ 的企业，利润 $\pi(\varphi)$ 满足：

$$\pi(\varphi)\begin{cases}<0,\ \text{if}\ \ 0<\varphi<\varphi^* \\ =0,\ \text{if}\ \ \ \varphi=\varphi^* \\ >0,\ \text{if}\ \ \ \varphi>\varphi^*\end{cases} \tag{2.31}$$

根据利润原则，式（2.31）表明：①生产率处于 $(0,\varphi^*)$ 的企业不会投入生产，即使投入生产也会立即退出市场，因为这些企业无法实现盈利。②生产率为 φ^* 的企业既可以投入生产，也可以退出生产，因为这类企业既不能盈利，也不会亏损。为了论述的方便，不妨假定这类企业投入生产。③生产率处于 (φ^*,∞) 的企业投入生产，因为这类企业能够实现盈利。根据企业生产决策的分析看出，由于生产率的差异以及利润这只"看不见的手"的引导，生产率处于 $[\varphi^*,\infty)$ 的企业投入生产，生产率处于 $(0,\varphi^*)$ 的企业由于无法盈利而放弃或退出生产。假定生产率处于 $[\varphi^*,\infty)$ 即能够实现盈利并已投入生产的企业共有 M 个，这些企业的生产率 φ 服从密度函数为 $u(\varphi)$ 且分布函数为 $H(\varphi)$ 的分布。因此，投入生产并且生产率为 φ 的企业个数就是 $Mu(\varphi)$，从而投入生产的企业生产率均值 $\bar{\varphi}$ 为：

$$\overline{\varphi} = \frac{\int_{\varphi^*}^{\infty} \varphi M u(\varphi) d\varphi}{M} = \int_{\varphi^*}^{\infty} \varphi u(\varphi) d\varphi \qquad (2.32)$$

企业生产的商品，一般先面向国内市场做出销售决策。如果在国内市场能够实现盈利，则继续生产与销售商品，否则会退出市场。在允许贸易甚至鼓励企业出口的经济体中，出口市场无疑给所有企业提供一次可以选择的机会。在不考虑外部性时，对于经济活动中的单个企业来说，多出的任何机会都能带来利益，因为企业可以选择利用这样的机会，如果这样的机会不能带来收益，直接放弃也不会有损失，这与本书第一章探讨国家间获取贸易利得的思路类似，即个体企业不会因为得到一次额外选择机会而受害。不过，在考虑外部性后，微观层面的企业与宏观层面的经济体之间就会有所不同。对于任意两个类似企业 i 和 j，如果企业 i 利用这一机会而企业 j 放弃使用这个机会，那么这个机会对企业 j 就是不利的，因为选择出口毕竟提高了企业在很多方面的影响度，例如产品销售总量等。出口权利对所有企业来说是公共产品，每个企业都可以利用这样的权利，如果不利用很可能使自己处于不利地位。因此得出一个假定，即所有企业可以平等地利用出口权利，而且在条件允许情况下，企业一定会选择出口。尽管如此，企业能否利用这个权利或者说会不会行使出口权利取决于自身的生产以及利润决策。例如，对于一个已经在国内市场实现盈利的企业 i，它在出口浪潮中跃跃欲试，可是追求利润的"看不见的手"始终引导甚至约束着它。企业在出口前会综合所有市场信息包括出口市场信息来估计出口能否实现盈利。如果企业出口不能增加利润，它将不得不放弃去使用这一权利。如果出口能够实现盈利，它将选择出口。即使市场估计出现偏差，原本认为能够实现盈利的出口却令其亏损，那么该企业也将退出出口市场。总之，在追求利润的"看不见的手"的支配下，企业是否出口即是否行使自由贸易经济体给予的出口权利取决于它在出口市场能否实现盈利。在远古时代，空间距离以及简陋的交通运输限制了贸易，导致大多数经济体难以赋予企业将商品出口到其他国家这种权利。近代以及当代，空间距离对贸易的限制已大大降低，出口权利主要取决于经济体的贸易政策。一个封闭的经济体可能会严令所有企业不能参与世界市场，那么这样的经济体就通过贸易政策剥夺了企业的出口权利。在贸易自由化的经济体中，企业获得出口权利并相机决策是否行使这样的权利。根据中国开放的大门只会越开越大这样的宏观战略，此处暂时假定所有企业均享有出口权利。

对于已经存活于国内市场的企业，进入出口市场需要支付一定数额的固定进入成本，例如了解国外市场的信息动态、出口市场的商品质量标准以及当地销售部门的经营政策等。假定所有企业进入出口市场需要支付数额相同的固定沉没成本 f_x，还是以进入出口市场所投入的劳动力及其国内单位工资 w 进行支付。无论国内市场还是出口市场，市场基本类型取决于消费者偏好，即代表性消费者效用函数形式。不妨认为出口市场的需求特点与国内市场是一致的，代表性消费者的效用函数也是 $U_x = \int_{i \in \Omega_x} y(i)^\rho di$。假定企业出口不需要运输成本，那么对于任意企业 i，在出口市场的销售决策与国内市场完全一致。根据式（2.24），企业 i 在出口市场中的销售量 $q_x(i)$ 为：

$$q_x(i) = L_x \cdot \frac{\rho^{2\sigma}}{w_x^\sigma} \cdot \varphi(i)^\sigma \tag{2.33}$$

其中 L_x 与 w_x 分别为出口市场中的消费者即劳动者总数以及工资水平。根据式（2.25），如果该企业选择出口，在出口市场的销售收入 $r_x(i)$ 为：

$$r_x(i) = L_x \cdot \frac{\rho^{2\sigma-1}}{w_x^{\sigma-1}} \cdot \varphi(i)^{\sigma-1} \tag{2.34}$$

不妨设定参数 $K_x = L_x \cdot \frac{\rho^{2\sigma-1}}{w_x^{\sigma-1}}$，则企业 i 在出口市场的销售收入 $r_x(i) = K_x \cdot \varphi(i)^{\sigma-1}$。企业 i 在出口市场获得的利润 $\pi_x(i)$ 与出口市场的销售收入 $r_x(i)$ 同样满足以下关系：

$$\pi_x(i) = \frac{r_x(i)}{\sigma} - wf_x \tag{2.35}$$

因此，企业 i 选择出口，那么在出口市场获得的利润 $\pi_x(i)$ 为：

$$\pi_x(i) = \frac{K_x}{\sigma} \cdot \varphi(i)^{\sigma-1} - wf_x \tag{2.36}$$

根据式（2.36）可以看出，任意企业 i 在出口市场能否实现盈利同样取决于生产率 $\varphi(i)$，所以能用生产率 φ 描述企业在出口市场获得的利润状况。对于生产率为 φ 的企业选择出口，那么在出口市场获得的利润 $\pi_x(\varphi)$ 为：

$$\pi_x(\varphi) = \frac{K_x}{\sigma} \cdot \varphi^{\sigma-1} - wf_x \tag{2.37}$$

根据企业出口动机即追求更多的利润，任何企业选择出口的充分必要条件是 $\pi_x(\varphi) > 0$。如果企业能够实现 $\pi_x(\varphi) > 0$，那么该企业一定选择出口，从而 $\pi_x(\varphi) > 0$ 是企业出口的充分条件。如果企业存在于出口市场，那么它在出口市场一定实现了盈利，否则它不会进入出口市场，则 $\pi_x(\varphi) > 0$ 同样是企业出口的必要条件。对于式(2.37)，可以看出 $\frac{\partial \pi_x(\varphi)}{\partial \varphi} > 0$，同时设定 $\varphi^{**} = \inf\{\varphi: \pi_x(\varphi) > 0\}$。如果企业生产率 $\varphi > \varphi^{**}$，那么企业在出口市场能够实现盈利，从而选择出口；如果企业生产率 $\varphi = \varphi^{**}$，那么企业在出口市场既不盈利也不亏损，从而既可以出口也可以不出口；如果企业生产率 $\varphi < \varphi^{**}$，那么企业在出口市场不能实现盈利，从而不会选择出口。简言之，生产率处于 $[\varphi^{**}, \infty)$ 的企业选择出口。

对于 φ^* 与 φ^{**}，前者是企业首先面向国内市场生产与销售并且实现盈利的最低生产率，后者是企业投入生产以后再选择出口并实现盈利的最低生产率，这种模式是传统的企业先为国内市场投入生产，之后考虑出口市场的"国内—出口"模式。对于 φ^* 与 φ^{**}，有以下两种关系：

（1）$\varphi^* \geqslant \varphi^{**}$，所有投入生产的企业在出口市场都能实现盈利，从而所有企业都选择出口。由于所有企业都选择出口，为了生产在出口市场上额外销售的产品，企业会增加劳动力投入。由于资源是固定的 L，从而有部分企业没有资源可供使用。在这种情形下，资源价格会提高，从而部分生产率较低的企业会因要素价格提高而亏损以退出市场。为了论述简便，假定存在 $\varphi' > \varphi^*$，并且生产率处于 $[\varphi', \infty)$ 的企业投入生产并且全部选择出口。此外，资源价格提高后会导致原本出口盈利的部分企业在出口市场可能不再获得利润。不过，本章对出口市场研究采用静态方式，即企业出口导致资源价格提高后的出口调整将不予考虑。这样分析主要是为了后文解释中国出口企业"生产率悖论"做铺垫，因为实证检验中国出口企业"生产率悖论"时，只要企业具有出口行为，那么该企业就被视为出口企业。即使企业在下一年份退出出口市场，其在当前年份依然作为出口企业用于检验"生产率悖论"的存在性。总之，只考虑企业出口给资源价格造成的影响，不再考虑资源价格给出口的反作用。生产率处于 $[\varphi^*, \varphi')$ 的企业由于得不到生产资源而被迫停止生产。

（2）$\varphi^* < \varphi^{**}$，则生产率处于 $[\varphi^*, \varphi^{**})$ 的企业在出口市场不能实现盈利，从而不会选择出口。生产率处于 $[\varphi^{**}, \infty)$ 的企业在出口市场上实现盈利并选择出口。同样，由于部分企业选择出口，势必扩大产量以及雇佣更多劳动者，那么生产要素价格上升使生产率较低的部分企业被迫停止生产。假定此时企业生产能够实现盈利的生产率门槛值为 φ''，从而 $\varphi'' > \varphi^*$ 是成立的。对于 φ'' 与 φ^{**}，如果 $\varphi'' \geqslant \varphi^{**}$，那么所有投入生产的企业都选择出口，即出口企业对劳动力资源的使用已经超过经济体劳动力总资源。如果 $\varphi'' < \varphi^{**}$，那么生产率处于 $[\varphi'', \varphi^{**})$ 的企业只面向国内市场，而生产率处于 $[\varphi^{**}, \infty)$ 的企业会选择出口。将生产率处于 $[\varphi'', \varphi^{**})$ 的企业称为内销企业，将生产率处于 $[\varphi^{**}, \infty)$ 的企业称为出口企业。由于在一定条件下经济体所有企业都会出口，此时不存在出口企业与内销企业生产率是否存在差异的问题。接下来，主要分析出口企业与内销企业并存的情形。

内销企业的生产率处于 $[\varphi'', \varphi^{**})$，根据式（2.32）看出内销企业生产率均值 $\overline{\varphi}_d$ 为：

$$\overline{\varphi}_d = \frac{\int_{\varphi''}^{\varphi^{**}} \varphi M u(\varphi) d\varphi}{M[H(\varphi^{**}) - H(\varphi'')]} = \frac{\int_{\varphi''}^{\varphi^{**}} \varphi u(\varphi) d\varphi}{H(\varphi^{**}) - H(\varphi'')} \tag{2.38}$$

出口企业的生产率处于 $[\varphi^{**}, \infty)$，从而出口企业的生产率均值 $\overline{\varphi}_x$ 为：

$$\overline{\varphi}_x = \frac{\int_{\varphi^{**}}^{\infty} \varphi M u(\varphi) d\varphi}{M[1 - H(\varphi^{**})]} = \frac{\int_{\varphi^{**}}^{\infty} \varphi u(\varphi) d\varphi}{1 - H(\varphi^{**})} \tag{2.39}$$

根据积分性质，可以得出：

$$\overline{\varphi}_d < \overline{\varphi}_x \tag{2.40}$$

该式表明内销企业的生产率均值要低于出口企业，这与异质性企业贸易模型预期命题是一致的。通过分析也看出，企业生产率越高，的确越具有能力在出口市场实现盈利，从而生产率对于企业出口具有促进作用。企业只要能在出口市场实现盈利就会选择出口，生产率决定企业在出口市场能否实现盈利，所以生产率是决定企业是否出口的主要因素。

能够得出以上命题，依托于经济体提供给所有企业一项公共产品即出口的权利，同时企业生产经营目标明确，就是想尽可能获得最大化利润。这意味着只要企业能够在出口市场获得利润，那么该企业就一定选择出口。不过，仔细分析企业出口决策，会看出某些违背该假定的情形。主要有以下五种：①尽管当代中国鼓励企业出口，参与国际市场，但是由于企业所处地理位置的限制、运输的不便以及某些环节特别是国外市场准入的手续之繁琐，造成部分企业并不热衷出口。②如果企业在国内市场能够实现盈利，为了避免出口所伴随的一些风险，短期内可能会先选择放弃出口以专注于国内市场的经营。这种情形可看成企业存在惰性，当在国内市场获得不错的利润流时，对未来发展的短视以及对世界市场的畏惧都有可能使企业家放弃探索出口市场。③企业决策一般都由企业家做出，其中出口决策也同样如此。如果企业家对于拓展国际市场持消极态度，那么该企业就可能会放弃出口带来盈利的机会。④在国际贸易中，直接就有出口限制（Export Restrictions）这种类似的措施，限制商品通常包括战略物资和先进技术、国内短缺物资、文物和古董以及"自动"限制出口的商品，其中出口限制的手段一般有出口限额、出口许可证以及出口结汇管制等。⑤中国产品出口到世界其他国家，这些经济体可能会制定相应的贸易政策来限制中国企业的出口。例如以技术这一"合法"外衣限制其他经济体出口的技术性贸易壁垒，以及像美国从2018年开始恶意针对中国挑起的贸易纠纷等。对于技术壁垒，其主要措施包括严格复杂的技术法规和技术标志、复杂的合格评定程序以及严格的包装与标签规格等。这类贸易壁垒会降低中国企业的出口动机。特别是在企业能够在国内市场实现盈利时，即使参与出口市场具有获取利润的能力，该企业也可能会由于技术壁垒而放弃出口。如果将企业决策限定在短期内，那么技术壁垒对企业的出口限制影响会更明显。这五种情形主要描述了企业即使在出口市场可能会实现盈利，却因为地理、人文、企业文化以及政策等因素而放弃出口。对此，本章统称为"出口进入限制"。

　　对于出口能够实现盈利的企业，生产率处于$[\varphi^{**}, \infty)$。企业生产率分布的密度函数为$u(\varphi)$，对于生产率为$\varphi(\varphi > \varphi^{**})$的企业，企业总数为$Mu(\varphi)$。在贸易自由化这种理想状态下，这些企业全部选择出口。不过，考虑出口进入限制时，并非所有企业都选择出口。假定生产率为$\varphi(\varphi > \varphi^{**})$的企业，选择出口的

企业比率为 $v(\varphi)$。剩余 $1-v(\varphi)$ 比率的企业，尽管能在出口市场实现盈利，由于出口进入限制而放弃出口。因此，出口进入限制导致出口企业与内销企业重新分布如下：①出口企业：生产率处于 $[\varphi^{**}, \infty)$ 的部分企业，密度函数为 $u(\varphi)v(\varphi)$。②内销企业：生产率处于 $[\varphi^{**}, \infty)$ 的部分企业，密度函数为 $u(\varphi)[1-v(\varphi)]$，以及生产率处于 $[\varphi''', \varphi^{**})$ 的所有企业，密度函数为 $u(\varphi)$。由于生产率处于 $[\varphi^{**}, \infty)$ 中的部分企业未选择出口，从而出口挤出的企业数会降低，这就意味着 $\varphi^* \leqslant \varphi''' \leqslant \varphi''$ 成立。根据以上描述，得到出口企业的生产率均值 $\overline{\varphi}_x$ 为：

$$\overline{\varphi}_x = \frac{\displaystyle\int_{\varphi^{**}}^{\infty} \varphi M u(\varphi) v(\varphi) d\varphi}{M \displaystyle\int_{\varphi^{**}}^{\infty} u(\varphi) v(\varphi) d\varphi} = \frac{\displaystyle\int_{\varphi^{**}}^{\infty} \varphi u(\varphi) v(\varphi) d\varphi}{\displaystyle\int_{\varphi^{**}}^{\infty} u(\varphi) v(\varphi) d\varphi} \tag{2.41}$$

内销企业的生产率均值 $\overline{\varphi}_d$ 为：

$$
\begin{aligned}
\overline{\varphi}_d &= \frac{\displaystyle\int_{\varphi'''}^{\varphi^{**}} \varphi M u(\varphi) d\varphi + \int_{\varphi^{**}}^{\infty} \varphi M u(\varphi)[1-v(\varphi)]d\varphi}{M \displaystyle\int_{\varphi'''}^{\varphi^{**}} u(\varphi) d\varphi + M \int_{\varphi^{**}}^{\infty} u(\varphi)[1-v(\varphi)]d\varphi} \\[2mm]
&= \frac{\displaystyle\int_{\varphi'''}^{\varphi^{**}} \varphi u(\varphi) d\varphi + \int_{\varphi^{**}}^{\infty} \varphi u(\varphi)[1-v(\varphi)]d\varphi}{\displaystyle\int_{\varphi'''}^{\varphi^{**}} u(\varphi) d\varphi + \int_{\varphi^{**}}^{\infty} u(\varphi)[1-v(\varphi)]d\varphi} \\[2mm]
&= \frac{\displaystyle\int_{\varphi'''}^{\varphi^{**}} \varphi u(\varphi) d\varphi + \int_{\varphi^{**}}^{\infty} \varphi u(\varphi)[1-v(\varphi)]d\varphi}{H(\varphi^{**}) - H(\varphi''') + \displaystyle\int_{\varphi^{**}}^{\infty} u(\varphi)[1-v(\varphi)]d\varphi}
\end{aligned}
\tag{2.42}
$$

根据式（2.41）与式（2.42），无法确切判断出口企业的生产率均值 $\overline{\varphi}_x$ 与内销企业的生产率均值 $\overline{\varphi}_d$ 的大小。如果 $\overline{\varphi}_x < \overline{\varphi}_d$，则意味着中国出口企业存在"生产率悖论"。对于任意的 $\varphi > \varphi^{**}$，函数 $v(\varphi) \in [0,1]$。如果函数 $v(\varphi)$ 值越大，意味着在该经济体中的出口进入限制越小。特别地，当 $v(\varphi) \equiv 1$，$\forall \varphi \in [\varphi^{**}, \infty)$ 时，那么该经济体不存在任何出口进入限制。如果函数 $v(\varphi)$ 值越小，

意味着在该经济体中的出口进入限制越大。当 $v(\varphi) \equiv 0$，$\forall \varphi \in [\varphi^{**}, \infty)$ 时，那么该经济体由于出口进入限制导致其完全封闭，2020 年席卷全球的新冠肺炎疫情最为严重的时刻，世界贸易几乎处于停滞状态，就接近于这样的假设条件。根据式（2.41）与式（2.42）大致看出（并非一定成立）：

$$\frac{\partial \Pr(\overline{\varphi}_x < \overline{\varphi}_d)}{\partial v} < 0 \tag{2.43}$$

其中 $\Pr(\overline{\varphi}_x < \overline{\varphi}_d)$ 表示中国出口企业存在"生产率悖论"的概率。根据式（2.43）看出，如果经济体的出口进入限制越大即 $v(\varphi)$ 相对较小，出口企业存在"生产率悖论"的概率越大。综上分析看出，出口进入限制可能是导致中国出口企业"生产率悖论"的原因之一，并且出口进入限制导致"生产率悖论"与生产率促进企业出口之间并不具有逻辑矛盾，从而使其更具理论可信度。

在以上所进行的理论研究中，其实还有一个潜在假定，即企业先在国内市场生产与经营，实现盈利以后再考虑是否进入出口市场。这种假定符合世界上大部分企业国际化路径选择所遵循的"国内—出口"模式。不过，随着经济全球化的深入发展，生产部门的分工日趋细化。跨国公司为了统筹生产经营效率，将生产过程细分成若干部分并且转移至国外。因此，某些经济体中部分企业只是跨国公司的某个子公司，生产过程也仅仅属于跨国公司整体生产环节中一部分。换句话说，很多处于生产链条中间的部分子公司，生产目的是给跨国公司整体生产链条提供中间产品。在对应的经济体内，这类属于跨国公司子公司的企业，它们的产品销售模式是致力于出口市场。另外，母公司为了整合生产环节中的生产资源以及控制生产链条上的母公司与其他子公司的财务状况，会允许一些子公司即使出口存在亏损，也依然选择出口。在某些经济体中，有些企业完全致力于出口，将它的产品出售给母公司或者母公司旗下的其他子公司来服务于整个生产链条的运行。在竞争过程中，这类企业连经营亏损都可承受，从而其他企业无法与之竞争，这意味着它们可以获得需要的生产资源。随着中国市场的逐渐开放，"中国制造"影响全世界的经济流动与商品消费。由于部分"中国制造"企业只是负责生产过程中部分甚至很少一部分，这类商品生产出来以后，就会面对整个世界市场做出销售决策。因此，这类企业首要决策是致力于出口，其次才考虑中国国内市场，可将这种情形统称为跨国公司经营战略。这对中国出口企业"生产率悖论"有何影响呢？为了便于分析，将跨国公司经营战略理解为在一个经济体内，先选择出口市场再考虑国内市场的部分企业，即这些企业全部是出口企业。在前面的分析中，企业进入国内市场的成本与固定经营成本一并归为 f，这是因为假定企业国际化是按照"国内—出口"模式进行的。如果该模式发生变化，就需做出调整。假定企业投入生产所支付的固定经营成本为 f_e，进入国内市场所支付的固定成本为 f_d，进入出口市场所支付的固定成本为 f_x。

根据跨国公司经营战略的假定，对于生产率为 φ 的企业，其中 $g(\varphi)$ 部分的企业一定会选择出口，即使在出口市场不能实现盈利，也坚持出口。在比较出口企业与内销企业生产率差异时，它们总是被归为出口企业。即使亏损也选择出口经营的企业在资源竞争中一定能够获得生产要素，从而这类企业的生产率下确界为 0。由此看出，所有企业（包含潜在进入者）的生产率区间为 $(0, \infty)$。假定企业生产率服从密度函数为 $z(\varphi)$ 且分布函数为 $Z(\varphi)$ 的分布，不妨再假定生产率处于 $(0, \infty)$ 的企业（包含潜在进入者）总数为 N。根据跨国公司经营战略假定看出其中的 $\int_0^\infty Nz(\varphi)g(\varphi)d\varphi = N \cdot \int_0^\infty z(\varphi)g(\varphi)d\varphi$ 个企业一定选择出口，从而这些企业一定是出口企业，在出口市场所获利润为 $\pi_x(\varphi) = \dfrac{K_x}{\sigma} \cdot \varphi^{\sigma-1} - w(f_e + f_x)$。这部分企业是否再进入国内市场，会根据进入国内市场能否实现盈利来决定。由于它们首先进入出口市场，从而进入国内市场所获利润为 $\pi_d(\varphi) = \dfrac{K_d}{\sigma} \cdot \varphi^{\sigma-1} - wf_d$，如果该利润为正，那么就进入国内市场，否则不进入。除去这部分按照跨国公司经营战略经营的企业外，其余企业依然按照先进入国内市场，实现盈利后再考虑是否进入出口市场来决策。生产率为 φ 的企业生产并进入国内市场，其获得的利润 $\pi_d(\varphi)$ 为：

$$\pi_d(\varphi) = \frac{K_d}{\sigma} \cdot \varphi^{\sigma-1} - w(f_e + f_d) \tag{2.44}$$

这类企业的主要动机是追求利润，从而利润最大化原则是约束这些企业生产经营决策的"看不见的手"。根据式（2.44），不妨设定 $\varphi^1 = \inf\{\varphi: \pi_d(\varphi) > 0\}$，从而生产率处于 $[\varphi^1, \infty)$ 的企业投入生产，生产率处于 $(0, \varphi^1)$ 的企业将退出生产，这其中不包括按照跨国公司经营战略生产与销售的那些企业。再考虑在国内市场站稳脚跟的企业是否出口，如果它选择出口，那么在出口市场所获得的利润 $\pi_x(\varphi)$ 为：

$$\pi_x(\varphi) = \frac{K_x}{\sigma} \cdot \varphi^{\sigma-1} - wf_x \qquad (2.45)$$

假定 $\varphi^2 = \inf\{\varphi: \pi_x(\varphi) > 0\}$。不妨认为 $\varphi^1 < \varphi^2$，从而生产率处于 $[\varphi^2, \infty)$ 的企业会进入出口市场，而生产率处于 (φ^1, φ^2) 的企业只面向国内市场。尽管企业选择出口会挤出部分企业，为了描述简便，假定 φ^1 就是指已经考虑出口再分配效应后面向国内市场实现盈利的企业最低生产率。根据以上描述，内销企业的生产率均值 $\overline{\varphi}_d$ 为：

$$\overline{\varphi}_d = \frac{\int_{\varphi^1}^{\varphi^2} \varphi \cdot Nz(\varphi)[1-g(\varphi)]d\varphi}{\int_{\varphi^1}^{\varphi^2} Nz(\varphi)[1-g(\varphi)]d\varphi} = \frac{\int_{\varphi^1}^{\varphi^2} \varphi \cdot z(\varphi)[1-g(\varphi)]d\varphi}{\int_{\varphi^1}^{\varphi^2} z(\varphi)[1-g(\varphi)]d\varphi} \qquad (2.46)$$

出口企业的生产率均值 $\overline{\varphi}_x$ 为：

$$\overline{\varphi}_x = \frac{\int_0^\infty \varphi \cdot Nz(\varphi)g(\varphi)d\varphi + \int_{\varphi^2}^\infty \varphi \cdot Nz(\varphi)[1-g(\varphi)]d\varphi}{\int_0^\infty Nz(\varphi)g(\varphi)d\varphi + \int_{\varphi^2}^\infty Nz(\varphi)[1-g(\varphi)]d\varphi}$$

$$= \frac{\int_0^{\varphi^2} \varphi \cdot z(\varphi)g(\varphi)d\varphi + \int_{\varphi^2}^\infty \varphi \cdot z(\varphi)d\varphi}{\int_0^{\varphi^2} z(\varphi)g(\varphi)d\varphi + \int_{\varphi^2}^\infty z(\varphi)d\varphi}$$

$$= \frac{\int_0^{\varphi^2} \varphi \cdot z(\varphi)g(\varphi)d\varphi + \int_{\varphi^2}^\infty \varphi \cdot z(\varphi)d\varphi}{\int_0^{\varphi^2} z(\varphi)g(\varphi)d\varphi + [1-Z(\varphi^2)]} \qquad (2.47)$$

对于比率 $g(\varphi)$，它衡量在一个经济体中，企业属于跨国子公司的程度。如果 $g=0$ 对于任意 φ 都成立，那么经济体中所有企业都不属于跨国公司子公司，根据式（2.46）与式（2.47），内销企业的生产率均值 $\overline{\varphi}_d$ 一定低于出口企业的

生产率均值 $\overline{\varphi}_x$。不过，当经济体中属于跨国公司子公司的企业比率更大时，内销企业的生产率均值 $\overline{\varphi}_d$ 与出口企业生产率均值 $\overline{\varphi}_x$ 的关系将变得更加复杂，并且有可能出现 $\overline{\varphi}_x < \overline{\varphi}_d$ 的情形。因此，经济体中出口企业可能因为跨国公司经营战略而出现"生产率悖论"的情形。根据式（2.46）与式（2.47），大致得出（并非一定成立）：

$$\frac{\partial \mathrm{Pr}(\overline{\varphi}_x < \overline{\varphi}_d)}{\partial g} > 0 \tag{2.48}$$

根据式（2.48）可大致推断经济体中"跨国公司经营战略"越广泛，出口企业存在"生产率悖论"的可能性越大。这里提出的跨国公司经营战略可能导致中国出口企业存在"生产率悖论"同样不违背"生产率促进企业出口"这一异质性企业贸易理论的基本命题，所以具有理论可信度。

总之，生产率是企业出口的必要条件而非充分条件，企业要在出口市场实现盈利，那么生产率要达到某一临界水平。只有在达到以后，在追求利润的动机下，企业才有可能选择出口。不过，企业未必一定都会选择出口。在现实经济运行中，企业基于各种各样的因素而放弃开拓出口市场，这些因素统称为出口进入限制。考虑出口进入限制以后，部分企业会放弃行使出口"权利"，因而生产率并非企业出口的充分条件。这意味着，部分企业尽管存在生产率优势，但并不出口而只面向国内市场。考虑这种情形时，相对出口企业，并非所有内销企业的生产率都处于劣势。在中国，很多内销企业的生产率非常高，但并未尝试出口，从实际角度验证了生产率是企业出口的必要条件而非充分条件。引入出口进入限制假定，可以解释中国出口企业"生产率悖论"现象。随着国际经济迅猛发展，生产变革急剧深化，产业分工越来越细化。大型跨国公司逐渐主导着全球经济，跨国公司在全球范围内分散其生产与经营的决策。基于中国经济现实，很多跨国公司将加工与组装这一生产链条投放到中国。根据跨国公司经营战略，这些跨国公司的子公司致力于出口。跨国公司母公司为了实现利润最大化，部分子公司在亏损的情况下也要投入生产，以便为母公司或者其他子公司出口产品来维持生产链条。总的来说，这类企业主要经营任务就是出口。中国部分企业可能仅仅处于跨国公司生产链条的某一环节，从而这类企业完全致力于出口，即使其生产率低下也会选择出口。由此看出，出口企业生产率并非一定高于内销企业，甚至低于内销企业,这就意味着出口企业可能存在"生产率悖论"。本章所提出的出口进入限制以及跨国公司经营战略对中国出口企业"生产率悖论"的形成机理可以提供某些解释,但并不意味着这些就是仅有的原因,至少在理论分析上是如此。汤二子(2017)探讨了在异质性企业贸易模型这一框架下,如何通过裂变理论假设来分析造成悖论的各种理论机制,结合本章具体的解释过程,的确可以对中国出口企业"生产率悖论"的理论解释提供长久的分析思路。

六、结 论

正如第一章所述,异质性企业贸易理论属于国际贸易理论的前沿领域,该理论主要从生产率角度研究企业出口的形成机理,认为企业生产率是影响出口的决定因素,生产率高的企业能够在出口市场实现盈利,进而选择出口。因此得到推论认为出口企业的生产率相对高于非出口企业,这一推论得到众多实证研究的支持。不过,对中国出口企业生产率的研究,却得到与该推论相异的结果,即存在出口企业生产率相对低于非出口企业的情形,部分学者将这一情形称为中国出口企业的"生产率悖论"。利用 2005~2008 年中国工业企业数据库中制造业企业样本检验中国出口企业"生产率悖论"的存在性,根据不同年份按照行业类别进行检验。为了得到较为准确的检验结果,分别计算了三种企业生产率,即近似劳动生产率 LTFP、近似全要素生产率 ATFP 与相对全要素生产率 ln_TFP。运用三种生产率检验中国出口企业"生产率悖论"的存在性具有差异,不过都比较支持"生产率悖论"的存在,还发现存在出口企业"生产率悖论"的行业数随着年份推移具有增加趋势。在生产率与企业出口虚拟变量的非平衡面板数据固定效应回归中,生产率对企业出口选择存在正向影响,这符合异质性企业贸易模型的基本理念。利用异质性企业贸易模型的分析框架,理论研究认为如果出口市场存在进入限制,部分企业尽管拥有出口盈利所具备的生产率条件,也会放弃出口,因而生产率是企业出口的必要条件而非充分条件。此外,部分企业属于国际大型跨国公司生产链条的某一环节即跨国公司子公司,在跨国公司经营战略影响下,这类企业即使生产率低下以至于在出口市场上亏损,依然会选择出口。由于这两种原因，出口企业的生产率未必一定高于非出口企业，甚至低于非出口企业，这就对中国出口企业"生产率悖论"提供了某些解释。

在详细探讨了中国出口企业"生产率悖论"以后，就能更加有效地利用异质性企业贸易理论来研究中国企业生产率、出口以及其他经营决策之间的逻辑关系，这是本书后面章节的主要内容。

第三章 技术进步下的企业盈利能力与经营决策[①]

　　微观个体企业的任何生产与经营决策，如致力于提升生产效率的日常管理实践以及开拓出口市场的营销战略选择等，均会受到宏观经济大环境的影响。经济与社会的发展得益于技术进步，人类创造的科学文化知识以及在生产实践中所取得的发明创造，推动着整个经济体的技术在向前进步。在企业生产领域中，拥有企业家才能的企业管理者在实践中所形成的先进管理经验，对于其他企业来说如同技术进步一般，因为这些企业只要合理采用或借鉴这些管理经验就能帮助其改善生产与经营效率。因此，个体企业会因技术进步而受益，如积累的科学技术知识与企业管理经验作为公共物品可供所有微观企业合理谋划生产流程与管理实践。然而，宏观技术进步也会使个体企业处于不进则退的激烈竞争之中，稍不留神就有可能被淘汰出局，企业家必须具备这种危机意识。在前两章所讨论的异质性企业贸易模型这一大框架下，本章将详细阐述宏观技术进步如何影响个体企业的盈利状况与经营决策，这将为后文研究个体企业自身所从事的各种提升生产率的行为如研发投资如何影响生产与经营决策夯实宏观理论基础。

一、研究背景

　　在工业化时代，生产工艺创新以及机器设备更新换代促进了生产技术的迅速提高。在"后工业化"时代，科学知识创造与社会人力资本同样带动了生产技

[①] 本章主要内容发表于《中国工业经济》2013 年第 6 期。

术的进步。经济增长的持续动力不是资本积累，更不是劳动力规模扩张，而是生产技术持续进步（Romer，1990；Grossman and Helpman，1991；Aghion and Howitt，1992）。值得欣慰的是，目前世界上绝大部分国家包括发达国家以及发展中国家的生产技术都在进步，世界正在享受技术进步所带来的经济福利。郭庆旺和贾俊雪（2005）测算发现从2000年开始中国全要素生产率呈现逐年攀升的势头。李建伟（2020）指出自改革开放以来，我国的技术进步及其劳动生产率呈现出提升幅度逐年降低的平滑上升趋势。简言之，中国作为一个经济体拥有技术进步是一个不争的事实。

生产技术进步对经济增长起到了不容忽视的作用，并且世界上很多国家与地区生产技术的进步正在对经济增长产生重要影响。生产技术进步对经济增长影响的机制究竟是什么，很多研究热衷于从宏观层面进行研究。赖明勇等（2005）提出人力资本、研究开发与技术外溢是经济增长的源泉。刘伟和张辉（2008）在研究中国经济增长时，发现产业结构变迁对中国经济增长的影响作用逐渐让位于技术进步。包群（2008）研究得出贸易开放对经济增长的影响依赖于生产技术。尽管宏观层面的研究可以在一定程度上看出技术进步对经济增长的重要性，但是却忽视了技术进步的微观影响，使很多问题得不到妥善解释，比如随着技术进步以及经济增长，中国国有企业却出现了亏损，例如20世纪八九十年代国有企业亏损极为严重（金碚，2010）。张军（1998）对国有企业亏损进行了细致研究，并且认为"进入侵蚀利润"与"竞争侵蚀利润"是国有企业亏损的主要原因。深入研究发现技术进步是导致"进入侵蚀利润"与"竞争侵蚀利润"的原因，所以可将其归结为"技术侵蚀利润"现象。宏观层面的研究对于充分了解技术进步与经济增长的质量即经济发展的关系也存在局限性，所以有必要将技术进步与经济增长的关系推向微观研究领域。企业是宏观经济的微观主体，无论是生产性企业还是服务型企业，其产出是构成国民产出的基础，所以研究生产技术对企业盈利能力以及经营决策的影响是解答技术进步对经济增长特别是经济发展的影响机制的重要途径。

在市场经济体制下，企业投入生产的最为重要的目的是赚取利润，利润是企业一切生产活动的原始动力，正如第二章所言，贸易自由化环境下企业是否选择出口几乎完全取决于出口的盈利能力。利润原则是企业做出产量决策所遵循的基本法则，所以为了研究生产技术进步对企业的影响就需要考察技术进步对企业利润最大化决策有何具体影响，这决定着企业能否长久存活于市场之中。李玉红等（2008）在研究中国工业企业生产率增长路径时发现存活企业生产率最高，新进入企业生产率增长速度最快，而退出企业在生产率方面存在明显的劣势。利润是影响企业存活、进入与退出决策的主要因素，而生产率对企业利润具有重要影响，这意味着生产率是用于探讨企业存活的切入点（汤二子，2016）。在生产技术不断进步的时代，很多企业却遭遇了利润下降甚至出现了亏损，其中原因当然很多，但是宏观技术进步是其中的重要原因之一，即已经提出的"技术侵蚀利润"现象。这里产生了困惑，既然生产率是决定企业盈利与否以及能否存活的关键，那么宏观技术进步带动微观企业技术进步以及生产率提升理应具有积极意义，为何成为了影响企业盈利甚至迫使企业放弃生产的一把利剑？为了解答这个疑问，就需要研究宏观技术进步对企业利润的再分配效应，重点解释造成"技术侵蚀利润"现象的原因是什么。此外，研究技术进步影响经济体国民产出的微观机制以及对劳动者福利与资源配置的具体影响。最后，本章将讨论技术特性，对处于技术前沿的企业遭受技术进步困扰时如何摆脱提出建议。

二、数理模型

1. 基本框架

本章提出的数理模型是对 Dixit 和 Stiglitz（1977）、Melitz（2003）模型的扩展，其中最重要的扩展就是引入宏观技术进步这一新的变量。尽管前两章详细探讨了该模型的基本框架，但是要把宏观技术进步纳入到这一框架之中，为了讨论的连贯性，特别是为了避免读者在理解上产生疑惑，本章还是愿意费点笔墨概述该模型的分析框架。

假设经济体中存在的商品集合为 Ω，对于其中的任意商品 $\omega \in \Omega$，代表性消费者的偏好满足 C. E. S. 型效用函数形式 $U = \left[\int_{\omega \in \Omega} q(\omega)^{\beta} d\omega \right]^{1/\beta}$，其中 $q(\omega)$ 是

消费者对商品 ω 的消费数量；β 是参数，由于边际效用递减即 U 是凹函数，所以 $\beta < 1$，并且允许代表性消费者对于相关商品的消费数量为 0，所以有 $\beta > 0$。从效用函数看出任意两种商品之间的替代弹性 $\varepsilon = \dfrac{1}{1-\beta} > 1$ 是固定不变的。根据 Dixit 和 Stiglitz（1977）对消费者行为的详细研究，构造总体商品变量 $X \equiv U = \left[\int_{\omega \in \Omega} q(\omega)^{\beta} d\omega \right]^{1/\beta}$，并且构造总体商品价格水平 P 为：

$$P = \left[\int_{\omega \in \Omega} p(\omega)^{1-\varepsilon} d\omega \right]^{\frac{1}{1-\varepsilon}} \tag{3.1}$$

其中 $p(\omega)$ 是商品 ω 的销售价格。利用构造的总体变量可以计算出消费者对商品 ω 的最优消费数量即需求数量 $q(\omega)$ 为（Dixit and Stiglitz，1977）：

$$q(\omega) = X \left[\frac{P}{p(\omega)} \right]^{\varepsilon} \tag{3.2}$$

从式（3.2）看出商品 ω 价格 $p(\omega)$ 越高，其需求数量 $q(\omega)$ 越低，符合基本的需求定理，即需求曲线向右下方倾斜。商品 ω 的市场销售收入即消费者对商品 ω 的总支出 $r(\omega)$ 为：

$$r(\omega) = p(\omega) q(\omega) = p(\omega) X \left[\frac{P}{p(\omega)} \right]^{\varepsilon} = PX \left[\frac{P}{p(\omega)} \right]^{\varepsilon-1} = R \left[\frac{P}{p(\omega)} \right]^{\varepsilon-1} \tag{3.3}$$

其中 $R = PX = \int_{\omega \in \Omega} r(\omega) d\omega$ 代表总支出。

对于企业的生产决策，为了论述的简便，假设每个企业只生产一种商品，所以企业 ω 生产了商品 ω。企业只使用一种生产要素即劳动（labor），并且经济体的劳动总量为 L。企业 ω 在生产过程中投入的劳动量为 $l(\omega)$，其产出量 $q(\omega)$ 取决于劳动量 $l(\omega)$ 及其生产率水平，并且企业之间唯一区别就是生产率差异，企业 ω 的起始生产率为 $\varphi(\omega)$，所以企业 ω 的产出 $q(\omega)$ 为 $q(\omega) = \varphi(\omega) l(\omega)$。经济体存在技术进步，假设所有企业的生产技术以相同速率进步，企业效率保持不变，从而企业生产率 φ 以相同速率提高，不妨认为该速率为 g。如果企业在当期生产决策中能够意识到该生产率的提高，技术进步在当期生产过程中就产生作用，企业产出 $q(\omega)$ 为：

$$q(\omega) = (1+g) \varphi(\omega) l(\omega) \tag{3.4}$$

对于参数 g，假设其是外生的并且满足 $g \in [0, \infty)$，对极少的技术倒退经济体不予考虑。

经济体中生产要素市场即劳动力市场是完全竞争的并且能够实现充分就业，假设劳动者的工资水平均为 w，从而企业 ω 投入生产的过程中所使用的劳动要素成本即可变成本 $VC(\omega)$ 为 $VC(\omega) = w \cdot l(\omega) = w \cdot \dfrac{q(\omega)}{(1+g)\varphi(\omega)}$。企业投入生产需要支付一定数量的经营管理费用（Overhead Cost），这部分费用与产出数量无关，即生产的固定成本，令为 f。企业 ω 生产的总成本 $C(\omega)$ 为 $C(\omega) = VC(\omega) + f = w \cdot \dfrac{q(\omega)}{(1+g)\varphi(\omega)} + f$，企业 ω 的边际成本 $MC(\omega)$ 为：

$$MC(\omega) = \frac{\partial C(\omega)}{\partial q(\omega)} = \frac{w}{(1+g)\varphi(\omega)} \tag{3.5}$$

根据市场需求特点，由于任意两种商品之间的替代弹性为固定不变的 ε，从而商品 ω 与计价物（比如经济体中流通的货币）之间的替代弹性 ε 可以看成该商品的需求价格弹性。根据边际成本加成定价法则制定的价格 $p(\omega)$ 为：

$$p(\omega) = MC(\omega) \cdot \frac{1}{1 - 1/\varepsilon} = \frac{w}{(1+g)\varphi(\omega)} \cdot \frac{\varepsilon}{\varepsilon - 1} = \frac{w}{\beta(1+g)\varphi(\omega)} \tag{3.6}$$

企业 ω 生产商品 ω 销售于需求市场并且实现供求均衡，从而将式（3.6）代入式（3.2）可以看出企业 ω 的产量 $q(\omega)$ 为：

$$q(\omega) = X\left[\frac{P\beta(1+g)\varphi(\omega)}{w}\right]^{\varepsilon} \tag{3.7}$$

将式（3.6）代入式（3.3）得出企业 ω 销售收入 $r(\omega)$ 为：

$$r(\omega) = R\left[\frac{P\beta(1+g)\varphi(\omega)}{w}\right]^{\varepsilon - 1} \tag{3.8}$$

由于 $\pi = r - C = r - w \cdot \dfrac{q}{(1+g)\varphi} - f = r - \beta pq - f = (1-\beta)r - f = \dfrac{r}{\varepsilon} - f$，将式（3.8）代入该式中可以得出企业 ω 的利润 $\pi(\omega)$ 为：

$$\pi(\omega) = \frac{R}{\varepsilon}\left[\frac{P\beta(1+g)\varphi(\omega)}{w}\right]^{\varepsilon - 1} - f \tag{3.9}$$

根据式（3.6）、式（3.7）、式（3.8）与式（3.9）看出企业 ω 制定的价格 $p(\omega)$、生产的产量 $q(\omega)$、销售收入 $r(\omega)$ 以及利润 $\pi(\omega)$ 唯一决定于企业起始生产率水平 $\varphi(\omega)$，因为企业之间除了生产率是异质的之外其余变量都相同。由于每个企业都有一个起始生产率 φ，所以用生产率重写这些式子是可以的。即对于起始生产率为 φ 的企业有 $p(\varphi) = \dfrac{w}{\beta(1+g)\varphi}$、$q(\varphi) = X\left[\dfrac{P\beta(1+g)\varphi}{w}\right]^{\varepsilon}$、$r(\varphi) = R$ $\left[\dfrac{P\beta(1+g)\varphi}{w}\right]^{\varepsilon-1}$ 与 $\pi(\varphi) = \dfrac{R}{\varepsilon}\left[\dfrac{P\beta(1+g)\varphi}{w}\right]^{\varepsilon-1} - f$，下文中将用生产率表达式。利用 $\omega \in \Omega$ 可以连续并且严格单调地对产品与企业进行编号，但是利用起始生产率 φ 对企业编号会出现一个问题，即无法区分生产率相同的企业。企业起始生产率 $\varphi \in [0, \infty)$，假设已经投入生产的企业生产率为 φ 的密度函数为 $u(\varphi)$，投入生产的企业总数为 M，那么生产率为 φ 的企业数为 $Mu(\varphi)$。

2. 企业利润分配

企业追求利润最大化，如果企业生产不能得到利润，那么企业立即退出生产。尽管每个企业根据宏观经济状况可以预测技术进步，即可以获得 g 的准确信息，但是企业对于起始生产率 φ 并不了解，只有当企业投入生产后才能完全了解其起始生产率 φ。假设对于潜在的所有企业，其初始生产率 $\varphi \in [0, \infty)$ 的密度函数为 $v(\varphi)$ [与 $u(\varphi)$ 不同，下文将给出两者关系]，分布函数为 $V(\varphi)$。企业只追求利润，如果能够获得利润，那么企业将投入生产，如果不能获得利润将立即退出市场。根据式（3.9）看出 $\pi(0) = -f < 0$，所以存在一些生产率低的企业不能获得利润。不妨认为 $\varphi^* = \inf\{\varphi : \pi(\varphi) > 0\}$，由于 $\pi(\varphi)$ 是连续函数并且 $\partial\pi(\varphi)/\partial\varphi > 0$，从而看出：

$$\varphi^* = \frac{w}{P\beta(1+g)}\left(\frac{\varepsilon f}{R}\right)^{\frac{1}{\varepsilon-1}} = \frac{1}{1+g} \cdot \left[\frac{w}{P\beta}\left(\frac{\varepsilon f}{R}\right)^{\frac{1}{\varepsilon-1}}\right] \tag{3.10}$$

起始生产率处于 $[0, \varphi^*)$ 的企业所获得的利润小于 0，从而这些企业立即退出市场；起始生产率处于 (φ^*, ∞) 的企业获得的利润大于 0，从而投入生产；起始生产率等于 φ^* 的企业所获得的利润等于 0，所以可以生产也可以不生产。

前文假定 $u(\varphi)$ 是已经投入生产并在市场上销售产品的企业生产率的密度函数，从而有：

$$u(\varphi) = \begin{cases} \dfrac{v(\varphi)}{1 - V(\varphi^*)} & , \quad \varphi \geq \varphi^* \\[3mm] 0 & , \quad 0 \leq \varphi < \varphi^* \end{cases} \tag{3.11}$$

由于假定共有 M 个企业正式投入生产，那么根据企业生产率 φ 可以将总体商品的价格 P 写为 $P = \left[\int_0^\infty p(\varphi)^{1-\varepsilon} Mu(\varphi) d\varphi \right]^{\frac{1}{1-\varepsilon}}$，将式（3.6）代入该式中看出：

$$P = \left\{ \int_0^\infty \left[\frac{w}{\beta(1+g)\varphi} \right]^{1-\varepsilon} Mu(\varphi) d\varphi \right\}^{\frac{1}{1-\varepsilon}} = \frac{1}{1+g} P_0 \qquad (3.12)$$

其中 $P_0 = \left[\int_0^\infty \left(\frac{w}{\beta\varphi} \right)^{1-\varepsilon} Mu(\varphi) d\varphi \right]^{\frac{1}{1-\varepsilon}}$ 代表经济体不存在技术进步时，总体商品的价格指数。将式（3.12）代入式（3.7）有：

$$q(\varphi) = X \left(\frac{P_0 \beta \varphi}{w} \right)^{\varepsilon} \qquad (3.13)$$

从式（3.13）看出企业在技术进步后产量保持不变。

由于 $R = PX$，并且 $X \equiv U$ 是由市场上消费者需求特征决定的，所以 X 可以假定为不随企业生产决策变化，从而有 $R = PX = \frac{1}{1+g} P_0 X = \frac{R_0}{1+g}$，其中 R_0 是经济体不存在技术进步时的企业销售总收入。将该式与式（3.12）代入式（3.8）得到：

$$r(\varphi) = \frac{R_0}{1+g} \left(\frac{P_0 \beta \varphi}{w} \right)^{\varepsilon-1} = \frac{1}{1+g} r_0(\varphi) \qquad (3.14)$$

其中 $r_0(\varphi) = R_0 \left(\frac{P_0 \beta \varphi}{w} \right)^{\varepsilon-1}$ 代表经济体不存在技术进步时企业所获得的销售收入。将式（3.14）代入 $\pi = \frac{r}{\varepsilon} - f$ 得到：

$$\pi(\varphi) = \frac{1}{1+g} \cdot \frac{r_0(\varphi)}{\varepsilon} - f = \frac{1}{1+g} \cdot \frac{R_0}{\varepsilon} \left(\frac{P_0 \beta \varphi}{w} \right)^{\varepsilon-1} - f \qquad (3.15)$$

根据式（3.14）与式（3.15）看出技术进步使企业销售收入与利润下降。

经济体技术进步是外生的 g，那么研究技术保持不变时企业"进入－退出"决策就需要对个体企业进行研究，即企业认为自身的生产率增长率为 0，而经济体中每个企业（包括做决策的个体企业自身）实际生产率增长率是固定的 g（$g > 0$），从而根据式（3.10）看出如果个体企业认为经济体不存在技术进步（一种错误预测造成的假象）的生产率门槛值 φ_0^* 为：

$$\varphi_0^* = \frac{w}{P\beta}\left(\frac{\varepsilon f}{R}\right)^{\frac{1}{\varepsilon-1}} = (1+g)\varphi^* \tag{3.16}$$

企业认为（投入生产前所做的预测）自身的生产率增长率为 0 是对经济体技术进步产生的误判，即根据自身不存在技术进步的预测来判断经济体的技术也是停滞的，而事实上经济体中所有企业的技术都按相同速率（$g > 0$）进步，所以任何技术进步都应该被企业感知。企业误判会导致相关企业（生产率处于 [φ^*，φ_0^*）的企业）不投入生产，这些企业并未在经济体的技术进步中获得任何利益，所以相当于经济体技术保持不变的情形。

由于投入生产的企业总数为 M 并且企业生产率 φ 的密度函数为 $u(\varphi)$，从而在技术进步时新进入市场的企业数为 $\dot{M} = \int_{\varphi^*}^{(1+g)\varphi^*} Mu(\varphi)d\varphi = M\int_{\varphi^*}^{(1+g)\varphi^*} u(\varphi)d\varphi$，将式（3.11）代入该式得到：

$$\dot{M} = M\int_{\varphi^*}^{(1+g)\varphi^*} \frac{v(\varphi)}{1-V(\varphi^*)}d\varphi = M \cdot \frac{V[(1+g)\varphi^*] - V(\varphi^*)}{1-V(\varphi^*)} \tag{3.17}$$

所以技术进步导致的新进入企业占生产企业总数的比率 $\hat{M}$ 为：

$$\hat{M} = \frac{\dot{M}}{M} = \frac{V[(1+g)\varphi^*] - V(\varphi^*)}{1-V(\varphi^*)} \tag{3.18}$$

由于每个企业只生产一种商品，所以新进入企业会为需求市场提供更多的新产品。根据式（3.18）看出 $\partial\hat{M}/\partial g > 0$，所以技术进步越快，新进入企业占生产企业总数的比率越高，市场上新产品的比率也就越高。对在位者（即经济体不存在技术进步时就可以进入市场的企业，即生产率不低于 φ_0^* 的企业）造成的竞争也就越大。

对于经济体固定的技术进步 $g > 0$，每个企业都能清楚地认识到这样的技术进步，从而技术进步给企业利润带来的影响可归结为：①如果企业起始生产率处于 [φ_0^*，∞) = [$(1+g)\varphi^*$，∞)，那么技术进步导致其利润下降，即"技术侵蚀利润"；②如果企业起始生产率处于 [φ^*，φ_0^*) = [φ^*，$(1+g)\varphi^*$)，那么技术进步可以让这些企业投入生产并获得利润；③如果企业起始生产率处于 [0，φ^*)，技术进步（在一个时期的研究框架下）对其没有任何影响，因为这些企业在技术进步前后均不生产。

3. 国民经济发展

国民经济产出就是微观个体企业产量的加总，即国民产出 Q 为 $Q = \int_{\omega \in \Omega} q(\omega)d\omega$，利用企业生产率 φ 可以将 Q 表示为：

$$Q = \int_0^\infty q(\varphi)Mu(\varphi)d\varphi = \int_{\varphi^*}^\infty q(\varphi)Mu(\varphi)d\varphi \qquad (3.19)$$

技术进步对于生产率处于 $[(1+g)\varphi^*, \infty)$ 的企业产量没有影响，技术进步导致的国民产出增加量 $\dot{Q}$ 为 $\dot{Q} = \int_{\varphi^*}^\infty q(\varphi)Mu(\varphi)d\varphi - \int_{(1+g)\varphi^*}^\infty q(\varphi)Mu(\varphi)d\varphi = \int_{\varphi^*}^{(1+g)\varphi^*} q(\varphi)Mu(\varphi)d\varphi$，国民产出增长率 $\hat{Q}$ 为：

$$\hat{Q} = \frac{\dot{Q}}{\int_{(1+g)\varphi^*}^\infty q(\varphi)Mu(\varphi)d\varphi} = \frac{\int_{\varphi^*}^{(1+g)\varphi^*} q(\varphi)Mu(\varphi)d\varphi}{\int_{(1+g)\varphi^*}^\infty q(\varphi)Mu(\varphi)d\varphi} \qquad (3.20)$$

根据积分函数性质可以看出 $\frac{\partial \hat{Q}}{\partial g} > 0$，即生产技术进步越快，经济体的国民产出增长率越高，这是经济增长理论的基本定理。不过，本章从一个崭新的角度即微观企业角度重新解读了这个定理的存在性与合理性。根据式（3.20）能够看出一个潜在的现象，即对于相同幅度的技术进步，越落后经济体的国民产出增长率可能越高，原因是落后的经济体中大部分企业可能处于技术低端层面（生产率处于 $[0, (1+g)\varphi^*)$ 的企业），而在技术进步之前能投入生产的企业（即生产率处于 $[(1+g)\varphi^*, \infty)$ 的企业）相对较少，所以技术进步使这些占比巨大的潜在企业能够投入生产，从而大幅度提高国民产出。尽管对此还不能规范地证明［因为证明需要密度函数 $v(\varphi)$ 的具体形式］，不过根据式（3.20）及经验可以让人相信落后经济体在技术进步中收益相对更大。

根据式（3.18）看出 $\partial M/\partial g > 0$，即技术进步可以让更多的新企业投入生产，新企业进入需求市场将带来新产品，新产品增加了消费者（即劳动者）的选择机会，从而对消费者的福利具有积极作用。Melitz（2003）指出消费者的福利 W 的直接衡量方式为 $W = \frac{1}{P}$，即整体价格水平越低，消费者会觉得越幸福。将式

（3.12）代入其中可以看出：

$$W = \frac{1}{P} = (1+g)\frac{1}{P_0} = (1+g)W_0 \tag{3.21}$$

其中 $W_0 = 1/P_0$ 代表经济体在技术停滞时的福利，从而看出技术进步对于消费者的福利 W 具有显著的正向影响。

由于假定劳动力市场是完全竞争并且实现充分就业，从而有：

$$
\begin{aligned}
L &= \int_0^\infty l(\varphi)Mu(\varphi)d\varphi = \int_0^\infty \frac{q(\varphi)}{(1+g)\varphi}Mu(\varphi)d\varphi \\
&= \int_{\varphi^*}^{(1+g)\varphi^*} \frac{q(\varphi)}{(1+g)\varphi}Mu(\varphi)d\varphi + \int_{(1+g)\varphi^*}^\infty \frac{q(\varphi)}{(1+g)\varphi}Mu(\varphi)d\varphi \\
&= \int_{\varphi^*}^{(1+g)\varphi^*} \frac{q(\varphi)}{(1+g)\varphi}Mu(\varphi)d\varphi + \frac{1}{1+g}\int_{(1+g)\varphi^*}^\infty \frac{q(\varphi)}{\varphi}Mu(\varphi)d\varphi
\end{aligned}
\tag{3.22}
$$

由于技术进步对于生产率处于 $[(1+g)\varphi^*, \infty)$ 的企业产出没有任何影响，那么经济体在没有技术进步时，这些企业雇佣的劳动者总数应为 L（充分就业，通过工资 w 调节），从而 $L = \int_{(1+g)\varphi^*}^\infty \frac{q(\varphi)}{\varphi}Mu(\varphi)d\varphi$。根据式（3.22）看出技术进步后，生产率处于 $[(1+g)\varphi^*, \infty)$ 的企业雇佣的劳动力为 $\frac{1}{1+g}L$，而生产率处于 $[\varphi^*, (1+g)\varphi^*)$ 的企业雇佣的劳动力为 $\frac{g}{1+g}L$，由此看出技术进步导致劳动者由生产率高的企业向生产率低的企业转移，这是低效率的资源配置。

三、机理分析

通过数理模型分析了企业生产技术按照相同速度进步所带来的影响，接下来阐述其中的影响机理。对于个体企业，生产技术进步会导致生产成本以及边际成本降低，从而能够降低产品的市场价格。不过，所有企业的生产过程都受到技术进步的影响，从而所有商品价格均下降，并且下降的幅度与技术进步速度一致。所有企业的商品价格按照相同速度（就是技术进步速度）下降，所以商品的相对价格保持不变，从而商品的需求数量保持不变。在维持供求均衡时，企业产量保持不变。总结可以得出以下命题：

命题1：如果经济体中企业生产技术按照相同速度进步，那么企业产品的价格下降，但是产量保持不变。

经济体的技术进步使企业的生产成本以及产品价格降低，价格降低可能会导致企业认为其更具有竞争优势，从而扩大生产。不过，经济体的技术进步可以影响每一个企业，其他企业的产品价格同样会降低，亦即商品之间的相对价格保持不变。相对价格才能衡量企业商品的竞争优势，因此经济体的技术进步并不能提升企业的竞争优势。企业仅根据自身商品价格降低判断竞争优势的提升而扩大生产，很可能会导致产品滞销。如果经济体中的所有企业都因为其商品价格降低而产生误判（值得注意的是短期内企业的这种误判很可能会发生，因为短期内企业一般只关注自身商品价格而对其他企业的商品价格关注较少），从而可能会导致生产过剩。凯恩斯主义认为需求不足是导致生产过剩的主要原因，而技术冲击其实也是导致生产过剩的另一个原因。经济体的技术进步并不能提升企业的竞争能力，企业却很可能由于技术进步而对竞争能力产生误判进而扩大产量，从而导致生产过剩。这从另一个侧面说明了西方资本主义伴随着技术进步但生产过剩时有发生的原因。一个想获得竞争优势的企业仅仅寄希望于经济体的技术进步将是徒劳的，并且对竞争优势任何乐观的误判都将导致企业受损，即可能导致其产品滞销。经济体也可能由于企业误判而导致生产过剩。

企业技术按照相同速度进步，生产成本会下降。不过，企业产品价格下降而需求数量保持不变，从而销售收入也降低，从而生产技术进步对企业利润的影响较为复杂。不过，生产技术进步会导致新企业具有生产销售能力而进入市场，从而加剧了市场中原有企业的竞争程度，根据数理模型分析发现原有企业（在位者企业）的利润会下降。总结可以得出以下命题：

命题2：如果经济体中企业生产技术按照相同速度进步，那么在位者企业的销售收入以及所获得的利润会下降，即"技术侵蚀利润"现象。

在位者企业占据市场并且获得利润，所以在位者企业具有非常大的动机维持现有的生产方式与市场结构。不过，经济体的技术进步是不可阻挡的潮流，而技术进步却影响在位者企业的利润。经济体技术进步对在位者企业的发展提出了巨大挑战，因为在位者企业在技术进步中得不到任何竞争优势（商品的相对价格不变），而利润收入却被"侵蚀"。在位者企业在经济体技术进步中苦不堪言，但又必须面对这种"困扰"。

"技术侵蚀利润"的主要对象是在位者企业，而在位者企业一般是原先在生产技术方面存在优势的企业（在中国国情下，国有企业能够先进入市场也存在着其他方面的优势），正是这种优势让这些企业能够快于其他企业投入生产并且进入市场。所以，经济体的生产技术进步对于生产技术高的企业是不利的。这对于处于技术前沿的企业可能是不利的消息，后一部分在分析技术特性时将提出技术前沿的企业摆脱"技术侵蚀利润"的主要途径。

生产技术进步会导致原本不能投入生产的企业具备了可以生产的技术能力，从而市场中会出现新的企业。新企业进入市场带来了可以让消费者购买的新产品，从而技术进步会导致市场中新产品的数量不断增加。技术进步速度越快，商品市场中新产品所占的比率将越大。总结可以得出以下命题：

命题3：技术进步可以让潜在企业投入生产，所以增加了需求市场的产品种类。技术进步速度越快，新进入企业占企业总数的比率越大，即需求市场的新产品所占比率越大。

经济体技术进步使原本技术落后的企业具有能力投入生产，因此新企业会随着技术进步不断进入到相应产业。新企业进入使相应产业逐渐繁荣，因此经济体技术进步促进了产业发展。经济体技术进步速度越快，新企业进入的比率越大，产业发展的速度也就越快。如果经济体技术停滞，那么新企业无法获得生产所需要的基本技术，从而不能进入市场，因此产业发展相对缓慢。从新企业进入的角度论证了经济体在技术快速进步时期，一般会伴随着相关产业的高速发展。

经济增长是一个国家或者地区能否摆脱贫穷落后走向富强的关键途径，而企业生产是决定经济增长的微观主体。对于像中国这样以制造业为主的发展中国家，生产性企业产量变动是导致宏观经济体产出与收入波动的主要因素。利用企业产出加总度量国民产出，可以发现生产技术进步会导致新企业投入生产，从而增加国民产出。技术进步速度越快，国民产出的增长率越高。对于企业生产技术进步速度相同的经济体，根据前文分析可以看出在位企业的产量并不随技术进步而增加，从而国民产出的增长主要由新进入企业贡献。如果某经济体较为落后，那么该经济体在技术上同样落后（很有可能正是技术落后导致其经济落后），从而相对于发达经济体有更多的生产技术低的企业不能投入生产而成为潜在企业。在技术进步时，相对会有更多的潜在企业投入生产，从而生产技术进步对其国民产出的正向影响相对高于发达经济体。总结可以得出以下命题：

命题 4：企业技术进步可以导致经济增长，并且技术进步越快，国民产出增长率越高。落后经济体从技术进步中获得的收益相对高于发达经济体。

经济体技术进步对已经存活于市场的企业的产量没有影响，技术进步只能通过让新企业投入生产而增加国民产出。因此，如何在技术进步过程中引导潜在企业投入生产是影响经济增长的重要因素。理论分析中认为企业只要达到了生产所需要的基本技术就立即投入生产，而现实经济中企业是否投入生产还受到其他因素的影响，比如过于谨慎的企业家就会对企业是否投入生产而小心翼翼。在技术进步过程中注意引导潜在企业让其了解经济体技术进步足以使其投入生产并且盈利是非常必要的。企业是否投入生产又受到融资等因素影响，所以制定合适的宏观经济政策对于经济增长是必要的。在位者企业一般是大型企业，一些潜在企业一般都以小企业身份投入生产并进入市场。小企业对技术更为敏感，经济体技术进步对小企业的影响更大。中国在经济发展过程中重视对小企业的扶持，这对中国的经济增长以及产业结构调整起到了重要作用。让技术进步带来最大国民产出增量是发展中国家特别是世界上一些贫穷国家（如撒哈拉以南非洲国家）亟待解决的问题。

目前关于经济增长的研究主要集中于宏观层面，例如新古典经济增长理论与以内生经济经济增长理论为主体的新经济增长理论。20 世纪 90 年代是经济增长理论高速发展的时期，不过昙花一现，近年来在经济增长理论方面的研究鲜有建树，其中最重要的原因就是宏观研究领域的经济增长理论已经形成了一个较为完备的理论体系。将研究问题推向微观领域能够更明显地揭示其中的影响机制，例如国际贸易理论的微观化为其带来了新的研究领域。本章通过研究微观生产主体的企业行为发现生产技术对经济增长具有正向影响，这是尝试将经济增长理论的研究领域微观化，从企业层面揭示其中的生产逻辑。

技术进步对企业来说存在两重性，在位者企业深受技术进步对其利润"侵蚀"的苦恼而潜在企业却由此获得生产机会并赚取利润。不过，技术进步对于构成经济体劳动力主体的消费者来说无疑具有积极影响。首先，技术进步会让新企业投入生产并且为需求市场提供新产品。产品种类增加能提高消费者的选择机会并且增进消费者的福利。由于生产技术进步越快,市场上新产品的增长率越高,从而消费者由于可以选择的商品种类增加而使福利增进的幅度也就越大。技术进步可以使所有在位企业的商品价格下降,从而可以降低经济体的整体价格水平,消费者福利与价格水平呈反比例关系,从而技术进步通过降低价格水平也可以增加消费者福利。由于技术进步速度越快,价格水平降低的幅度也就越大,从而消费者福利增进的幅度与技术进步速度呈正向关系。总结可以得出以下命题:

命题5:技术进步通过提高产品种类与降低价格水平而增进劳动者福利,并且技术进步速度越快,消费者福利增加的幅度越大。

技术进步会使消费者亦即劳动者获得更高的福利,推动经济体技术进步的力量是广大劳动者。劳动者通过接受教育以及培训等方式带动经济体生产率的提高,劳动者从事科学研究积累知识从而推动经济体的技术进步。劳动者深刻感受到技术进步所带来的福利,所以劳动者对技术的追求从未间断过。经济体改革阻碍生产力发展的体制对于促进技术进步进而提高广大劳动者的福利具有重要意义。中国的改革开放政策解放了生产力,推动技术不断进步,人民的生活水平不断提高,从而改革开放政策深受中国人民的欢迎。

企业投入生产需要经济体中的资源,比如资本、劳动力以及自然资源等。在对单一生产要素即劳动(对于其他生产要素都相同)的研究中,如果企业的生产技术进步速度相同,那么原本生产技术低的潜在企业投入生产,而生产需要劳动力资源,在经济体充分就业的假设下,新进入企业所需要的劳动力只能雇佣原本生产技术高的在位者企业的劳动力。幸运的是,在位者企业由于产量保持不变及生产技术进步而降低对劳动力的雇佣数量,这部分从在位者企业中被"解雇"的劳动者被新进入企业重新雇佣,从而再次实现充分就业(通过工资调整)。由此可以看出,生产技术进步导致企业之间的资源重新配置。不过,这种资源配置是低效率的,技术进步导致生产资源从更有效利用资源(生产技术高)的在位者企业转向了不能有效利用资源(生产技术低)的新进入企业。高生产技术企业与低生产技术企业之间存在帕累托改进,但是个体企业之间的自我决策以及市场信息缺失导致帕累托改进无法实现。经济体技术进步可以提高国民产出,可以增加消费者即劳动者的福利,但是却导致资源配置的低效率。这可能是技术进步促进经济增长所必须付出的额外代价，用一句通俗的话可表述为"技术进步对经济体来说是好的，其实可以做得更好，而经济体自身的市场力量却做不到这一点"。总结可以得出以下命题：

命题6： 技术进步使生产要素从高生产技术企业向低生产技术企业重新分配，从而导致资源配置的低效率。

经济体生产技术进步导致资源配置的低效率，如果研究企业污染排放，情况将更糟。考虑劳动力作为唯一投入时看不出污染与投入之间的关系，考虑其他物质资源作为投入时，企业污染排放量一般取决于其资源投入量以及资源使用效率。生产技术进步使资源从生产技术高的企业转移至生产技术低的企业，而生产技术低的企业使用相同资源会产生更高的污染排放。如果存在一种机制能够避免技术进步的这种资源配置，那么既节约了资源，也降低了企业所排放的污染总量。依靠经济体自身的市场力量难以实现，通过政府制定相应政策进行调节也存在诸多困难，所以技术进步导致资源配置的低效率难以避免。

经济增长与经济发展既相互联系又有较大区别。经济增长注重量的概念，而经济发展更加注重质的概念。生产技术进步使生产资源从生产技术先进的企业向生产技术相对落后的企业重新配置，从而导致资源配置的低效率。尽管劳动力资源的这种配置保证了经济体能够实现充分就业，但是在考虑其他生产要素特别是不可再生的自然资源时，将更能看出这种低效率配置的消极影响。制造业企业在生产中会或多或少地投入自然资源，在自然资源逐步紧缺的经济形势下，如何更有效率地利用自然资源成为了环境经济学家与政策制定者的研究主题。技术进步导致资源配置的低效率，从而技术进步对于经济体发展的贡献需要打折扣。"科学技术是一把双刃剑"应该就是对经济发展来说的，但目前还没有证据表明生产技术会对单纯的经济增长产生严重的消极影响。总之，研究生产技术进步对资源配置的影响，发现技术进步对于经济发展的确存在着某些局限性。

四、技术特性

技术进步会对企业利润分配以及经济增长与经济发展产生深刻的影响，所以有必要根据研究结论审视生产技术的特性，这对于更好地认识技术并利用技术具有借鉴意义。

本章在理论研究中假定技术进步是外生的，并且微观层面的个体企业与经济体具有同样的技术进步，即每个企业的技术进步都为 g。尽管技术进步被假定是外生的，不过仔细考虑经济体技术进步的源泉仍然具有重要意义。在自给自足的农业社会中，农业条件与自然资源可能是决定经济体生产技术的重要因素。在工业化社会中，新生产工艺以及新的机器设备是技术进步的主要源泉。目前，各国经济特别是发达国家经济逐渐迈入"后工业化"时代，尖端科学知识与社会人力资本是技术进步的主要源泉，而研发投入与国民教育支出是技术进步的直接原因。政府在研发与教育方面的投入取决于经济体的整体经济规模（国民总产出 Q），经济规模越大，政府越有能力在研发与教育方面加大投入，进而带动技术进步。落后经济体相对于发达经济体在技术进步中会获得更大的收益，但是落后经济体在研发与教育方面的支出显得不足，原因是过小的经济规模（较小的 Q）不允许政府提供足够的资金用于研发与教育。经济落后的国家与地区更有机会从技术进步中得到快速增长，但是落后的经济状况却是导致其技术停滞的主要原因。落后经济体与发达经济体之间存在帕累托改进的余地，设计发达国家与发展中国家如何分享技术进步所带来的共同成果是促进发展中国家经济增长的重要议题。

经济体技术进步尽管在资源配置上存在一定的局限性，但是不得不承认技术进步依然是促进经济增长的主要动力。中华人民共和国成立以来，党和国家领导人认识到科学技术对经济发展的影响以及在综合国力的构成中所占据的重要地位。邓小平提出的"科学技术是第一生产力"论断指导中国在实行改革开放以后加大科学技术的经费投入。中国的研发经费支出一直保持着较高的增长速度，研发经费支出占 GDP 的百分比在 2019 年达到了 2.23%，该年研发经费支出的具体数量为 22143.6 亿元[①]，可谓相当庞大的一笔支出。对技术进步的重视以及加大技术投入力度等措施使中国经济保持着高速增长，经济高速增长又使中国更具有能力追求技术进步，从而形成了"技术进步—经济增长—技术进步"的良性

---

① 资料来源：《中国统计年鉴 2020》。

循环。

宏观经济体的技术进步影响到每个企业，很多企业特别是生产技术先进的企业并不能从中获得利益，甚至受损，即存在"技术侵蚀利润"现象。那么企业努力跻身于技术前沿是不是不利的选择？对此回答是否定的。本章提出的数理模型假定企业具有相同的技术进步速度 g，这样的技术进步是由宏观经济运行方式决定的，比如政府相关经济政策等因素。宏观经济体的运行对企业可以产生影响，而企业自身也可以投入到促进技术进步的行动中。比如某个企业由经济体导致的技术进步为 g，而自身通过追逐技术前沿的努力并使其获得技术进步为 h，而其他企业技术进步仍然是 g，根据式（3.9）看出该企业所获得的利润 $\ddot{\pi}(\varphi)$ 为 $\ddot{\pi}(\varphi) = \dfrac{R}{\varepsilon}\left[\dfrac{P\beta(1+g+h)\varphi}{w}\right]^{\varepsilon-1} - f$，对于起始生产技术相同的企业，如果只是被动地接受经济体所带来的技术进步，那么其所获得的利润是 $\pi(\varphi) = \dfrac{R}{\varepsilon}\left[\dfrac{P\beta(1+g)\varphi}{w}\right]^{\varepsilon-1} - f$，明显有 $\pi(\varphi) < \ddot{\pi}(\varphi)$ 成立。生产率为 φ 的企业在经济体完全不存在技术进步时所获得的利润为 $\pi_0(\varphi) = \dfrac{R_0}{\varepsilon}\left(\dfrac{P_0\beta\varphi}{w}\right)^{\varepsilon-1} - f$，尽管 $\pi_0(\varphi)$ 与 $\ddot{\pi}(\varphi)$ 大小关系要取决于经济体的技术进步 g 以及企业自身的技术进步 h，不过可以肯定的是 $\dfrac{\partial\Pr[\ddot{\pi}(\varphi) > \pi_0(\varphi)]}{\partial h} > 0$，由此看出如果一个企业盲目置身于经济体的技术进步中而忽视自身的技术改进，那么这些企业很可能会被强大的技术进步所淘汰 $[\pi(\varphi) < \pi_0(\varphi)]$。如果企业重视自身的技术开发，努力追求技术前沿，那么在经济体技术进步的过程中自身技术将得到进一步提升（$h > 0$），那么企业会在技术进步中立于不败之地 $[\ddot{\pi}(\varphi) > \pi_0(\varphi)$ 在企业自身对技术追求更加努力下可能会实现]。用一个命题总结如下：

命题 7：如果企业仅被动地接受宏观经济体的技术进步而不求自身技术发展，那么这样的技术进步对此会造成损失，即"技术侵蚀利润"。企业要想在技术快速进步的年代保持蓬勃发展，必须重视自身的技术开发，只有这样企业才能在技术进步导致日益加剧的市场竞争中立于不败之地。

命题 7 深刻揭示了经济体技术进步与企业自身技术进步之间的区别。企业出于利润动机反对经济体的技术进步，但很少有企业反对自身技术进步，少数反对自身技术进步的企业也是出于防止这种技术进步会成为经济体技术进步而推动所有企业技术进步。经济体通过增加教育投入以及研发经费能够提高生产技术，尽管这种生产技术进步对企业是不利的，但是企业也表现出支持这类政策，原因是每个企业非常关注自身的技术进步。教育提高了劳动者技能，研发增加了知识存量，这些对于企业自身提高生产技术起到了促进作用。任何企业都不会完全忽视自身在技术上的追求，而经济体技术进步又为其提高自身技术带来了机会。所以，一个重视自身技术进步的企业对于经济体技术进步的态度是复杂的。不过，一个完全不追求自身技术进步的企业肯定是反对经济体技术进步的，因为这类企业在经济体的技术进步中只会受到利润"侵蚀"而得不到任何利益。

技术进步会导致处于技术前沿的企业面临更大的竞争，从而技术进步对此不利，消除这种不利影响的唯一途径是企业需要重视自身的技术开发，保持蓬勃的技术进步，这从另一个侧面揭示了技术前沿的企业为什么热衷于开发前沿技术。不过也有技术前沿的企业试图通过阻止技术进步来获得利益，比如在 2000 年，美国一家法院认为微软公司滥用其在操作系统方面的垄断性地位试图阻止计算机产业的创新（韦尔，2011）。尽管阻止技术进步的行为在短期内可能会带来收益，但是在长期中很难持久，并且这种行为很可能是违法的。

五、结论

宏观经济体保持着技术进步，在微观企业技术进步速度相同假定下，利用数理分析与机理分析发现了一些重要命题。生产技术进步会使企业生产成本下降，从而商品价格也将下降，但是企业的产量保持不变，原因是相对价格保持不变。生产技术进步使潜在企业具有能力生产并获得利润，但是在位企业的利润却受到新企业进入导致竞争加剧的不利影响，即"技术侵蚀利润"现象。生产技术进步使新企业进入市场并提供新产品，所以市场产品种类随着技术进步而逐渐繁荣。生产技术进步使新企业投入生产而增加国民产出，并且落后经济体技术进步带来的产出增长率相对要高于发达经济体，因此从微观层面揭示了生产技术影响经济增长的机制。生产技术进步通过增加产品种类与降低总体价格水平而提高消费者的福利水平。生产技术进步使生产资源从生产技术先进的企业向生产技术落后的企业转移，从而生产技术进步对资源配置存在消极影响，因此生产技术进步对国民经济发展的影响存在局限性。生产技术先进的企业受到技术进步的不利影响，解决这种技术"困扰"的唯一途径是重视企业自身的技术开发，只有时刻保持自身技术的发展才能让企业不至于被强大的技术进步力量所淘汰。

生产技术进步会导致企业利润重新分配，特别会对在位者企业造成利润损失，即"技术侵蚀利润"现象。在位者企业相对于潜在企业，之所以能够先进入市场就是因为其具备先进的生产能力，特别是在技术方面存在优势。生产技术最重要的影响是决定企业是否具有生产能力，当企业生产技术越过了制约其生产的门槛值以后，那么这样的企业将投入生产。经济体的技术进步会导致越来越多的企业越过这一门槛值而投入生产，所以在位者企业在生产技术方面所存在的优势会随着技术进步而逐渐削弱，从而经济体的技术进步对其并非有利，甚至有害。如果在位者企业忽视技术进步的影响，依然陶醉于过去在生产技术方面所存在的优势，那么越来越多的潜在企业由于技术进步而进入市场与其竞争，并使其利润逐渐受到"侵蚀"，直到这样的企业由"技术优势"变为"技术劣势"，最后由于生产亏损而退出市场。Schumpeter 提出"创造性破坏"是指每一次大规模的创新都会淘汰旧的技术与生产体系，并建立起新的生产体系。"创造性破坏"描述了技术跃迁所带来的经济结构等诸方面的变革。其实，经济体的技术即使没有突飞猛进的跃迁，而是按照循序渐进的速度进步，也会对企业在生产方面产生重要影响。对于已经进入市场中的企业，技术进步是其在生产中需要时刻敲响的警钟，因为任何对技术的轻视行为都可能受到技术的"惩罚"而将其"毁灭"，即"技术侵蚀利润"不容小觑。经济体的技术进步会使处在生产技术低端的企业投入生产并能获得利润，所以这部分企业是经济体技术进步的受益者。不过，技术进步对其带来收益并非一成不变。当这类企业投入生产并进入市场后将变成在位者企业，从而发现技术进步是其获取利润的障碍，因为它们也将面临"技术侵蚀利润"的困扰。总之，技术进步对在位者企业是不利的，却能为潜在企业带来生产机会而使其获益，不过，这种利益是短暂的，当潜在企业投入生产后，经济体的技术进步又成为制约其获取利润的因素。所以，任何企业终究会受到经济体技术进步的制约而感受到技术进步所带来的压力。

经济体的技术进步会对个体企业生产经营带来压力，却能为经济增长与劳动者福利带来显著的促进作用。经济增长与劳动者福利是经济体最为关注的经济指标，所以经济体十分重视技术进步，并且通过政策改革、教育投资以及鼓励科学研究等措施促使技术进步。所以，生产技术进步在绝大部分经济体中是不可阻挡的潮流，个体企业只能接受"技术侵蚀利润"这个残酷事实。对其解决途径只有一条，即企业需要更加重视技术进步，不过不是经济体的技术进步，而是企业自身的技术进步。企业务必重视自身技术的研究与开发，使其保持源源不断的技术进步势头，才能让企业立于不败之地。处于技术前沿的企业，技术上的领导地位所带来的利润收益会逐渐被经济体的技术进步所"侵蚀"，从而这类企业在自身的技术进步方面最具有投入动机。因此技术前沿的企业一般都会在技术研发上投入巨大的人力物力财力，使其始终保持技术前沿的地位。所以，这也部分解释了为什么技术前沿的企业在经济体技术跨越中做出了十分重要的贡献。很多时候技术前沿的企业努力追求前沿技术是出于对宏观经济技术进步导致其利润被"侵蚀"的压力而做出的战略决策，从而"技术侵蚀利润"对企业技术是一种激励，这算是经济体技术进步的额外收益。这种收益正如 Schumpeter 提出的"创造性破坏"，尽管技术进步对企业来说是种压力甚至是种破坏，但正是这种压力与破坏激励着企业不断地追求前沿技术，从而推动技术进步。

中华人民共和国成立之初，鉴于国有企业的特殊性以及中国经济发展的阶段性，国家政策优势与地域扶持优势让国有企业汇聚了大量人力资源与物质资源，使国有企业能率先投入生产并进入市场。非国有部门由于生产资源的限制以及政策方面的约束而发展缓慢。始于 1978 年的改革开放为中国经济发展吹来了春风，国有企业的经营状况却在经济蓬勃发展的大好形势下逐渐恶化。直到 20 世纪 80 年代后期，亏损的国有企业数量在日益增加，国有企业的总亏损额也呈膨胀趋势，国有企业的绩效在改革最初十年并无起色（史泰丽，1995）。鉴于国有企业亏损的严重性，政府甚至出于财政压力而放弃国有企业的产权（王红领等，2001）。在一个国家中，由于特殊产业的特殊社会目标，国有企业具有存在的必要性（金碚，2001），而亏损又是困扰国有企业发展的最大问题，所以找到国有企业亏损的原因具有重要意义。在经济改革逐渐推进中，社会生产力得到释放，生产率逐渐进步。原本可能被"娇生惯养"的国有企业（金碚，2001）失去了一家独大的领导地位，非国有企业逐渐获得了生产能力并进入市场与国有企业竞争，即张军（1998）提出的需管理"进入侵蚀利润"与"竞争侵蚀利润"。非国有企业之所以能进入市场就是因为改革开放解放了生产力，使中国整体生产技术逐渐进步，从而非国有企业的技术水平越过了制约其生产的最低限度而投入生产。所以，生产技术进步是解释非国有企业"侵蚀"国有企业利润的更深层原因，即"技术侵蚀利润"现象。即使国有企业与非国有企业的生产技术按照相同速度进步，"技术侵蚀利润"也同样存在，更何况改革之初的国有企业在生产技术方面的表现远逊色于非国有企业，从而国有企业的利润状况迅速恶化。生产技术进步让国有企业（在位企业）利润受到"侵蚀"，对此，国有企业并非无能为力。如果国有企业发挥自身所存在的优势并重视生产技术的作用，特别是自身的生产技术，那么就会摆脱技术进步所带来的困扰。面对亏损，国有企业开始重新审视自己并且进行相应的改进措施，其中最重要的措施就是重视提升生产率，从而逐渐摆脱了改革之初的亏损困境并走向盈利，一些"新型国有企业"成为国内市场竞争中的"巨无霸"（金碚，2010）。所以，如果企业（比如改革之初的中国国有企业）只是被动地接受经济体的技术进步，那么其利润会逐渐被"侵蚀"；反之，如果其重视生产率并追求生产技术的提高（进行相应改进措施后的中国国有企业），那么生产技术就会促进其发展，使其成为市场中名副其实的"巨无霸"。

在探讨宏观技术进步对于微观企业盈利能力以及经营决策影响的过程中，发现企业应该要重视自身的研发投资。在经济全球化背景下，研发究竟如何影响企业的盈利能力呢？特别地，企业参与出口与否以及出口动能如何取决于研发投资并如何影响研发所带动的盈利能力提升呢？在下一章，将致力于回答这些问题。

第四章 企业研发的盈利功能及出口的传导效应[①]

对于生产中的企业来说，只要所从事的经营行为不违反法律规定如不触犯反托拉斯法等，那么一切帮助其赚取更多利润的行为都应得到企业管理者的重视，因为长久的正向利润流是企业赢得市场竞争的支柱。上一章讨论了宏观技术进步如何加剧企业之间的竞争，微观企业只能寄托于提升自身的生产率才能确保盈利能力不被侵蚀。企业有很多方式来提高生产率，其中用于推动技术进步的研发投资就是一种。那么，企业研发投资对于盈利状况究竟有何影响呢？此外，伴随着经济全球化，特别是中国企业越发重视对外贸易之际，出口贸易对企业研发的盈利功能有影响吗？这些都是本章要讨论的议题。

一、研究背景

在知识经济时代，研发投入逐渐成为企业技术创新的物质基础，进而成为企业实现利润最大化的前提条件，追求最大化利润应该是市场竞争中企业生存的重要法则，利润可以使企业能够拥有相对充裕的资金保持稳定发展，企业管理者也充分认识到利润对于企业的重要性，从而追求利润逐渐成为企业家奋斗的目标。技术不仅是一个国家进步的内在动力，也是企业保持蓬勃发展的驱动机制，技术进步能够降低企业成本，增加利润。提高企业生产技术的重要途径是企业研发投入，企业研发可以包括采用新工艺、推广新生产设备、引入新生产流程、开发新

[①] 本章主要内容发表于《管理工程学报》2015 年第 2 期。

产品、容纳新管理体制以及重视新企业家精神，企业研发是提高生产率、增强其市场竞争力的重要基础。技术（生产率）进步可以带来企业利润增加，这是微观企业理论的基本定理，研发可以促进企业技术（生产率）进步也得到了很多经验研究的支撑，而研发对于企业利润究竟有何影响以及是否通过生产率影响企业利润却鲜有系统性的理论研究。

经济全球化的迅猛发展使企业有必要考虑参与国际市场，出口仍然是企业国际化选择的重要组成部分，而最前沿的国际贸易理论即新－新贸易理论认为企业出口需要支付高额的出口市场进入成本（Baldwin，2005），从而企业能否在出口市场获得利润取决于企业自身因素，企业生产率异质性是决定企业能否在出口市场获得利润的最主要因素，高生产率企业通过降低价格、扩大销售能够弥补出口市场的固定进入成本，并且能够获得利润，但是低生产率企业不具备能力支付数目巨大的进入成本，从而在出口市场不能获得利润甚至亏损。企业进入出口市场能够开拓自身产品的销售区域，扩大产品影响力，所以出口是企业获得更高利润的战略机会，而低生产率却是限制企业出口的瓶颈，不过研发能够提高企业生产率，那么研发能否通过促使企业出口而获得更高的利润呢？或者说出口能否扩大研发对企业利润所可能存在的正向影响呢？这方面的研究更是寥寥无几。

目前，关于企业研发方面的研究主要集中于两个方面：一是研究决定企业研发投入的影响因素（Jefferson et al.，2006）；二是研究企业研发的生产性影响，又主要包含研发的产出效应与生产率效应（Adams and Jaffe，1996；张海洋，2005），这些经验研究对于将要从事的研究工作具有借鉴意义。汤二子等（2012）研究了企业研发对盈利的影响，但由于假设企业只在某一期投入研发并对未来各期的生产率具有促进影响，即把研发投入作为一种外生冲击，从而忽视了研发也伴随着生产成本这一重要问题。本章以异质性企业贸易模型为基本分析框架，引入研发作为影响生产率的内在因素来分析其对企业盈利的影响机制，其中会考察研发的自身成本而将研发变量内生化。接着探析出口贸易如何改变研发对企业利润的影响，即讨论出口的研发传导效应究竟如何，最后辅之以实证检验结果。本章所展开的理论研究与实证检验，其目的就是想知道企业研发如何影响其盈利能力。

二、数理模型

本章理论研究同样依据 Melitz（2003）所提出的异质性企业贸易模型这一基本分析框架，不过需要引入企业研发投资这一变量去分析研发如何影响盈利状况以及出口如何传导与扩大研发改变盈利能力的机制。鉴于本书前面几章对该模型的基本框架进行了比较细致的介绍，因此本章在设定模型时，只以较少的笔墨去概述基本框架，以便将理论分析重点聚焦在企业有无研发时盈利状况不同的讨论上。

1. 市场需求特征

研究企业或者非研发的企业如何做出利润最大化决策，其所处市场的产品需求特征具有重要影响。异质企业模型假设消费者对于商品束 Ω 中任意商品 $\omega \in \Omega$，其效用函数为 $U = \left[\int_{\omega \in \Omega} q(\omega)^\rho d\omega \right]^{\frac{1}{\rho}}$，其中 ρ 是参数并满足 $0 < \rho < 1$，$q(\omega)$ 是消费者对商品 ω 的消费数量。对于任意两种商品 ω_i 与 ω_j，根据 $U = \left[\int_{\omega \in \Omega} q(\omega)^\rho d\omega \right]^{\frac{1}{\rho}}$ 看出它们之间的边际替代率 $MRS_{\omega_i \omega_j} = -\left[q(\omega_i)/q(\omega_j) \right]^{\rho-1}$，对其变形有 $q(\omega_j)/q(\omega_i) = \left| MRS_{\omega_i \omega_j} \right|^{\frac{1}{1-\rho}}$，两边同取自然对数有 $\ln\left[q(\omega_j)/q(\omega_i) \right] = \frac{1}{1-\rho} \ln(\left| MRS_{\omega_i \omega_j} \right|)$，从而任意两种商品之间的替代弹性 $\sigma_{\omega_i \omega_j}$ 是固定不变的，即：

$$\sigma_{\omega_i \omega_j} = \frac{\ln\left[q(\omega_j)/q(\omega_i) \right]}{\ln(\left| MRS_{\omega_i \omega_j} \right|)} = \frac{1}{1-\rho} \equiv \sigma \tag{4.1}$$

由于整个产业内任意两种商品之间的替代弹性是固定的 σ，如果企业按照实际价格进行生产决策，那么企业产品与计价物之间的固定不变的替代弹性 σ 就可以看作企业产品的价格弹性。这样的计价物可能是产业内某企业的产品，也可能是虚拟存在的产品，这对理论研究没有实质性的影响。商品 ω 的数量决定于商品的市场需求，假设商品 ω 的市场价格为 $p(\omega)$，构造价格指数 $P =$

$\left[\int_{\omega \in \Omega} p(\omega)^{1-\sigma} d\omega \right]^{\frac{1}{1-\sigma}}$，按照 U 构造数量指数 $Q \equiv U = \left[\int_{\omega \in \Omega} q(\omega)^{\rho} d\omega \right]^{\frac{1}{\rho}}$，从而根据 Dixit 和 Stiglitz（1977）的研究，商品 ω 的市场需求数量为：

$$q(\omega) = P^{\sigma} Q \left[\frac{1}{p(\omega)} \right]^{\sigma} \tag{4.2}$$

2. 未考虑研发的企业利润最大化决策

现在研究企业的生产决策，企业生产产品需要投入生产要素等资源。为了论述的简便，假设企业仅投入劳动①资源 l，企业需要投入相应的固定成本 f 后才能正式进行生产。假设企业生产率为 φ，即每投入 1 单位的劳动资源就能获得 φ 单位的产量，从而企业投入 l 单位的劳动资源所获得的产量 $q = \varphi l$，假设劳动资源的单位成本决定于要素市场并固定为 w，从而企业生产产量为 q 需要投入的总成本 C 为：

$$C = wl + f = \frac{w}{\varphi} \cdot q + f \tag{4.3}$$

根据式（4.3）看出企业生产的边际成本 MC 为：

$$MC = \frac{dC}{dq} = \frac{w}{\varphi} \tag{4.4}$$

假设企业处于垄断竞争市场中，具有能力制定相应的价格，由于该产品相应的"实际价格"弹性是 σ，如果假定 w 是按照产品市场上计价物衡量的实际工资，那么根据边际成本加成定价法则可以发现企业制定的价格 p 为：

$$p = MC \cdot \frac{1}{1 - \frac{1}{\sigma}} = \frac{w}{\varphi} \cdot \frac{\sigma}{\sigma - 1} = \frac{w}{\rho \varphi} \tag{4.5}$$

企业投入生产获得产品的唯一目的就是能够在商品市场上出售，从而企业所生产的产量等于其产品的需求数量，从而将式（4.5）代入式（4.2）可以发现企业生产的产量为：

$$q = P^{\sigma} Q \left(\frac{\rho \varphi}{w} \right)^{\sigma} \tag{4.6}$$

---

① 在异质性企业贸易模型的框架中，单独考虑劳动要素或同时考虑劳动与资本等多种资源时，有时不会对分析产生严重的影响，比如将多种要素设定成一个混合资源（Tang et al.，2018），那么基本的分析就与只考虑一种劳动要素没有区别。当然，在分析中同时将多个要素均引入到模型中，那么会对模型求解产生诸多困难（汤二子，2017）。

企业按照边际成本加成所制定的价格就可以使企业获得最大化的利润，企业利润 π 为：

$$\pi = pq - C = \frac{w}{\rho\varphi} \cdot q - \frac{w}{\varphi} \cdot q - f = \frac{w}{\varphi} \cdot q \cdot \left(\frac{1}{\rho} - 1\right) - f = \frac{w}{\sigma\varphi} \cdot q - f \tag{4.7}$$

将式（4.6）代入式（4.7）并化简得到企业利润 π 为：

$$\pi = \frac{PQ}{\sigma}\left(\frac{P\rho\varphi}{w}\right)^{\sigma-1} - f \tag{4.8}$$

3. 考虑研发的企业利润最大化决策

以上简要重述了异质性企业贸易模型的基本框架以及未研发企业的盈利状况，接下来重点考虑当企业从事研发行为时，研发投资的多寡将会对企业盈利状况产生何种影响。假设企业进行相关研发目的只是想提高企业自身的生产技术，表现在能让企业拥有更高的生产率。这是本章提出的数理模型与经典的异质性企业模型之间的主要区别，即企业之间的生产率不仅是异质的，而且企业生产率受其他因素如研发投入的影响。当然，研发投资不一定只服务于提高生产率，本书下一章将分别从产品创新、技术增进与质量提升三个角度实证分析企业研发投资的生产性影响。本章为了洞悉研发投资对企业盈利的影响，特别是因为要在异质性企业贸易模型这一框架下进行分析，所以将研发的生产性影响圈定在提高生产率层面有助于理论研究的开展。

不妨认为企业投入的研发总额是 r，为了论述的简便，不妨认为企业生产率唯一取决于研发投入水平，即有 $\varphi = \varphi(r)$，根据式（4.3）及企业投入的研发成本可以看出企业生产的总成本 C 为：

$$C = \frac{w}{\varphi(r)} \cdot q + f + r \tag{4.9}$$

将企业投入的研发总额看作事前变量（Ex - ante Variable），即首先将企业研发投入看作确定的，然后企业根据市场特点制定利润最大化决策。根据式（4.4）、式（4.5）与式（4.9）可以看出企业在投入研发时所制定的价格为：

$$p = \frac{w}{\rho\varphi(r)} \tag{4.10}$$

根据式（4.6）与式（4.10）可以得出企业在投入研发时生产的产量为：

$$q = P^{\sigma} Q \left[\frac{\rho \varphi(r)}{w} \right]^{\sigma} \tag{4.11}$$

从以上论述看出企业制定的价格以及生产的产量的决定机制与未进行研发的情况是类似的，区别主要在企业的利润获得，根据式（4.3）、式（4.7）、式（4.8）与式（4.9）可以看出企业在投入研发总额为 r 时的利润总额 π 为：

$$\pi = \frac{PQ}{\sigma} \left[\frac{P \rho \varphi(r)}{w} \right]^{\sigma - 1} - f - r \tag{4.12}$$

企业投入的研发总额 r 对于生产率 φ 具有促进作用，从而有 $d\varphi / dr > 0$ 成立，根据式（4.10）发现：

$$\frac{\partial p}{\partial r} = \frac{\partial p}{\partial \varphi} \cdot \frac{\partial \varphi}{\partial r} < 0 \tag{4.13}$$

从式（4.13）可以看出企业投入研发提高其生产率，从而降低其产品的市场价格，提高其竞争力，这对于企业在激烈的市场竞争中占据有利地位具有重要意义。

根据式（4.11）可以看出：

$$\frac{\partial q}{\partial r} = \frac{\partial q}{\partial p} \cdot \frac{\partial p}{\partial r} = \frac{\partial q}{\partial p} \cdot \left(\frac{\partial p}{\partial \varphi} \cdot \frac{\partial \varphi}{\partial r} \right) > 0 \tag{4.14}$$

从式（4.14）右端可以看出企业研发投入 r 影响企业产量的决定机制，经典研发理论认为企业规模决定着企业研发投入（Schumpeter，1942），这里研究发现企业研发投入对企业产出规模也具有反馈促进作用，研发提高企业生产率、降低企业生产成本，从而使企业具有能力降低产品价格，价格降低导致产品需求数量增加，进而激发企业扩大产量。由此可以看出企业投入研发对于企业长期发展具有积极意义。

接下来考察企业研发对利润获得的影响，将研发作为事前变量，企业为产品制定价格并决定生产的产量以满足利润最大化的决策，即最大利润就是式（4.12）所表示的。根据式（4.12）可以发现能够带来企业利润最大化的研发支出规模为 $\hat{r}$，对式（4.12）关于研发 r 的一阶偏导数是：

$$\frac{\partial \pi}{\partial r} = \left[\frac{PQ}{\sigma} \left(\frac{P \rho}{w} \right)^{\sigma - 1} \right] \cdot (\sigma - 1) \cdot [\varphi(r)]^{\sigma - 2} \cdot \varphi'(r) - 1 \tag{4.15}$$

从而最优研发支出规模 $\hat{r}$ 满足：

$$\left[\frac{PQ}{\sigma} \left(\frac{P \rho}{w} \right)^{\sigma - 1} \right] \cdot (\sigma - 1) \cdot [\varphi(\hat{r})]^{\sigma - 2} \cdot \varphi'(\hat{r}) - 1 = 0 \tag{4.16}$$

不妨假设 $g(r)=\left[\varphi(r)\right]^{\sigma-2}\cdot\varphi'(r)$ 和 $M=\dfrac{1}{\left[\dfrac{PQ}{\sigma}\left(\dfrac{P\rho}{w}\right)^{\sigma-1}\right]\cdot(\sigma-1)}$，从而式

(4.16) 可以简写为 $g(\hat{r})=M$，即企业投入研发支出规模使 $g(\hat{r})=M$ 成立时，企业获得最大化的利润。现在重点考察函数 $g(r)=\left[\varphi(r)\right]^{\sigma-2}\cdot\varphi'(r)$，对于替代弹性 σ，根据参数 ρ 的设计看出 $\sigma>1$，但是根据产业内商品之间性能、功效等特点，各种商品的替代应该接近比例替代，即 σ 应该接近于 1，从而按照客观经验认为 $\sigma<2$ 成立，并且 $\varphi(r)$ 是 r 的增函数，所以构成函数 $g(r)$ 的前半部分 $\left[\varphi(r)\right]^{\sigma-2}>0$ 并是 r 的减函数。尽管 $\varphi(r)$ 是 r 的增函数即 $\varphi'(r)>0$，但是企业研发投入对生产率的增速未必是固定不变的，企业刚开始投入研发可能对生产率的贡献越大，随着研发投入的增加，这种生产率效应逐渐降低，如图 4-1 所示，从而一般有 $\varphi''(r)<0$，即 $\varphi'(r)$ 是 r 的减函数，根据以上论述看出 $g(r)>0$ 并是 r 的减函数，如图 4-2 所示。根据图 4-2 看出企业投入的研发总额在 $(0,\hat{r})$ 范围内时，增加研发投入可以增加利润；而当研发投入超过 $\hat{r}$ 时，增加研发投入将减少利润。

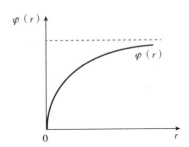

图 4-1 研发与企业生产率示意图

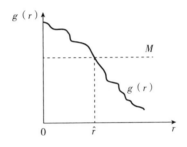

图 4-2 $g(r)$ 与 r 示意图

企业在刚开始投入研发阶段，随着研发投入的增加会逐渐接近最优研发投入额 $\hat{r}$，所获得的利润也是逐渐增加的，不过当研发投入总额超过 $\hat{r}$ 时，企业增加的研发投入不仅不能带来利润的增加，甚至会降低企业利润。对于所讨论的最优研发总额 $\hat{r}$，一是该数值 $\hat{r}$ 可能极大，只是在理论上存在，企业一般投入的研发额可能与其有一定的差距，所以企业增加研发投入可以增加利润；二是即使企业投入的研发总额超越了 $\hat{r}$ 带来利润的下降，企业战略可能是立足于长远发展目标，而研发可以促使企业降低价格以及增加产量从而带动企业竞争力的上升，所以企业研发投入超过能够带来利润最大化的研发投入也可能有必要继续投入研发。总结一下可以认为：在企业投入研发的初始阶段，增加研发会带来利润的提高，但是通过研发增加利润并非永无止境，当研发支出规模超越一定的数额时，企业增加研发可能会带来利润的下降，因为研发投入也需要成本。不过，一般情况下企业增加研发应该能够带来利润的增加。

4. 出口传导效应

经济全球化的发展带来了企业生存空间的巨大跨越，出口商品是企业国际化选择的重要方面，接下来研究企业出口是否可以扩大研发对企业利润的作用。首先考察如果企业不进行研发，假设企业商品在出口市场上的需求特征类似于国内市场，商品之间的替代弹性仍是 σ，商品 ω 在出口市场上的价格为 $p_x(\omega)$，出口市场的价格指数与数量指数分别为 P_x 与 Q_x，从而根据式（4.2）看出商品 ω 在出口市场的需求数量为：

$$q_x(\omega) = P_x^{\sigma} Q_x \left[\frac{1}{p_x(\omega)} \right]^{\sigma} \tag{4.17}$$

企业进入出口市场需要支付数量巨大的固定成本 f_x，从而企业生产产量 q_x 并销售到出口市场，那么根据式（4.3）企业的生产总成本 C_x 为：

$$C_x = \frac{w}{\varphi} \cdot q_x + f + f_x \tag{4.18}$$

对于式（4.18）企业按照边际成本定价其价格等于式（4.5）所代表的国内价格，但是企业出口的商品需要运输成本，按照冰山运输成本的思路（Samuelson，1954），企业出口的商品运输到出口市场将被融化"冰山一角"，一单位国内商品运输到国外剩余 τ（$0 < \tau < 1$）单位，从而企业在出口市场制定的价格为：

$$p_x = \frac{1}{\tau} \cdot \frac{w}{\rho \varphi} \tag{4.19}$$

将式（4.19）代入式（4.17）可知企业在出口市场的销售额 q_x 为：

$$q_x = P_x^\sigma Q_x \left(\frac{\tau \rho \varphi}{w} \right)^\sigma \tag{4.20}$$

企业在出口市场所获得的利润是销售额减去生产成本与运输成本，对于运输成本，出口市场销售的产量是 q_x，从而国内起运时的产量为 $\frac{q_x}{\tau}$，运输"融化"的产量为 $\frac{1-\tau}{\tau} q_x$，该"融化"的产量原本可以在国内市场按照价格 p 销售，从而运输成本 t 是：

$$t = p \cdot \frac{1-\tau}{\tau} q_x = (1-\tau) \cdot \frac{p}{\tau} \cdot q_x = (1-\tau) \cdot p_x q_x \tag{4.21}$$

从而企业在出口市场所获得的利润 π_x 为：

$$\pi_x = p_x q_x - C_x - t = p_x q_x - \left(\frac{w}{\varphi} \cdot q_x + f + f_x \right) - (1-\tau) \cdot p_x q_x$$

$$= \tau p_x q_x - \left(\frac{w}{\varphi} \cdot q_x + f + f_x \right) = \frac{w}{\sigma \varphi} \cdot q_x - f - f_x \tag{4.22}$$

将式（4.20）代入式（4.22）并化简得到企业在出口市场所获得的利润：

$$\pi_x = \tau^\sigma \frac{P_x Q_x}{\sigma} \left(\frac{P_x \rho \varphi}{w} \right)^{\sigma-1} - f - f_x \tag{4.23}$$

对于企业是否选择出口，企业经营目的就是追求利润最大化，企业是否进入出口市场也是由出口市场的利润获得情况所决定的，企业在国内市场如果亏损可能会继续生产，但是在出口市场如果亏损，那么企业会选择立即退出出口市场[①]。为了论述的简便，假设相同产业中各企业的产品运输成本、所支付的劳动者工资、投入生产的固定成本以及进入出口市场的固定成本是一致的，那么根据式（4.23）可知企业在出口市场上所获得的利润唯一取决于其生产率 φ，并且

---

① 这一假定对于国内企业来说一般是成立的，但是现在跨国公司的生产已经扩展至全球，某分公司处于母公司的生产链上，即使该分公司亏损也会继续选择出口以维持母公司的生产与经营，如第二章讨论中国出口企业"生产率悖论"的可能原因时所阐述的那样。不过，该假设对于传统的立足国内市场的本土企业来说一般都是成立的。

$\partial \pi_x / \partial \varphi > 0$，不妨认为：

$$\varphi^* = \inf \{\varphi : \pi_x > 0\} \tag{4.24}$$

根据 $\partial \pi_x / \partial \varphi > 0$ 看出，如果企业生产率 $\varphi > \varphi^*$，那么企业在出口市场上能够获得利润并在利润最大化的动机驱使下选择出口，不过企业生产率 $\varphi \leqslant \varphi^*$ 时，企业在出口市场不能获得利润，甚至亏损，从而企业选择不出口。

现在考虑企业进行研发投入，如果企业在研发前生产率 φ 处于 (φ^*, ∞)，那么企业将选择出口，假设企业只出口到一个国家，那么企业在投入总额为 r 的研发后在国内市场与出口市场所获得的总利润 $\ddot{\pi}$ 为：

$$\ddot{\pi} = \pi + \pi_x + f = \frac{PQ}{\sigma}\left[\frac{P\rho\varphi(r)}{w}\right]^{\sigma-1} + \tau\sigma \frac{P_x Q_x}{\sigma}\left[\frac{P_x\rho\varphi(r)}{w}\right]^{\sigma-1} - f - f_x - r \tag{4.25}$$

要在式（4.25）的第一个等式加上 f 是因为 π 与 π_x 中都减去了生产的固定成本 f，造成了重复扣除，所以应该加上。根据式（4.25）看出在企业出口时，企业投入研发可以提高生产率，提高生产率可以增加企业在国内市场以及出口市场上的销售总额，而且投入的研发费用由国内市场与出口市场共同分担，所以企业选择出口会提高其研发最优支出规模。最为值得注意的是，企业投入研发一般是基于国内市场决策，但是生产率的提升可能会增加企业在出口市场的销售，进而增加利润。企业投入研发对生产率的提高使企业在出口市场增加销售进而扩大研发对企业利润的积极作用。

对于研发前生产率处于 $(0, \varphi^*]$ 的企业，出口对企业研发增加利润的扩大效应更易理解。对于某企业具有生产率 $\varphi \in (0, \varphi^*]$，该企业根据利润最大化原则将不选择出口，企业投入 r 单位的研发后，企业生产率提高至 $\tilde{\varphi}$，如果 $\tilde{\varphi} \in (\varphi^*, \infty)$，那么企业在投入研发后使其能够在出口市场获得利润，企业由利润最大化动机驱使将选择出口并获得更高的利润。企业投入研发对生产率的提高使企业具有机会选择出口进而扩大研发对企业利润的积极作用。

5. 模型小结

利用异质企业模型作为研究的基本分析框架并且引入企业研发投入作为影响生产率的因素，研究发现研发投入总额在一定范围内，企业增加研发可能会带来利润的增加，特别是企业研发开始阶段，研发投入的提高对于增加利润具有积极作用。对于出口企业来说，企业增加研发带来生产率的提高，进而影响企业在国内市场以及出口市场的销售总额，出口市场销售额的增加带来出口利润的提高，从而带来企业整体利润的上升，所以出口企业增加出口交易量可能会扩大研发对企业利润的积极影响；对于非出口企业来说，企业增加研发所带来的生产率的提升使该企业具有能力在出口市场获得利润，并且选择出口，所以企业选择出口可能会扩大研发对企业利润的积极影响。

在数理模型分析中得出了一些有用结论，利用企业数据经验研究推理的可信性具有重要意义。接下来根据数理模型得出的推论，利用经验研究重点检验三个命题：

命题 1：企业增加研发能够带来利润的提高，并且生产率是研发影响利润的重要途径。

命题 2：企业选择出口时研发对利润的积极作用相对高于不选择出口时的情形。

命题 3：出口企业研发投入对利润的积极影响会随着出口交易量的增加而增强。

三、实证检验

1. 数据及样本筛选

本章实证检验所使用的数据和第二章一样，来自具备微观企业大样本数据特点的《中国工业企业数据库》。第二章已经说明了该数据库在获取上所存在的巨大困难以及时间上的滞后性，故利用 2005～2008 年样本来进行中国出口企业"生产率悖论"方面的检验。为了实证检验企业研发对盈利状况的影响，揭露微观企业研发投资或支出的信息是至关重要的。由于 2008 年数据不存在企业研发变量，2004 年及以前年份的数据同样不存在研发信息，所以本章选择 2005～2007 年企业数据进行实证研究。对于企业研发方面的经验研究，一般倾向于使用制造业企业样本，因为制造业企业的研发支出更容易衡量以及研发效果更为直观（汤二子，2020）。如同第二章所述，《中国工业企业数据库》按照"国民经济行业分类（GB/T）"对行业类别所进行的划分，二分位下的制造业行业共分为30个，更多详情以及使用状况可以参见聂辉华等（2012）的论述。

第二章为了检验中国出口企业"生产率悖论"的存在性，对样本进行过筛选。本章为了检验企业研发对盈利的影响，在谢千里等（2008）对企业样本筛选的基础上，重新对原始数据做以下筛选：①删除一些统计变量明显具有错误的企业样本，如企业的工业总产值等变量被统计为负值的样本；②对于企业经营状态，数据库中共分为五类，即正常营业、停业、筹建、撤销和其他，仅保留正常营业状态的企业样本，其他样本删除；③删除企业员工总数不超过 8 人的样本；④删除出口交货值与销售总额的比值大于 1 的样本；⑤由于数据库统计的是全部国有以及规模以上非国有企业，从而删除一些可能影响结果的异常样本，如工业总产值低于 500 万元、工业增加值低于 10 万元、资产总额低于 100 万元以及固定资产低于 10 万元的样本，经过前几步的筛选以后，这一步并没有删除过多样本，但是对实证检验可信性来说具有积极意义。尽管此处的样本筛选程序与第二章相似，但只要有一步筛选程序不同，那么用于实证检验的企业样本就不一样。

2. 数据描述

对于筛选后的样本统计发现研发企业与未研发企业在相关变量上的差异，表 4-1 给出了 2005～2007 年研发企业与非研发企业在利润总额、生产率、出口企业占总企业数的比率以及出口企业的出口交易量的均值差异，此处计算生产率方法是扩展的"索洛残值"法。尽管第二章介绍了生产率计算方法，但是由于实证检验所使用的样本不同，此处不妨重新描述单个企业的生产率计算步骤以便于理解。由于不同年份的各行业的企业生产率可能存在较大差异，所以需要分年份按照行业计算企业生产率。假设处于年份 k 的行业 j 中企业 i 的产出增加值为 Q_{ijk}，其投入劳动与资本分别为 L_{ijk} 和 K_{ijk}，这样有 $Q_{ijk} = A_{jk} K_{ijk}^{\alpha_{jk}} L_{ijk}^{\beta_{jk}} e^{\varepsilon_{ijk}}$ 成立，其中 A_{jk} 是行业 j 在 k 年份整体技术水平，α_{jk} 和 β_{jk} 分别是行业 j 在 k 年份资本产出弹性与劳动产出弹性，取自然对数得到 $\ln Q_{ijk} = C_{jk} + \alpha_{jk} \ln K_{ijk} + \beta_{jk} \ln L_{ijk} + \varepsilon_{ijk}$，运用每个行业中的企业样本分别对该式进行 OLS 回归得到拟合值 $\hat{C}_{jk}$ 和残差 $\hat{\varepsilon}_{ijk}$，其中 $\hat{C}_{jk}$ 代

表行业 j 在 k 年份整体技术水平的估计值，而 $\hat{\varepsilon}_{ijk}$ 代表所估计企业 i 在 k 年份技术水平偏离行业 j 整体技术水平的大小估计值，这样在 k 年份处于行业 j 的企业 i 的生产率估计值为 $\ln TFP_{ijk} = \hat{C}_{jk} + \hat{C}_{ijk}$，据此就计算出了每个企业的生产率。

表 4 – 1   研发企业与未研发企业的相关变量的统计差异

年份	研发企业				未研发企业			
	利润	生产率	出口 1	出口 2	利润	生产率	出口 1	出口 2
2005	5.6915	2.1497	0.3909	9.7729	4.3308	2.0745	0.2624	9.5840
2006	6.0705	2.2406	0.3998	10.0838	4.6233	2.1803	0.2456	9.6721
2007	6.4783	2.3641	0.3846	10.1845	5.0298	2.3216	0.2225	9.7353

注：出口 1 是指出口企业占企业总数的比率，出口 2 是指出口企业的出口交易额；为了简便，计算均值时对利润以及出口交易总量均取了自然对数，而企业利润有些统计样本等于 0 甚至是负值，即亏损企业，这对于对数化造成了不便，具体方法是当企业利润大于 0 时，利润规模等于利润的自然对数，当利润等于 0 时，利润规模等于 0，当利润小于 0 时，利润规模等于利润的绝对值取自然对数再取相反数。

根据表 4 – 1 的统计结果可以看出研发企业的利润、生产率均相对高于未研发企业，研发企业中选择出口的企业比率也相对高于未研发企业，研发企业中的出口企业出口交易总量也相对高于未研发企业中的出口企业，从而可以大致看出研发企业在利润、生产率、出口普遍性以及出口规模方面均可能要高于非出口企业。

3. 实证检验

经验研究研发对企业利润的影响以及出口能否起到扩大研发效应的作用，首先被解释变量是企业利润，由于数据库中存在样本的利润为 0 甚至为负值（即亏损企业），从而定义企业利润规模 $PR = \text{sgn}(profit) \cdot \ln(|profit| + 1)$，其中 $profit$ 是企业的利润总额（汤二子，2012）；解释变量是企业研发，数据库中约占样本总数 75% 的企业研发投入等于 0。如果解释变量用研发的虚拟变量，这些研发信息为 0 的样本可用于检验，而利用研发虚拟变量作为解释变量会使高研发投入的企业与低研发投入的企业处于等同地位。检验研发投资增加量对企业利润的影响

会更有意义，所以解释变量用企业研发规模。如果用于检验的样本中包含数量巨大的研发等于 0 的样本，可能会产生多重共线性问题而对检验的显著性产生较为严重的消极影响。鉴于此，此处删除研发等于 0 的样本来进行检验，定义研发规模 $RD = \ln(rd)$，其中 rd 为企业研发投入值；企业研发可能通过生产率影响企业利润，从而生产率是检验的中介变量，生产率 $\ln TFP$ 的计算方法以及结算结果已经公布；企业出口可能会扩大研发对利润的积极影响，从而企业出口变量是调节变量，定义出口虚拟变量 $ED \in \{0，1\}$，如果企业出口交货值大于 0 则 $ED = 1$，否则 $ED = 0$，对于出口企业可再按照出口交货值的数额定义出口规模 $ES = \ln(ex)$，其中 ex 是企业的出口交货值。

找到相关核心变量后，为了准确估计研发对企业利润的影响，需要控制其他可能影响企业利润并和研发也可能相关的变量，根据数据库中变量特点以及现有经验研究中的做法控制以下变量：①企业规模 $scale$，企业规模越大，企业可能会获得较高的利润并且可能投入较大的研发，利用固定资产衡量企业规模是常见的做法，即 $scale = \ln(\bar{K})$，其中 $\bar{K}$ 是企业的固定资产；②企业年龄 age，企业成长年限越久越会通过积累生产经验与市场营销经验对利润可能产生积极作用，企业年龄提高对于企业认识研发的重要性以及承担相关研发风险的勇气可能越大，通过所在年份减去成立年份可以得出企业年龄 age；③补贴规模 sub，企业所获得的补贴对于企业提高利润与增加研发都可能产生影响，由于数据库中所统计的企业获得补贴数量存在等于 0 的样本，从而 $sub = \ln(subsidy + 1)$，其中 $subsidy$ 为企业的补贴总额；④企业管理支出规模 $manage$，企业投入管理方面的支出对于利润可能存在积极影响也可能存在消极影响，企业管理支出增加也可能会使企业家更具动力进行研发投入，由于研发支出也存在等于 0 的样本，从而 $manage = \ln(mana + 1)$，其中 $mana$ 是企业管理支出费用；⑤人均工资 hw，企业支付过高的人均工资可能会降低企业利润，而过高的人均工资也可能激发企业进行研发，用研发带来的技术进步降低对劳动力的依赖，$hw = W/L$，其中 W 是企业支付的工资总额；⑥新产品比率 new，开发新产品对于提高利润可能具有积极作用，企业开发新产品可能会继续带动研发投入的增加，new 等于企业新产品价值除以工业总产值。表 4 - 2 总结了相关变量以及预期符号。

表 4-2　相关变量与预期符号

变量类型	变量名称	变量符号	预期符号
被解释变量	利润规模	PR	
解释变量	研发规模	RD	+
中介变量	生产率	$\ln TFP$	+
调节变量	出口虚拟变量	ED	
	出口规模	ES	
控制变量	企业规模	$scale$	+
	企业年龄	age	+
	补贴规模	sub	+
	管理支出规模	$manage$	?
	人均工资	hw	−
	新产品比率	new	+

　　找到相关变量后，利用2005～2007年数据可以进行实证检验，首先建立非平衡面板数据，其次由于仅拥有3年数据建立起面板数据，并且样本容量巨大，这使随机误差项的序列相关影响可以忽略，从而利用非平衡面板数据的固定效应回归相对较为准确。回归结果如表4-3所示。

表 4-3　实证检验结果

变量	PR			
	①	②	③	④
RD	0.1146 ***	0.0785 ***	0.1057 ***	0.0965 ***
	(0.0172)	(0.0168)	(0.0182)	(0.0143)
$\ln TFP$		1.5796 ***		
		(0.0399)		
$RD \cdot ED$			0.0189	
			(0.0132)	

续表

变量	PR			
	①	②	③	④
RD·ES				0.0705***
				(0.0060)
scale	0.3936***	0.4152***	0.3914***	0.2880***
	(0.0493)	(0.0483)	(0.0493)	(0.0931)
age	−0.0136**	−0.0214***	−0.0137***	−0.0155*
	(0.0061)	(0.0060)	(0.0061)	(0.0088)
sub	0.0436***	0.0401***	0.0433***	0.0297**
	(0.0098)	(0.0096)	(0.0098)	(0.0150)
manage	0.1685***	0.0079	0.1669***	−0.1512
	(0.0378)	(0.0372)	(0.0378)	(0.0939)
hw	0.0047***	−0.0024	0.0047***	0.0010
	(0.0015)	(0.0015)	(0.0015)	(0.0022)
new	0.2172*	0.1993*	0.2078*	0.1199
	(0.1239)	(0.1212)	(0.1240)	(0.2010)
C	0.2751	−1.7300***	0.3165	4.6240***
	(0.5072)	(0.4988)	(0.5080)	(1.0777)
P > F − statistic	0.0000	0.0000	0.0000	0.0000
P > Hausman	0.0000	0.0000	0.0000	0.0000
N	86150	86150	86150	33812

注：*、**与***分别代表在10%、5%与1%的显著性水平下拒绝系数等于0的虚拟原假设，由于面板数据估计时 R^2 将失去原来的含义，故此处未予以报告。

对于表4−3的估计结果，可以看出：第一，根据假定企业研发影响利润的唯一途径是生产率，即企业研发增加带来生产率的提高进而带来利润增加，所以在检验①中未包含生产率变量，根据①的估计结果看出企业研发与企业利润呈显著的正相关性，从而企业增加研发可能会带来利润的提高。第二，在检验②中引入企业生产率后，尽管研发的估计系数仍然大于0并且在1%的显著性水平下拒绝虚拟原假设，但是研发对利润的偏效应大约降低了1/3，亦即如果企业生产率固定不变，企业投入研发对利润的影响作用可能会降低1/3，从而可以看出生产率是企业研发影响利润的重要途径。第三，在检验③中引入研发与出口虚拟变量的交互项，该交互项的系数估计值大于0，但是在常用的显著性水平下不能拒绝虚拟原假设（根据P值可知在大约11%的显著性水平下可以拒绝虚拟原假设），所以企业通过增加研发带来企业出口进而增加利润可行性较差，原因可能是企业是否选择出口存在黏性，通过研发尽管可以带动企业生产率提高，但是很难激发企业选择出口。第四，在检验④中仅利用出口企业样本并引入企业研发与出口规模的交互项，检验发现该交互项的系数估计值大于0并在1%的显著性水平下拒绝虚拟原假设，从而对于出口企业来说，企业增加研发可能会带来出口交货值的增加，进而扩大研发对企业利润的积极作用。

总之，控制相关变量后，企业研发与利润呈显著的正相关性，从而增加研发投入对企业利润可能具有促进作用；如果保持企业生产率不变，研发对企业利润的影响作用降低大约1/3，但是依然具有显著性影响，表明在提高生产率之外应该还存在研发影响企业利润的其他途径；尽管研发对企业利润的影响可以通过企业选择出口而扩大，但是根据统计显著性判断这种扩大效应较弱；对于出口企业来说，企业扩大出口规模可以增强研发对企业利润的正向影响，并且根据统计显著性判断这种出口扩大研发效应较为强烈。

四、结论

利用异质企业模型作为基本分析框架并引入决定生产率的企业研发投入作为异质性，研究发现企业增加研发可能会提高生产率，从而带来利润的增加，但是研发对生产率的促进作用可能随着研发投入的增加而降低，并且研发投入存在成本，从而研发提高企业利润可能存在某个最优值，在低于该最优值时增加研发会提高利润。如果研发投入超过该最优值，那么继续增加研发可能导致利润下降。企业研发提高生产率可以使企业具有能力在出口市场获得利润，利润最大化的动机驱使企业选择出口而增加利润，这意味着企业选择出口可能会扩大研发对企业利润的正向影响。对于已经选择出口的企业，企业研发提高生产率可以促使企业在出口市场降低价格并增加销售收入，从而带来利润的进一步提升，所以企业增

加出口交易可能会再次扩大研发对企业利润的正向影响。利用 2005 ~ 2007 年
《中国工业企业数据库》实证检验基本可以佐证理论研究提出的部分假设,不过
企业是否选择出口可能受到多方面的影响,从而出口选择对研发提升利润的传导
效应相对较弱。

　　本章研究可以得到一些较为重要的启示:第一,企业研发增加利润可能存在
最优区间,在这个区间内增加研发可能会提高利润,如果超过这个区间继续增加
研发投入不会对企业利润产生促进作用。这可能对相关企业决定增加研发带来消
极影响,毕竟企业管理者在很大程度上将利润作为企业的最主要目标,特别是对
大型企业,研发投入已经达到了相当高的水平,这对于激发其继续投入高研发数
量可能具有消极作用。不过有必要说明的是,这个区间本身可能就很广泛,大部
分企业的研发投入可能都不会超过这个区间,并且即使超过了这个区间,企业增
加研发尽管不能增加利润,但也会带来产品价格下降以及销售数量的提升,这对
于企业维持长期发展具有重要意义。第二,企业选择出口对于研发影响利润的正
向作用具有扩大效应,然而根据经验研究发现这个扩大效应较弱,企业受多个方
面的影响而不选择出口,并且不出口对于企业来说存在黏性。不过经济全球化的
发展使企业积极参与国际市场成为势在必行的战略决策,企业研发可以提高生产
率,这使原本没有能力选择出口的企业可以在出口市场获得利润。所以企业要重
视研发带来的生产率提高,并且要具有勇敢的开拓精神面对出口,这样可以达到
"研发—生产率—出口—利润"的良性发展循环。但是通过实证研究发现我国制
造业企业目前可能还没有重视这一良性循环路径。第三,企业出口特别是增加出
口交易量可以扩大研发对企业利润的促进作用。另一点值得注意的是企业参与出
口市场,从而企业研发投入费用将同时由国内市场与出口市场分担,从而可以提
高企业研发最优投入量,使企业具有更多选择以便通过调节研发投入来提高利
润。第四,生产率是研发促进利润的重要途径。但并不是唯一途径,根据实证研
究可知生产率约占研发对利润促进影响的 1/3,研发可能通过其他路径影响利
润,例如致力于开发新产品的研发投入就可能通过新产品的市场活力获得更高的
利润,再比如致力于提升产品质量的研发投入就可能通过产品质量提升而增加市
场竞争力以及获得更高的利润,所以企业不仅要重视研发对生产率的提高而促进
利润获得水平,也要重视研发通过其他方面特性对企业利润产生影响。下一章就

进一步实证检验企业研发的各种生产性影响，以此来为企业合理做出研发决策奠定经验基础。总之，企业管理者要树立研发能够带来企业利润增加的信念，并且相信出口贸易对于研发促进利润的传导与扩大效应。在残酷的市场竞争中，企业应该充分且合理地利用研发投资来增强盈利能力，这样才能立于不败之地，避免被宏观技术进步所引发的企业之间越来越激烈的竞争所淘汰，永葆发展势头。

第五章 企业研发的生产性影响及其理论延展[①]

企业研发投资的根本目标是尽可能地获取更多的利润，而企业研发行为的直接生产性影响可能表现在产品创新、技术增进与产品质量提升等层面。那么，中国制造业企业的研发行为究竟如何在这三个生产性方面产生影响呢？准确地回答这个问题，既能识别中国企业研发投资的重点关注领域，也可对如何进一步优化研发投资结构以便增强研发的盈利功能给予经验借鉴。本章将利用中国企业数据实证检验研发的生产性影响，同时将关注的产品质量信息引入到异质性企业贸易模型中以进一步解释中国出口企业"生产率悖论"问题，这可看成实证检验企业研发生产性影响的理论延展。

一、研究背景

新经济增长理论持有的观点是促进经济增长最持久的源泉不是劳动力与资本的膨胀，而是知识生产与人力资本的不断积累，技术进步与创新是推动经济不断发展的内在动力。生产技术决定着一个国家宏观经济的长期发展，也决定着一个国家中民众生活水平提升的幅度与速度。一些国家特别是一些发展中国家长时间处于低水平的增长路径中，可能正是因为知识生产的投资不足与技术进步缓慢所致。研发可以创造与积累知识，促进产品与工艺创新，从而研发投入是经济体技

---

① 本章主要内容发表于《现代财经（天津财经大学学报）》2013 年第 7 期，"理论延展"部分发表于《世界经济研究》2012 年第 11 期。

术进步的重要途径，为经济持续不断增长提供动力与支持（吴延兵，2008）。企业特别是大企业是研发的主体（黄俊等，2011），也是推动产业向前发展的主力军。李克强总理在2019年《政府工作报告》中提出"支持企业加快技术改造和设备更新""强化质量基础支撑，推动标准与国际先进水平对接，提升产品和服务品质""健全以企业为主体的产学研一体化创新机制，支持企业牵头实施重大科技项目"等重要部署。李克强总理在2020年《政府工作报告》中继续强调要"引导企业增加研发投入，促进产学研融通创新"，成为政府鼓励与扶持微观个体企业从事研发活动的政策导向。

企业作为生产领域的基本元素，其研发将直接影响企业的短期经营以及长远发展。企业研发投资一般具有三种生产性影响，分别为产品创新、技术增进与质量提升，这同样是企业研发的三个主要目标。当然，正如前面章节所论述的，这些研发的生产性影响还是要服务于盈利目的。讨论研发对企业技术与生产率有何影响是现有文献的主流，Hu（2001）在其研究企业规模对研发投入的作用时，发现研发对于企业生产率具有显著促进作用。Jefferson等（2004）运用1997~1999年中国5451个大中型制造业企业样本检验得出研发对于生产率具有促进作用，并且这种影响是显著的。Hu等（2005）研究自主研发、国外技术引进以及国内技术引进对于生产率的影响时认为研发对生产率具有促进影响，这次研究运用了大量的企业样本从而使检验结论更为可信，其使用的样本是1995~1999年中国大中型制造业企业样本，每年大约具有1万个样本容量。金雪军等（2006）认为研发尽管增加了技术知识存量，但是却未能有效地转化为全要素生产率。可能是拘泥于数据可得性等原因，关于企业研发如何贡献于产品创新与提升产品质量的研究几乎寥寥无几。李卫红等（2011）认为企业进行产品创新后需要对升级后的产品重新定价，产品创新是企业提高竞争力的有效途径，歧视性定价是企业获取超额利润的占优策略，从而产品创新动机引发企业研发投入。张永胜等（2009）根据问卷调查研究发现研发/市场职能整合与产品创新绩效之间存在倒U形关系，从而研发/市场职能整合与产品创新绩效之间并非单纯的正向促进关系。由于如何衡量企业的产品质量极其复杂，讨论研发如何改变产品质量的研究更加难寻。

本章利用中国企业数据系统地研究企业研发对产品创新、技术增进与质量提升有何影响，这既能全方位探讨企业研发投资的生产性影响，更能在第四章基础上为中国企业未来的研发决策给予更多启示与借鉴。特别地，当把产品质量视角引入到分析中以后，可以对全书都在关注的中国出口企业"生产率悖论"给予一种特殊的解释，即悖论很可能只是因为在计算生产率时忽视产品质量而出现的数据误差。在实证检验企业研发的生产性影响以后，本章会在异质性企业贸易模型的框架中引入产品质量这个变量来探讨中国出口企业"生产率悖论"的原因，这是分析企业研发生产性影响的理论延展。

二、数据与变量界定

本章依然使用 2005～2007 年《中国工业企业数据库》中 30 个制造业企业样本进行实证检验，第二章与第四章已经详细介绍了该数据库，在此不再赘述。同样，第二章与第四章介绍了样本筛选程序，本章的样本筛选过程基本上与第四章是完全一致的。不过，因为本章所研究的问题包含更多领域，所以要在第四章的基础上增加一些样本筛选步骤，比如新产品价值这一信息被统计为负值样本需要删除，以及中间投入低于 10 万元的样本也删除。之所以此处增加针对中间投入变量的样本筛选程序，是因为下文在估算企业产品质量时会用到该变量。

为了实证检验企业研发对产品创新、技术增进与质量提升等具有何种影响，如何根据数据特点去衡量微观企业的产品创新程度、生产技术状况以及产品质量是完成这项检验工作的核心内容。《中国工业企业数据库》对绝大部分变量是按照货币（人民币）单位进行统计的，接下来分别介绍如何量化这些核心变量。

首先，对于产品创新程度的界定与衡量，1976 年在美国成立了产品开发管理协会，该协会致力于产品创新管理研究，1984 年所创办的《产品创新管理》杂志标志着对产品创新研究的开始。对于企业创新的衡量存在多种方法，其中企业专利申请数是使用最为常见的指标（马艳艳等，2011），但是本章所使用的大样本企业数据并没有专利方面的统计，并且无法根据上市公司数据搜集到全部样本的信息，甚至连百分之一的企业专利数据都无法收集，所以放弃使用企业专利来衡量企业创新。企业新产品的开发是企业创新的表现方式，所以根据企业新产品生产量来探析研发创新影响颇具意义，从而本章致力于研究研发对产品创新的影响。数据库中对每个企业样本都以货币统计了"新产品价值"，定义企业新产品比率（不妨记为 INV）衡量企业产品创新强度，即利用新产品价值与工业总产值之比进行衡量。

其次，企业技术特别是制造业企业的技术状况一般体现在生产过程中，从而生产率是衡量企业技术水平的重要指标（张杰等，2011），本章计算生产率方法与第四章一样，即扩展的"索洛残值"法，其基本计算思路与测算过程在此不再赘述。

再次，对于企业产品质量的衡量是最艰难的工作，也正是由于该工作的艰难性而导致相关研究成果的匮乏。目前关于产品质量的衡量主要有三种指标：第一个是"单位价值"。一种产品的"单位价值"不同于价格，因为在计算"单位价值"时剔除了市场因素、广告因素以及批量折扣等因素。尽管"单位价值"是衡量产品质量的优势指标，但是其计算的困难使其只能在理论上具有优势，实际操作中一般仅仅使用企业产品价格代替"单位价值"，即利用产品价格衡量产品质量。第二个是市场份额，市场份额越高的产品其质量可能越高，但是在大垄断企业情况下这种度量很可能出现严重扭曲。第三个是国际质量指标。国际标准化组织（ISO）的质量认证体系对企业产品质量的认证就意味着产品质量较高，因而是最直接的衡量产品质量的指标。不过，对于本章的数据特点来说产品"单位价值"指标甚至产品价格指标都难以获得，获得各种企业产品是否通过 ISO 质量体系认证更是不可能。尽管可以计算各种企业销售份额占行业总销售额的比率，但是由于大样本数据特点导致绝大部分样本的份额接近于 0，从而对后文的经验研究以及显著性判断造成困难。价格—成本加成率反映了产品价格对边际成本的偏离程度，这种加成率在很多研究中被认为是反映企业市场势力的主要指标（孙辉煌等，2010）。其实价格—成本加成率最直接反映的却是企业对销售产品所制定的价格，而价格可以在一定程度上反映产品质量，并且企业获取的市场势力在很大程度上也反映出产品质量的高低，所以根据本章的数据特点而使用价格—成本加成率来衡量产品质量，尽管这种衡量存在诸多不完善，但是对于中国工业企业数据库来说应该算是衡量产品质量最可取的指标。利用数据库中相关统计变量计算价格—成本加成率的公式为 $MAR = (V + M)/(M + W)$，其中 MAR 代表企业产品的价格—成本加成率，V、M 和 W 分别代表企业的工业增加值、中间要素投入以及应付工资总额，利用该公式可以计算每个企业样本的价格—成本加成率。

最后，检验研发对企业的影响时，应该利用企业研发存量，因为知识通过积累而发挥作用，而中国工业企业数据库仅统计了企业的研发支出，即统计了企业研发流量而非存量。不过在永续盘存法（PIM）的思想下，这样的问题可以利用自然对数而解决。PIM 的基本思路是：假设 R 代表企业的研发存量，从而在 t 期企业研发存量 R_t 取决于本期研发支出 r_t 以及上一期研发存量 R_{t-1} 及其折旧率 ζ，即 R_t 的表达式可以写成 $R_t = (1-\zeta) R_{t-1} + r_t$，假设企业研发存量是按照固定比率 g 增长的，从而有 $R_t = (1+g) R_{t-1}$ 成立。根据这两式可以推导出 $r_t = \dfrac{\zeta+g}{1+g}$ R_t，取自然对数得到 $\ln r_t = \ln\left(\dfrac{\zeta+g}{1+g}\right) + \ln R_t$。由于知识更新速度很快，从而研发的折旧率 ζ 很大，如果该折旧率接近于 1，所以有 $\ln r_t \approx Ln R_t$，即企业在当期研发支出的自然对数与其研发存量的自然对数相似。根据 PIM 思想，接下来的实证检验中使用企业研发支出的自然对数衡量企业研发规模，为方便起见，将研发规模记为 SRD。

在对相关变量进行量化与测算以后，接下来将实证检验企业研发投入对产品创新、技术增进与质量提升的影响。

三、实证检验

在检验研发对企业产品创新、技术增进以及质量提升的可能影响时，仅仅选用研发企业样本，即检验企业研发投入变化对产品创新、技术增进以及质量提升的可能影响。为了较为准确地估计出研发投入偏效应的一致估计量，需要控制其他可能影响因变量并与企业研发投入可能相关的因素，根据数据库中变量特点以及已有研究提供的借鉴，本章主要控制以下变量：①企业规模可能通过影响企业力量而影响因变量，利用固定资产的自然对数衡量企业规模。②职工培训可以提高员工工作技能从而可能影响所研究的被解释变量，由于职工培训支出在很多样本中等于 0，利用培训支出加上 1 再取自然对数计算培训规模。③利润规模可以通过引进新设备、提供具有竞争力的高工资而可能对所研究的被解释变量具有积极作用，数据库统计了企业利润总额。由于存在大量的亏损企业即利润总额是负数的企业样本，这对构造利润的自然对数提出了挑战，可以进行以下利润规模的构造：当企业利润大于 0 时，利润规模等于利润的自然对数；当利润等于 0 时，利润规模等于 0；当利润小于 0 时，利润规模等于利润的绝对值取自然对数再取相反数。④出口规模对本章的被解释变量特别是企业生产率的影响一直以来就受到关注，由于部分企业的出口交货值等于 0，所以计算出口规模时利用与培训规模类似的方法。⑤企业成长年龄对被解释变量也可能具有积极作用并且可能与企业研发存在相关性，数据库中拥有企业的成立年份变量，用企业所处年份减去成立年份就可以得到企业年龄。⑥企业所处行业的差异对企业研发投入以及产品创新、生产率和价格—成本加成率均可能存在差异，所以需要控制行业虚拟变量。⑦同样企业处于不同地区对相应变量也会存在差异，按照省份控制地区虚拟变量。找到所要控制的变量后就可以利用 2005～2007 年样本数据估计企业研发对产品创新、技术增进以及质量提升的影响，分别利用混合横截面数据做 OLS 回归以及面板数据做 FE 与 RE 回归，并且为了节约样本容量，建立非平衡面板数据。

1. 企业研发与产品创新

将企业新产品价值与工业总产值比率衡量的新产品比率作为被解释变量，把研发规模作为解释变量以及将上文寻找的变量作为控制变量，利用混合横截面数据做 OLS 回归以及非平衡面板数据做 FE 与 RE 回归的结果如表 5 - 1 所示。

表 5 - 1　企业研发对产品创新的可能影响

估计方法 变量	混合横截面 OLS	非平衡面板 FE	非平衡面板 RE
常数项	- 0.0535 *** (0.0145)	0.0377 * (0.0199)	- 0.0627 *** (0.0166)
研发规模	0.0264 *** (0.0005)	0.0061 *** (0.0007)	0.0187 *** (0.0005)

续表

估计方法 变量	混合横截面 OLS	非平衡面板 FE	非平衡面板 RE
企业规模	− 0.0101 ***	0.0044 **	− 0.0053 ***
	(0.0006)	(0.0021)	(0.0007)
职工培训规模	0.0013 ***	0.0012 *	0.0016 ***
	(0.0005)	(0.0006)	(0.0004)
利润规模	0.0008 ***	0.0003	0.0006 ***
	(0.0002)	(0.0002)	(0.0002)
出口规模	0.0047 ***	0.0057 ***	0.0048 ***
	(0.0002)	(0.0005)	(0.0002)
企业成长年龄	0.0004 ***	0.0377 *	0.0003 ***
	(0.0001)	(0.0199)	(0.0001)
行业虚拟变量组	控制	不控制	控制
省份虚拟变量组	控制	不控制	控制
R^2	0.2017	—	—
Prob > F	0.0000	—	—
Prob > Hausman	—	0.0000	0.0000
N	86108	86108	86108

注：*、**与***分别代表在10%、5%与1%的显著性水平下拒绝系数等于0的虚拟原假设，括号内是异方差—稳健标准误。

在表5-1的估计结果中看出利用混合横截面做的 OLS 估计以及非平衡面板数据做的 FE 与 RE 估计均显示企业研发规模与新产品比率呈显著的正相关性，估计结果相对较为稳健，从而有理由相信企业研发对于产品创新可能具有预期中的促进作用。

2. 企业研发与技术增进

将生产率作为被解释变量，解释变量与控制变量不变，分别利用混合横截面数据做OLS估计与非平衡面板数据做FE与RE估计的结果如表5-2所示。

在表5-2的估计结果中同样看出用混合横截面数据做的OLS估计以及非平衡面板数据做的FE与RE估计得到的结果较为稳健，企业研发规模与生产率呈显著的正相关性，从而可以推断企业研发投入可能会带来企业技术增进。

表5-2　企业研发对技术增进的可能影响

估计方法 变量	混合横截面OLS	非平衡面板FE	非平衡面板RE
常数项	2.8842***	3.0315***	2.8921***
	(0.0355)	(0.0365)	(0.0443)
研发规模	0.0503***	0.0335***	0.0423***
	(0.0012)	(0.0013)	(0.0010)
企业规模	-0.0408***	-0.0183***	-0.0354***
	(0.0015)	(0.0038)	(0.0017)
职工培训规模	0.0145***	0.0094***	0.0129***
	(0.0012)	(0.0012)	(0.0010)
利润规模	0.0395***	0.0152***	0.0262***
	(0.0004)	(0.0004)	(0.0003)
出口规模	0.0125***	0.0133***	0.0124***
	(0.0005)	(0.0008)	(0.0005)
企业成长年龄	-0.0056***	0.0064***	-0.0037***
	(0.0002)	(0.0005)	(0.0002)
行业虚拟变量组	控制	不控制	控制
省份虚拟变量组	控制	不控制	控制
R^2	0.2533	—	—
Prob > F	0.0000		
Prob > Hausman	—	0.0000	0.0000
N	86108	86108	86108

注：*、**与***分别代表在10%、5%与1%的显著性水平下拒绝系数等于0的虚拟原假设，括号内是异方差—稳健标准误。

3. 企业研发与质量提升

利用价格 – 成本加成率衡量企业产品质量并作为被解释变量，对于同样的解释变量与控制变量，运用混合横截面数据做的 OLS 估计以及非平衡面板数据做的 FE 与 RE 估计结果如表 5 –3 所示。

表 5 – 3　企业研发对质量提升的可能影响

估计方法 变量	混合横截面 OLS	非平衡面板 FE	非平衡面板 RE
常数项	1. 6366 ***	1. 3370 ***	1. 5989 ***
	(0. 0400)	(0. 0672)	(0. 0499)
研发规模	0. 0079 ***	0. 0002	0. 0058 ***
	(0. 0013)	(0. 0024)	(0. 0014)
企业规模	– 0. 0023	– 0. 0008	– 0. 0011
	(0. 0017)	(0. 0071)	(0. 0021)
职工培训规模	– 0. 0090 ***	– 0. 0007	– 0. 0066 ***
	(0. 0013)	(0. 0021)	(0. 0014)
利润规模	0. 0106 ***	0. 0049 ***	0. 0087 ***
	(0. 0005)	(0. 0008)	(0. 0005)
出口规模	– 0. 0048 ***	– 0. 0021 *	– 0. 0041 ***
	(0. 0005)	(0. 0010)	(0. 0001)
企业成长年龄	– 0. 0020 ***	0. 0001	– 0. 0020 ***
	(0. 0002)	(0. 0009)	(0. 0003)
行业虚拟变量组	控制	不控制	控制
省份虚拟变量组	控制	不控制	控制
R^2	0. 0425	—	—
Prob > F	0. 0000	—	—
Prob > Hausman	—	0. 0000	0. 0000
N	86108	86108	86108

注：*、**与***分别代表在10%、5%与1%的显著性水平下拒绝系数等于0的虚拟原假设，括号内是异方差—稳健标准误。

在表5-3的估计结果中，混合横截面数据做的 OLS 估计与非平衡面板数据做的 RE 估计都认为研发规模与价格-成本加成率呈显著的正相关性，而非平衡面板数据做的 FE 估计尽管得出研发规模与价格-成本加成率呈正相关，但是在很大的显著性水平（95%）上不能拒绝系数等于0的虚拟原假设，这种不稳健的估计结果对于推断企业研发对产品质量提升的作用造成了困难。由混合横截面数据做的 OLS 估计结果的 R^2 看出所选用的解释变量对于价格-成本加成率变异的解释力度较小，从而企业其他不随时间而变化的异质性可能对被解释变量具有更大的解释力度。非平衡面板数据做的 FE 与 RE 估计得出了不一致的结果，利用 Hausman 检验认为不随时间而变化的企业异质性与解释变量研发规模相关，从而 FE 估计结果更可取，即企业研发对于产品质量提升作用可能并不明显。

4. 企业研发贡献的异质性

前文的经验研究发现企业研发对于产品创新以及技术增进都可能具有明显的促进作用，尽管对于质量提升的影响存在推断上的困难，但至少可以认为研发对于质量提升还是存在作用的。那么，研发在这三种作用上面起到的贡献是否具有差异呢？接下来利用标准化回归估计研发对于产品创新、技术增进以及质量提升的贡献差异，由于标准化回归的特殊性，仅仅采用混合横截面做 OLS 回归，并且为了估计研发的三种作用的相对大小，控制相同的其他变量是必须的，利用同样的企业样本数据进行标准化回归结果如表5-4所示。

表5-4   研发三种作用的贡献差异

变量	新产品比率	生产率	价格-成本加成率
常数项	0.0002	0.00003	0.0001
	(0.0033)	(0.0031)	(0.0034)
研发规模	0.2932***	0.1071***	0.0215***
	(0.0038)	(0.0037)	(0.0040)
企业规模	-0.1578***	-0.0607***	0.0458***
	(0.0042)	(0.0040)	(0.0044)
职工培训规模	0.0174***	0.0422***	-0.0215***
	(0.0039)	(0.0037)	(0.0040)

续表

变量	新产品比率	生产率	价格 – 成本加成率
利润规模	0.0012	0.3233 ***	0.0744 ***
	(0.0034)	(0.0033)	(0.0035)
出口规模	0.0993 ***	0.0778 ***	– 0.0888 ***
	(0.0034)	(0.0033)	(0.0036)
企业成长年龄	0.0032 **	– 0.0429 ***	– 0.0080 ***
	(0.0013)	(0.0013)	(0.0014)
行业虚拟变量组	控制	控制	控制
省份虚拟变量组	控制	控制	控制
R^2	0.0848	0.1509	0.0135
Prob > F	0.0000	0.0000	0.0000
N	86108	86108	86108

注：＊、＊＊与＊＊＊分别代表在10%、5%与1%的显著性水平下拒绝系数等于0的虚拟原假设，括号内是异方差—稳健标准误。

根据表5-4的标准化估计结果看出对于企业新产品比率来说，企业研发所起到的贡献是最大的，尽管对于企业生产率与价格 – 成本加成率来说，企业研发的贡献不是最大的，但也显著为正，从而再一次看出企业研发对于产品创新、技术增进以及质量提升具有不容忽视的作用。表5-4显示的最重要的信息是在控制相同的变量时，企业研发对于产品创新的贡献大约是0.29，对于生产率即企业技术的贡献大约是0.11，而对于价格 – 成本加成率即产品质量的贡献仅仅在0.02左右，由此可以看出企业研发对于产品创新所起到的作用可能是最大的，其次是企业生产率，最后是产品质量的提升。

总之，根据所得到的实证检验结果，可以推断企业研发对于产品创新、技术增进均可能具有促进作用，对于产品质量提升可能也有促进作用，但是证据不如前两者那般强烈。在控制相同变量的标准化回归中，发现企业研发对于产品创新的贡献最大，其次是贡献于企业生产率，最后是企业产品质量的提升。因此，中国企业研发投资的最主要目的应该是服务于产品创新，其次是增进生产技术或提高生产率，对于提升产品质量而言，企业研发投资的贡献相对最小。

四、理论延展

尽管通过实证检验发现中国企业研发投资服务于产品质量提升的证据不是太强烈，但是只要在研究中引入了产品质量这一信息，就能对前面章节在异质性企业贸易模型之下所讨论的中国企业出口与生产率之间关系如"生产率悖论"给予一种特殊解释。当把生产率与产品质量双重异质性同时引入到异质性企业贸易模型中时，秉持立足于国内市场的出口企业会为迎合国外市场需求标准而提高产品质量这种假设是有根据的。因为已经在国内市场经营的企业在为出口市场准备产品时，可以确保这些出口产品的质量不至于不及已经在国内市场销售的产品。简言之，在原始的模型框架下，可以相信出口企业产品质量整体上应该高于内销企业产品质量。企业生产率不仅体现在利用固有资源生产所获得的产量上，也体现在固有产量的产品质量上。一旦考虑了产品质量信息，那么出口企业的"真实生产率"一般要高于非出口企业。如果在测算生产率过程中忽视产品质量而仅考虑产品数量所衡量的生产率，那么利用这种"虚假生产率"进行检验就更容易表现出"生产率悖论"。在企业实际生产过程中的确存在多种异质性，Melitz（2003）以生产率作为唯一异质性而构建出异质性企业贸易模型。前面章节已经论述过引入更多异质性可能会使理论分析无法开展下去，但是因为产品质量可以结合到产品数量中，所以本章的理论延展模型分析可以进行下去。尽管异质性企业贸易模型的分析框架已经介绍得很详细，但此处需要在构建模型的第一步就要设定产品质量，因而不能省略推导步骤。

从市场的需求特点开始，消费者从购买的产品中所获得的效用不仅取决于商品数量，也取决于商品质量，假设对于总体商品束 Ψ 中的任意商品 ω，消费者所获取的数量为 $q(\omega)$，并且其产品质量为 $\varepsilon(\omega)$，定义消费者所获商品 ω "价值"为 $v(\omega)$ 并且 $v(\omega)=\varepsilon(\omega)q(\omega)$，消费者对于每种商品"价值"的效用函数满足 C.E.S. 型，即：

$$U = \left[\int_{\omega \in \Psi} v(\omega)^{\rho} d\omega \right]^{\frac{1}{\rho}} \tag{5.1}$$

其中 ρ 是参数并且满足 $0 < \rho < 1$，这样任意两种商品"价值"的替代弹性 $\theta = 1/(1-\rho)$ 是固定不变的且根据 ρ 的取值范围可以看出 $\theta > 1$。在市场上商品 ω 的价格 $p(\omega)$ 既取决于其销售数量也取决于产品质量，所以不妨认为市场上对商品 ω 的"价值"有一个定价 $p(\omega)$，构造价格指数 $P = \left[\int_{\omega \in \psi} p(\omega)^{1-\theta} d\omega \right]^{\frac{1}{(1-\theta)}}$，

并且按照效用函数构造商品"价值"指数 $V \equiv U = \left[\int_{\omega \in \Psi} v(\omega)^{\rho} d\omega \right]^{\frac{1}{\rho}}$，根据 Dixit 和 Stiglitz（1977）分析思路可以看出消费者对于商品 ω 的"价值"需求为：

$$v(\omega) = V \left[\frac{p(\omega)}{P} \right]^{-\theta} \tag{5.2}$$

对商品 ω 的"价值" $v(\omega)$ 的支出 $r(\omega)$ 为：

$$r(\omega) = p(\omega)v(\omega) = p(\omega)V \left[\frac{p(\omega)}{P} \right]^{-\theta} = PV \left[\frac{p(\omega)}{P} \right]^{1-\theta} = R \left[\frac{p(\omega)}{P} \right]^{1-\theta} \tag{5.3}$$

其中 $R = PV$ 是对所有商品"价值"的总支出。

考虑企业生产方面的决策，假设企业仅仅使用一种生产要素即劳动 l，这与前面章节相一致。企业在生产阶段，所使用的要素资源取决于三个方面：一是产出数量 q，二是产品质量 ε，三是企业"真实生产率" φ。不妨认为劳动资源被支付单位成本，从而企业生产的可变成本记为 $\varepsilon q / \varphi$，企业在投入生产前需要支付数额相当可观的固定成本 f，所以企业生产数量为 q、质量为 ε 的产品的总成本为：

$$C = \frac{\varepsilon q}{\varphi} + f = \frac{v}{\varphi} + f \tag{5.4}$$

根据式（5.1）所体现的商品"价值"之间固定不变替代弹性的效用函数可以看出任意商品"价值"与单位商品"价值"之间的替代弹性 θ 可以看作该商品的需求价格弹性，根据式（5.4）看出企业生产的产品"价值"的边际成本 $MC = \partial C / \partial v = 1/\varphi$，从而根据边际成本加成定价法则可以看出企业为商品"价值"所制定的最优价格为：

$$p = MC \cdot \frac{1}{1 - \frac{1}{\theta}} = \frac{1}{\varphi} \cdot \frac{\theta}{\theta - 1} = \frac{1}{\rho \varphi} \tag{5.5}$$

在市场实现均衡时，将式（5.5）代入式（5.2）可以看出企业生产的产品

"价值"为：

$$v = V(P\rho\varphi)^{\theta} \tag{5.6}$$

将式（5.5）代入式（5.3）可以看出企业所获得的收益为：

$$r = R(P\rho\varphi)^{\theta-1} \tag{5.7}$$

企业所获得的利润π与收益r满足：

$$\pi = r - C = r - \frac{v}{\varphi} - f = r\left(1 - \frac{1}{p\varphi}\right) - f = r(1-\rho) - f = \frac{r}{\theta} - f \tag{5.8}$$

将式（5.7）代入式（5.8）可以得到：

$$\pi = \frac{R}{\theta}(P\rho\varphi)^{\theta-1} - f \tag{5.9}$$

根据 $\theta > 1$ 可以看出 $\partial\pi/\partial\varphi > 0$。企业生产的唯一动机就是追求最大化利润，如果进入市场能够获得利润，那么企业将进入市场，如果进入市场不能获得利润甚至亏损，企业将不进入市场或者退出市场，假设 $\widetilde{\varphi} = \inf\{\varphi: \pi(\varphi) > 0\}$，并且根据 $\frac{\partial\pi}{\partial\varphi} > 0$ 可以看出生产率超过 $\widetilde{\varphi}$ 的企业将进入市场，生产率低于 $\widetilde{\varphi}$ 的企业将退出市场，从而市场上存活的企业生产率所处的区间为 $[\widetilde{\varphi}, \infty)$。生产率是企业的异质性，从而可以根据企业生产率对企业进行标记，不妨认为生产率为 φ 的企业共有 $m(\varphi)$，利用企业生产率 φ 可以将价格指数改写为：

$$P = \left[\int_{\widetilde{\varphi}}^{\infty} p(\varphi)^{1-\theta} m(\varphi) d\varphi\right]^{\frac{1}{(1-\theta)}} \tag{5.10}$$

假设市场上存活 M 企业，生产率为 φ 的企业所占比率为 $\chi(\varphi)$，从而 $m(\varphi) = M\chi(\varphi)$，将其代入式（5.10）可以得出：

$$P = \left[\int_{\widetilde{\varphi}}^{\infty} p(\varphi)^{1-\theta} M\chi(\varphi) d\varphi\right]^{\frac{1}{(1-\theta)}} \tag{5.11}$$

利用式（5.5）可以将式（5.11）改写为：

$$P = \left[\int_{\widetilde{\varphi}}^{\infty} p(\varphi)^{1-\theta} M\chi(\varphi) d\varphi\right]^{\frac{1}{(1-\theta)}} = M^{\frac{1}{(1-\theta)}}\left[\int_{\widetilde{\varphi}}^{\infty} \left(\frac{1}{\rho\varphi}\right)^{1-\theta} \chi(\varphi) d\varphi\right]^{\frac{1}{(1-\theta)}}$$

$$= M^{\frac{1}{(1-\theta)}} \frac{1}{\rho}\left[\int_{\widetilde{\varphi}}^{\infty} \varphi^{\theta-1} \chi(\varphi) d\varphi\right]^{\frac{1}{(1-\theta)}} = M^{\frac{1}{(1-\theta)}} \frac{1}{\rho\left[\int_{\widetilde{\varphi}}^{\infty} \varphi^{\theta-1} \chi(\varphi) d\varphi\right]^{\frac{1}{(\theta-1)}}}$$

$$= M^{\frac{1}{(1-\theta)}} p\left\{\left[\int_{\widetilde{\varphi}}^{\infty} \varphi^{\theta-1} \chi(\varphi) d\varphi\right]^{\frac{1}{(\theta-1)}}\right\} = M^{\frac{1}{(1-\theta)}} p(\overline{\varphi}) \tag{5.12}$$

该式中 $\bar{\varphi}$ 代表市场上企业整体生产率水平，亦即平均生产率水平，为了后文论证的方便，改写该均值生产率为：

$$\bar{\varphi} = \left[\int_{\tilde{\varphi}}^{\infty} \varphi^{\theta-1} \chi(\varphi) d\varphi \right]^{\frac{1}{(\theta-1)}} \tag{5.13}$$

对于企业是否选择出口，为了论述的方便而进行如下假设：其一，仅仅考虑已经在国内市场存活的企业是否选择进入出口市场，不考虑只进入出口市场而不进入国内市场的情形；其二，不考虑出口的货物运输成本，即"冰山成本"，这对于所得到的结论不存在影响；其三，出口市场对产品的需求特点类似于国内市场；其四，企业进入出口市场需要支付固定成本 f_x。根据假设，可以看出如果企业进入出口市场，那么其在出口市场所获得的利润 π_x 与 π 有类似结构，即：

$$\pi_x = \frac{R_x}{\theta}(P_x \rho \varphi)^{\theta-1} - f_x \tag{5.14}$$

其中 R_x 与 P_x 分别是出口市场的总收益与价格指数，从而很明显有 $\frac{\partial \pi_x}{\partial \varphi} > 0$ 成立。不妨再认为 $\tilde{\varphi}_x = \inf\{\varphi: \pi_x(\varphi) > 0\}$，从而根据企业利润最大化规则以及 $\frac{\partial \pi_x}{\partial \varphi} > 0$ 可以看出如果企业生产率高于 $\tilde{\varphi}_x$，那么将选择出口，否则不出口。对于出口企业生产率的分布状况，如果 $\tilde{\varphi}_x \leqslant \tilde{\varphi}$，那么市场上存活的所有企业均选择出口，这种情况对于分析并无益处，不予考虑；如果 $\tilde{\varphi}_x > \tilde{\varphi}$，那么生产率处在 $[\tilde{\varphi}, \tilde{\varphi}_x)$ 的企业不选择出口而只面向国内市场，而生产率处在 $[\tilde{\varphi}_x, \infty)$ 的企业将选择出口。对于后一种情形，假设只面向国内市场的企业共有 M_d，并且生产率为 φ 的企业在非出口企业总数 M_d 中占有的比率为 $\chi_d(\varphi)$，从而根据式（5.13）可以看出非出口企业的生产率均值 $\bar{\varphi}_d$ 为：

$$\bar{\varphi}_d = \left[\int_{\tilde{\varphi}}^{\tilde{\varphi}_x} \varphi^{\theta-1} \chi_d(\varphi) d\varphi \right]^{\frac{1}{(\theta-1)}} \tag{5.15}$$

同样假设出口企业总数为 M_x，生产率为 φ 的企业占出口企业总数的比率为 $\chi_x(\varphi)$，从而出口企业的生产率均值 $\bar{\varphi}_x$ 为：

$$\bar{\varphi}_x = \left[\int_{\varphi_x}^{\infty} \varphi^{\theta-1} \chi_x(\varphi) d\varphi \right]^{\frac{1}{(\theta-1)}} \tag{5.16}$$

根据式（5.15）与式（5.16）以及积分计算的特点，明显可以看出 $\bar{\varphi}_x > \bar{\varphi}_d$，

即出口企业的生产率均值要高于非出口企业的生产率均值。得出符合经典理论预期的结论是因为考虑了产品质量，如果忽视产品质量而仅仅使用产品数量衡量企业生产率，那么这种片面的生产率衡量方法就得不出出口企业生产率均值一定要高于非出口企业的结论；反之如果出口企业的生产率均值低于非出口企业，就是前面章节中所提及的"生产率悖论"，接下来将描述这种"虚假生产率"如何影响研究结论。

根据式（5.4）可以看出一个企业的"真实生产率"$\varphi = \dfrac{\varepsilon q}{C-f}$，如果忽视产品质量而仅仅利用产出数量衡量企业生产率，这种片面的"虚假生产率"ϕ 为：

$$\phi = \frac{q}{C-f} = \frac{\varphi}{\varepsilon} \tag{5.17}$$

企业是否出口主要是由利润最大化所决定，从而企业出口地位的获取主要依赖于"真实生产率"以及产品质量，企业是否出口取决于"真实生产率"φ 而非"虚假生产率"ϕ，即出口企业的"真实生产率"依然分布于 $[\widetilde{\varphi_x}, \infty)$，非出口企业的"真实生产率"依然分布于 $[\widetilde{\varphi}, \widetilde{\varphi_x})$，由于企业产品质量存在异质性，从而忽视产品质量仅仅利用产品数量衡量的"虚假生产率"的分布将不同于"真实生产率"，即具有最小的"真实生产率"的出口企业，其"虚假生产率"未必也是最小，假设 $\phi_x^* = \inf\{\phi: \phi = \dfrac{\varphi}{\varepsilon}, \varphi \in [\widetilde{\varphi_x}, \infty), \omega(\varepsilon) = \omega(\varphi)\}$，其中 $\omega(\varepsilon) = \omega(\varphi)$ 表示"真实生产率"φ 与产品质量 ε 都是企业异质性，两者均可以代表个体企业，同样假设 $\phi_x^{**} = \sup\{\phi: \phi = \dfrac{\varphi}{\varepsilon}, \varphi \in [\widetilde{\varphi_x}, \infty), \omega(\varepsilon) = \omega(\varphi)\}$，从而出口企业"虚假生产率"处于 $[\phi_x^*, \phi_x^{**}]$，同样由于企业"真实生产率"与"虚假生产率"分别存在差异，从而假设"虚假生产率"为 ϕ 的企业占出口企业总数的比率为 $\delta_x(\phi)$，根据式 (5.13) 可以看出出口企业"虚假生产率"均值 $\overline{\phi_x}$ 为：

$$\overline{\phi_x} = \left[\int_{\phi_x^*}^{\phi_x^{**}} \phi^{\theta-1} \delta_x(\phi) d\phi\right]^{\frac{1}{(\theta-1)}} \tag{5.18}$$

对于非出口企业也有类似分析，假设 $\phi_d^* = \inf\left\{\phi: \phi = \dfrac{\varphi}{\varepsilon}, \varphi \in [\widetilde{\varphi}, \widetilde{\varphi_x}), \omega(\varepsilon) = \omega(\varphi)\right\}$ 和 $\phi_d^{**} = \sup\left\{\phi: \phi = \dfrac{\varphi}{\varepsilon}, \varphi \in [\widetilde{\varphi}, \widetilde{\varphi_x}), \omega(\varepsilon) = \omega(\varphi)\right\}$，从而非

出口企业的"虚假生产率"处于区间 $[\phi_d^*,\ \phi_d^{**}]$，并且"虚假生产率"为 ϕ 的企业占非出口企业总数的比率为 $\delta_d(\phi)$，这样根据式（5.13）得出非出口企业的"虚假生产率"均值 $\overline{\phi}_d$ 为：

$$\overline{\phi}_d = \Big[\int_{\phi_d^*}^{\phi_d^{**}} \phi^{\theta-1}\delta_d(\phi)\,d\phi\Big]^{\frac{1}{(\theta-1)}} \tag{5.19}$$

由于企业产品质量存在异质性，从而下列不等式可能成立：

$$[\phi_d^*,\ \phi_d^{**}] \cap [\phi_x^*,\ \phi_x^{**}] \neq \phi \tag{5.20}$$

根据式（5.20）以及积分函数性质，出口企业的"虚假生产率"均值 $\overline{\phi}_x$ 与非出口企业的"虚假生产率"均值 $\overline{\phi}_d$ 此时不存在确定性的大小关系。如果出现 $\overline{\phi}_x < \overline{\phi}_d$ 这种情况，那么就称为出口企业存在"生产率悖论"。总之，企业生产率同时贡献于产品数量与产品质量，从而在同时考虑产量与质量后分析发现出口企业的"真实生产率"一般要高于非出口企业，但是忽视产品质量而仅仅使用产品数量计算的"虚假生产率"并不能必然地得出符合经典模型预期的结论，特别地，如果出口企业的"虚假生产率"低于非出口企业，那么就被认为出口企业存在"生产率悖论"，所以"生产率悖论"很可能只是一个检验问题。

本章检测了企业研发投资如何影响产品质量，当把产品质量信息引入到前沿的理论模型中时，就能对前面章节所探讨的中国出口企业"生产率悖论"给予特殊解释，这的确是实证检验企业研发生产性影响的意外收获。

五、结论

企业研发对于产品创新、技术增进与产品质量提升具有推动作用，而中国企业研发活动的生产性影响究竟如何呢？本章的实证研究给予了详细解答。检验结果发现企业研发对于产品创新、技术增进具有促进作用，对于质量提升也可能具有促进作用，但经验证据不如前两者那么强烈。在控制相同变量的标准化回归中，检验结果发现企业研发对于产品创新的贡献最大，其次贡献于企业提高生产率或改进生产技术，最后才是服务于企业产品的质量提升。中国企业应该合理利用研发投资来为产品创新、技术增进与质量提升服务，以便充分发挥研发投资的盈利功能，使企业在日益激烈的竞争环境中能够立于不败之地，避免宏观技术进步所带来的巨大竞争而将其逐出市场。在考虑产品质量以后，可将产品质量信息引入到异质性企业贸易模型中来解释中国出口企业"生产率悖论"问题，这是本章实证检验企业研发生产性影响的额外理论收获，从而丰富了前几章所讨论的新－新贸易理论。

第六章 企业研发与员工培训对生产的异质性影响[①]

尽管前面两章分别研究了企业研发行为的盈利功能及其三种生产性影响，但是忽略了研发实践需要人员才能完成。在企业的生产与经营实践中，致力于增进人力资本积累的员工在职培训与研发一样具有生产性影响，同时通过培训而增长的员工技能与知识储备可对研发投资产生积极影响。鉴于此，本章将同时考察企业研发与员工培训的生产性影响，并且识别两种影响的异质性，为中国企业生产与经营决策提供深入的经验参考。

一、研究背景

Solow（1957）率先认识到技术进步对一个国家的重要性，生活水平的最终提高不是来自于劳动或者资本等资源的增长，而是来自于技术进步。创新是技术进步的内在引擎，一个国家的创新能力越来越成为综合国力的决定性因素。习近平总书记在中共十九大报告中提到"创新是引领发展的第一动力，是建设现代化经济体系的战略支撑"。正因为创新如此重要，所以在五大发展理念中，"创新"排在第一位。如何从事创新呢？在 2019 年 10 月 31 日中共十九届四中全会审议通过的《中共中央关于坚持和完善中国特色社会主义制度 推进国家治理体系和治理能力现代化若干重大问题的决定》中，明确提到"建立以企业为主体、市场为导向、产学研深度融合的技术创新体系，支持大中小企业和各类主体融通创

[①] 本章主要内容发表于《科学学与科学技术管理》2012 年第 11 期。

新"。前面章节在分析企业研发投资时，提到了政府支持与激励企业从事研发的政策导向。在企业研发活动中，从事研发的人以及利用研发成果从事产品生产的企业员工是决定研发成功与否以及成效高低的关键决定因素，正如李克强总理在2019年《政府工作报告》中所指明的"科技创新本质上是人的创造性活动"。因此，研发是企业进行知识生产以及知识创新的主要途径（郑江淮等，2009），而企业在研发之外所从事的员工培训工作同样具有生产方面的影响。

企业技术进步，除了依赖于研发带来的新工艺的采用、新生产设备的推广、新生产流程的引入、新产品的开发与试验、新管理体制的容纳以及新企业家精神的体现，还受到企业员工整体知识与技能的影响。企业员工工作技能在很大程度上受其积累经验的影响，而干中学（周黎安等，2007）是员工学习并积累工作经验与技术知识，提高自身工作技能主要途径。企业管理者提供的在职培训无疑会对员工工作技能获取与知识积累产生影响，从而具有生产方面的贡献。

在目前的经验研究中，依然是拘泥于数据的可得性，检验企业研发的生产性影响较为流行，正如本书前两章所做的那样，对于员工在职培训的生产性影响所给予的关注就少得多了。为了弥补这个不足，特别是因为忽视员工在职培训而单独关注研发投资的生产性影响，有可能得到有偏差的检验结果，所以本章使用2005～2007年微观企业数据同时检验研发和员工在职培训的生产性影响，并且识别这两种影响存在怎样的优劣势。

二、研究基础

前两章没有花费太多笔墨来评述企业研发的相关研究，本章联合企业员工在职培训分别对各自已有文献进行述评，使之成为进一步探讨两者生产性影响的研究基础。

对于企业研发，Schumpeter（1942）提出市场力量的集中所带来的垄断可以促进研发投入，因为研发虽然具有高收益的特点，但也具有高风险以及高成本的特点，这样，只有那些规模大且盈利状况令人乐观的企业才具有能力进行研发。在此以后，学者根据所收集的企业数据实证检验了企业规模对于研发支出的影响作用，这里具有代表性的研究有 Hu（2001）、吴延兵（2009）和汤二子等（2011），这些研究基本上都认为企业规模对于研发支出具有显著的促进作用。研发支出受到企业规模的影响，而对于企业研发的作用，一般从两个方面来进行研究：一是估计研发的产出弹性，二是检验研发对企业生产率的影响。对于研发产出弹性的估计，由于使用的样本以及估计方法的差异，得出的结果存在较大区别。Griliches（1980）运用美国企业样本数据检验认为研发的产出弹性大约为0.07，而 Griliches 和 Mairesse（1984）、Griliches（1986）以及 Adams 和 Jaffe（1996）同样运用美国的企业数据估计认为研发产出弹性分别为0.05、0.10 和0.08，尽管结果不同，但是差异并不是很大。不过在运用法国企业样本数据估计研发产出弹性时，得出的结论存在较大的差异。Cuneo 和 Mairesse（1984）估计法国企业研发产出弹性是0.20，Hall 和 Mairesse（1995）认为法国企业的研发产出弹性是一个处在0.17 ~ 0.25 范围内的不确定值，Mairesse 和 Hall（1996）估计认为法国企业的研发产出弹性仅有0.09。国内学者根据中国企业层面的数据也试图估计研发产出弹性。吴延兵（2006）运用537 个微观企业样本估计研发产出弹性，估计结果认为研发产出弹性大约是0.11，并且发现高科技企业与非高科技企业的研发产出弹性存在差异，前者的研发产出弹性大约是0.18，而后者的研发产出弹性大约只有0.10，这对于区分高科技产业与非高科技产业做出不同的研发决策具有重要指导意义。吴延兵（2008）运用面板数据估计研发产出弹性在0.1 ~ 0.3，采用的样本是中国大中型工业的 340 个企业经营统计数据。汤二子等（2011）运用2005 ~ 2007 年企业面板数据检验认为研发产出弹性在0.15 左右。孙静和徐映梅（2020）关注到不同行业的研发产出弹性的差异，指出研发资本占比高的行业的研发产出弹性相对较高，比如研发密集型制造业与服务业、建筑业的研发产出弹性分别达到了0.43、0.37 与0.19 左右，而采矿业等企业的研发产出弹性几乎不显著。尽管所选择样本存在差异以及检验方法不同，使研发产出弹性估计结果存在差异，但是研究结论基本上一致性地认为研发对产出具有显著的正向影响，从而可以看出研发对企业生产具有积极意义。

研发对于企业生产率的影响方面，Hu（2001）在研究企业规模对研发作用时，发现研发对于企业生产率具有显著的促进作用。Jefferson 等（2004）运用1997 ~ 1999 年5451 个中国大中型制造业企业样本检验得出企业研发对于生产率具有促进作用，并且这种影响是显著的。Hu 等（2005）研究自主研发、国外技术引进以及国内技术引进对于生产率的影响时认为研发对生产率具有促进影响，这次研究运用了大量的企业样本从而使检验结论更为可信，其使用的样本是中国 1995～1999 年大中型制造业企业样本，每年大约具有 1 万个样本容量。张海洋（2005）运用 1999～2002 年 34 个中国工业行业面板数据，并且基于 DEA 的 Malmquist 生产率指数对生产率、技术效率以及技术进步进行了测算，检验得出企业研发对于生产率和技术效率的影响不显著或者具有显著的负影响，而研发对于技术进步具有显著的正向影响，从而论证了研发所存在的两面性。朱有为等（2006）认为我国高科技产业研发效率整体偏低，不过呈现稳步上升趋势，而且行业间效率差异具有逐步减小趋势。吴延兵（2008）运用中国 1996～2003 年地区工业面板数据检验认为研发对于生产率具有显著的促进作用，并且这种作用存在地区差异，东部和中部地区这种研发对生产率的促进作用是显著的，西部地区这种促进作用却是不显著的。白俊红等（2009）运用中国本土 1998～2006 年 30 个省级面板数据样本，使用超越对数随机前沿模型，研究认为全国整体研发创新技术效率较低，仍有较大的提升空间。尽管研发创新的全要素生产率与技术进步均有所增长，但增速有减缓趋势。在检验研发对企业生产率的影响时，生产率的不同计算方法可能是导致结论存在差异的重要原因，这和前面章节提到的中国出口企业"生产率悖论"存在性检验受到生产率计算方法的影响类似。总而言之，研发与企业生产率之间具有显著的正相关性，前两章的经验研究也基本上支撑了这一点，这对鼓励企业进行研发提供了经验支撑。研发需要支出数额较大的成本，这使研发活动要与企业的其他行为共同竞争资源，比如汤二子（2017）提出的在短期与长期视角下企业如何选择研发战略与广告策略来服务于盈利需要。

关于企业员工在职培训的产出效应以及对企业生产率影响这一方面的研究并不多见，主要研究聚焦于检验在职培训对企业员工工资水平的影响。Mincer（1962）用"年龄－收入"曲线来研究在职培训对企业员工工资水平的影响，研究结果认为接受过在职培训的员工相对于未接受在职培训的员工其"年龄－收入"曲线显得更为陡峭并呈凹形，从而在职培训对工资增长具有正向影响。Duncan 和 Hoffman（1979）在研究种族与性别不同所导致的工资差异时，发现在培训方面黑人与白人所存在的差异能够解释他们之间工资差异的 20%，培训方面男性与女性所存在的差异可以解释他们工资差异的 10%，从而可以看出在职培训对工资差异具有显著影响。Greenhalgh 和 Stewart（1987）却认为在职培训对于工人收入的影响是次要的，主要影响在于对个人职业地位发展方面。Lillard 和 Tan（1992）研究认为在职培训对收入增长的作用要依赖于培训提供方以及培训的具体内容，并发现公司培训以及管理能力的培训对收入增长具有最为显著的作用。Dominique 和 Eric（2000）从定量的角度估计出法国企业培训收益率为 5% 左右。李湘萍等（2007）运用中国三个城市在 2005 年企业员工培训调查数据检验认为在职培训的收入效应显著为正①。除此以外，在管理实践的角度探讨员工培训的研究较多，例如孙永波等（2020）研究发现员工培训对于激发员工工作重塑而提高工作主动性具有积极影响。尽管这些研究很少涉及在职培训对企业产出以及生产率的影响，但是根据在职培训对劳动者收入以及劳动者行为的正向影响，可以预期对企业产出以及生产率应该也会具有积极影响。当然，这还是需要根据严格的实证检验才能下结论。本章将同时估计研发与在职培训的产出弹性，并且识别研发与在职培训对企业生产率的影响。

三、实证检验

如同前两章一样，本章选用 2005～2007 年《中国工业企业数据库》中的制造业企业样本检验和识别企业研发支出与对员工培训支出的异质性影响。样本筛选程序与第四章类似，不过本章没有根据出口交货值与销售总额的比值大小进行样本筛选，同时将资产总额低于 500 万元以及和第五章一样将中间投入不超过 10 万元的样本分别予以删除。对于筛选后的样本，根据数据大致可以看出进行职工培训的企业要比从事研发活动的企业普遍得多，按照二分位代码的行业划分方式，几乎每个行业均有 30% 以上的企业在从事在职培训，而绝大多数行业从事研发活动的企业占比不足 10%。这表明单独考察研发而忽视与研发活动密切相关的员工在职培训来进行检验，的确会对实证结果存在一些影响。当然，对于企

---

① 更多关于企业培训方面的综述，可参见杨洪常等（2004）的述评。

业从事员工培训的普遍程度超过研发投资的原因，可能取决于企业管理者对职工进行培训很多时候是应尽的义务，同时职工培训支出所伴随的风险以及所花费的成本一般都低于研发活动，即在职培训更容易进行。

1. 估计产出弹性

为了估计研发以及在职培训的产出弹性，假设企业的生产函数满足 Cobb – Douglas 形式，即 $Q = AK^\alpha L^\beta$，其中 Q 是企业工业增加值，K 是企业资产总量，L 是企业职工总数，A 是企业生产率的指标。

企业生产过程中，有很多因素决定企业的生产率 A，但是在估计企业要素产出弹性时，仅考虑企业的知识存量 N，知识存量决定于企业的研发以及在职培训，不妨设它们之间也满足 Cobb – Douglas 形式，即 $N = R^\gamma T^\eta$，其中 R 是企业的研发存量，T 是企业在职培训支出存量，假设知识转化率为 B，从而 $A = BR^\gamma T^\eta$。将 A 表达式代入 C – D 生产函数中得到下列函数形式：

$$Q = BR^\gamma T^\eta K^\alpha L^\beta \tag{6.1}$$

对式（6.1）两边同时取自然对数形式，则得到以下实证检验方程：

$$\ln Q = C + \gamma \ln R + \eta \ln T + \alpha \ln K + \beta \ln L + \varepsilon \tag{6.2}$$

在数据库中，关于企业研发以及在职培训只有当年支出量的统计，即只存在研发与在职培训的流量统计值。根据前面章节所介绍的永续盘存法（PIM）思想，在检验式（6.2）时，可以使用研发和培训的流量代替存量。由于企业研发以及在职培训在每一个年份都有取值 0 的样本，此处不准备删除它们。在取对数时，分别将研发支出与在职培训支出加 1，这样就可以进行对数化并估计它们的产出弹性。

运用筛选后的样本估计方程式（6.2），参数 γ 和 η 就是所估计的研发与在职培训的产出弹性。由于企业样本在每一年都有很大的变化，存在很多企业退出，也存在很多新的企业进入，这样在进行面板数据估计时，采用非平衡面板的形式，这样可以节约大量的样本，对检验结果具有积极的意义。表 6 - 1 是运用横截面做 OLS 回归以及运用面板数据做固定效应和随机效应回归得出的参数估计结果。

根据表 6 - 1 的估计结果可以看出，研发与在职培训的产出弹性近似，都在

0.015 左右，可见研发的产出弹性并没有现有研究估计得那么大，原因可能有两点：其一，其他检验中可能存在样本选择偏差问题，因为大部分研究只选用了进行研发的企业，而忽略了未进行研发的企业；其二，可能是没有考虑在职培训对产出的影响。本章选用了经过筛选后的全部样本以及同时估计在职培训的产出弹性，这样就在一定程度上避免了现有研究所存在的上述问题。混合横截面做 OLS 检验与面板数据检验得出的结论相近，从而估计的产出弹性更令人信服。面板数据做固定效应回归与做随机效应回归时结果相近，所以不需要进行 Hausman 检验（苏振东等，2011）。

表 6-1　产出弹性估计结果（一）

估计参数	混合横截面 OLS	固定效应	随机效应
C	1.9421*** (0.0093)	2.2157*** (0.0290)	2.0606*** (0.0116)
γ	0.0168*** (0.0006)	0.0103*** (0.0007)	0.0136*** (0.0006)
η	0.0147*** (0.0006)	0.0159*** (0.0007)	0.0164*** (0.0006)
α	0.5454*** (0.0012)	0.5156*** (0.0028)	0.5306*** (0.0014)
β	0.3338*** (0.0013)	0.3406*** (0.0031)	0.3398*** (0.0016)
R^2	0.5536	—	—
Prob > F	0.0000		
N	662179	662179	662179

注：括号内是异方差—稳健标准误，＊＊＊代表在 1% 的显著性水平下拒绝系数等于 0 的虚拟假设，在面板数据做固定效应和随机效应分析时，R^2 和 F 统计量将失去意义，所以未报告。

吴延兵（2006）在估计研发产出弹性时，就意识到用工业总产值衡量企业产出时，估计结果会存在很大差异，本章也检验用工业总产值衡量产出时，研发与在职培训的产出弹性。当产出是工业总产值时，需要考虑中间投入对于总产出的影响，从而扩展表达式（6.1）有：

$$Y = BR^\gamma T^\eta K^\alpha L^\beta M^\lambda \tag{6.3}$$

其中 Y 是工业总产值，M 是中间投入。对式（6.3）两边取自然对数可以得出以下实证检验方程：

$$\ln Y = C + \gamma \ln R + \eta \ln T + \alpha \ln K + \beta \ln L + \lambda \ln M + \varepsilon \tag{6.4}$$

运用同样的样本，对式（6.4）中参数估计结果如表 6 - 2 所示。根据表 6 - 2 的估计结果可以看出在引入企业中间投入时，研发与在职培训的产出弹性变得微乎其微，研发的产出弹性仅在 0.001 左右，在职培训的产出弹性也仅在 0.002 左右。在引入中间投入时，企业的资本与劳动的产出弹性也有较大的下降，而中间投入的产出弹性在 0.8 左右，从而可以看出我国企业生产的附加值低，仅是将原料或半成品等工业中间投入经过简单加工转化成制成品，加工贸易的广泛存在使我国工业企业的整体竞争能力不容乐观。

表 6 - 2　产出弹性估计结果（二）

估计参数	混合横截面 OLS	固定效应	随机效应
C	0.6517 *** （0.0029）	1.1041 *** （0.0102）	0.7557 *** （0.0036）
γ	0.0005 *** （0.0002）	0.0021 *** （0.0002）	0.0012 *** （0.0002）
η	0.0015 *** （0.0002）	0.0028 *** （0.0002）	0.0017 *** （0.0002）
α	0.0831 *** （0.0004）	0.1213 *** （0.0010）	0.0949 *** （0.0005）
β	0.0442 *** （0.0004）	0.0750 *** （0.0011）	0.0518 *** （0.0005）
λ	0.8640 *** （0.0004）	0.7661 *** （0.0007）	0.8385 *** （0.0004）
R^2	0.9575	—	—
Prob > F	0.0000	—	—
N	662179	662179	662179

注：括号内是异方差—稳健标准误，＊＊＊代表在1%的显著性水平下拒绝系数等于0的虚拟假设，在面板数据做固定效应和随机效应分析时，R^2 和 F 统计量将失去意义，所以未报告。

通过对企业研发与在职培训产出弹性的估计，总结得出企业研发产出弹性没有现有的经验研究估计得那么高，仅在 0.015 左右，企业在职培训的产出弹性与研发接近，从而在职培训对生产同样重要。在引入中间投入时，研发与在职培训的产出弹性将变得微乎其微，从而可以看出研发与在职培训对企业短期生产所发挥的作用有限。

2. 对生产率的影响

检验研发与在职培训对企业生产率的影响，其生产率的计算方法显得尤为重要。企业全要素生产率是反映企业技术水平的重要指标（张杰等，2011），而对于全要素生产率的计算，第二章介绍的近似全要素生产率 ATFP（Griliches and Mairesse，1990）由于计算方法简单易行而颇受欢迎，但其假设企业生产函数为规模报酬不变以及参数取值的不确定性而使其准确性受到质疑。另一种简单的生产率计算是用企业产量 Q 的自然对数 $\ln Q$ 对企业资本 K 的自然对数 $\ln K$ 和劳动力 L 的自然对数 $\ln L$ 用 OLS 做无截距项的线性回归得出的残差即是企业全要素生产率的对数近似值 $\ln TFP$，该种方法由于放弃了生产函数规模报酬不变的假设而使计算结果更理想（于洪霞等，2011），但却不能解决样本选择偏差等问题，第四章与第五章使用了带截距项的回归方式来计算企业生产率。另一种较为常用的生产率计算方法是数据包络法（DEA），它能够有效地避免模型设定错误，不过它不能识别随机因素的影响并且一般只适用于小样本容量。Olley 和 Pakes（1996）提出的三步回归模型估计程序，简称 OP 方法，该方法能够较好地避免相互决定偏差引起的内生性问题以及样本选择偏差所引起的偏误问题，不过 OP 方法的繁杂处理程序也使它很难推广，而且很多时候由于数据限制等问题使 OP 方法无法进行生产率的计算。此处，将使用 Levinsohn 和 Petrin（2003）提出的用"中间投入"作为企业要素投入的工具变量，采用半参数估计法对 C‐D 生产函数进行估计，企业的生产率就是产出减去要素投入变量的加权和，权重就是估计得出的系数，这种方法简称为 LP 方法，计算的生产率记为 $LPTFP$。

在检验研发与在职培训对企业生产率的影响时，首先关注企业研发与在职培训的决策是否对生产率存在影响。定义研发虚拟变量 $DRD = \{0，1\}$，如果在考察年份企业研发支出大于 0，则 DRD 取值为 1，当研发支出等于 0 时，DRD 则取

值为 0；同样定义在职培训的虚拟变量 $DTR = \{0, 1\}$，取值方式等同于 DRD。与第五章类似，在检验研发与在职培训对企业生产率的影响时，为了尽可能获得一致估计量，需要控制其他可能影响企业生产率而又对企业投入研发以及进行在职培训可能存在影响的因素，根据现有的研究成果以及数据库中变量统计的特点，控制以下变量：①企业规模 SCA。根据规模报酬的思想，规模对企业的生产率可能具有促进作用，而规模对于企业研发以及在职培训也可能具有影响的（吴延兵，2009），运用企业固定资产的自然对数值来衡量企业规模。②企业利润规模 PRO。利润的增加会通过引进新的生产设备以及提供富有竞争力的工资水平来雇佣具有优势的工人而可能带来企业生产率提高，利润的获得也会使企业更具有能力进行研发以及员工在职培训，数据库中具有企业利润总额的统计变量，想对其取自然对数，但由于很多企业样本的利润总额为 0 甚至为负值即该企业在本年度内亏损，定义利润规模 $PRO = \mathrm{sgn}\ (profit)\ \ln\ (|profit| + 1)$，其中 $profit$ 是企业利润总额。③企业出口规模 EX 对于企业生产率可能具有影响作用（汤二子等，2011），出口带来企业竞争压力的扩大也可能对企业研发以及在职培训的决策产生影响，EX 等于企业出口交货值加上 1 再取自然对数。④企业积累的经验对于企业生产率可能具有积极意义，使用企业年龄（AGE）来衡量其所积累的经验。⑤企业所处行业不同，其生产率的整体可能存在差异，所以需要控制行业虚拟变量（$industry$）。⑥企业所在省份的不同也可能会导致整体生产率水平存在差异，所以用省份虚拟变量（$region$）来控制企业的地理位置。对于影响企业生产率的因素，可能具有其他一些不随时间而变化的因素（a），如企业的管理者以及管理体制等，这些因素由于不随时间而变化的性质，故很难得到控制，这也使大部分使用样本量较少的研究在实证检验时显得十分棘手，但是拥有面板数据，所以对它们的处理显得较为轻松。通过以上对控制变量的寻找，建立以下实证检验方程：

$$LPTFP_{it} = C + \beta_1 DRD_{it} + \beta_2 DTR_{it} + \beta_3 SCA_{it} + \beta_4 PRO_{it} + \beta_5 EX_{it} + \beta_6 AGE_{it} +$$
$$\delta industry + \zeta region + a_i + \varepsilon_{it} \tag{6.5}$$

其中 i 代表企业样本，t 代表样本所处的年份。运用筛选后的样本，对方程（6.5）分别使用混合横截面做 OLS 回归、面板数据做固定效应回归和随机效应回归，尽管在 2005～2007 年中，存在所属行业以及所处地理位置发生变化的企业样本,但是这些样本十分稀少,所以在固定效应分析时,放弃对行业以及省份虚拟变量的控制。检验结果如表6-3所示。根据表6-3的检验结果可以看出,混合横截面做 OLS 回归以及面板数据做固定效应和随机效应回归,都认为企业进行研发对生产率具有显著的正向影响,企业在职培训对生产率也具有显著的正向影响。固定效应与随机效应的差异较大,通过 Hausman 检验认为具有强烈的证据拒绝解释变量与不随时间而变化的无法观测因素之间不相关的虚拟假设,从而固定效应回归的结果更为可信。总之,三种估计方法都得出了一个一致性的结论,即企业进行研发与在职培训对企业的生产率具有显著的正向影响。

固定效应回归得出的估计结果中,可以看出企业是否进行研发对生产率的积极影响要超过是否进行在职培训对生产率所带来的积极影响。研发的风险要超过在职培训,但是其对生产率更为积极的作用是其重要性的一个方面。

表6-3 研发与在职培训对生产率的影响 (一)

变量	混合横截面 OLS	固定效应	随机效应
C	2.6965 *** (0.0281)	3.5251 *** (0.0172)	2.8225 *** (0.0362)
DRD	0.1116 *** (0.0032)	0.0430 *** (0.0040)	0.0892 *** (0.0032)
DTR	0.0305 *** (0.0021)	0.0279 *** (0.0025)	0.0344 *** (0.0020)
SCA	0.1359 *** (0.0007)	0.0570 *** (0.0019)	0.1209 *** (0.0009)
PRO	0.0663 *** (0.0002)	0.0346 *** (0.0002)	0.0515 *** (0.0002)
EX	0.0187 *** (0.0002)	0.0084 *** (0.0005)	0.0169 *** (0.0003)
AGE	-0.0005 *** (0.0001)	0.0024 *** (0.0001)	0.0008 *** (0.0001)

变量	混合横截面 OLS	固定效应	随机效应
industry	YES	NO	YES
region	YES	NO	YES
R^2	0. 3036	——	——
Prob > F	0. 0000	——	——
Prob > Hausman	——	0. 0000	0. 0000
N	662179	662179	662179

注：括号内是异方差—稳健标准误，＊＊＊代表在1%的显著性水平下拒绝系数等于0的虚拟假设，在面板数据做固定效应和随机效应分析时，R^2 和 F 统计量将失去意义，所以未报告。

总结表6-3的估计结果，可以得出企业进行研发，其生产率要显著高于未进行研发的企业，进行在职培训的企业生产率也要显著高于未进行在职培训的企业。

在检验企业研发支出规模以及在职培训支出规模对企业生产率的影响时，为了避免样本选择偏差问题，依然选用全体样本，研发支出规模（SRD）等于企业研发支出与1的和取自然对数，同样，在职培训支出规模（STR）等于在职培训支出加上1再取自然对数。在构造了核心解释变量后，再控制前文提到的其他可能影响企业生产率的因素，这样建立以下实证方程：

$$LPTFP_{it} = C + \beta_1 SRD_{it} + \beta_2 STR_{it} + \beta_3 SCA_{it} + \beta_4 PRO_{it} + \beta_5 EX_{it} + \beta_6 AGE_{it} +$$
$$\delta industry + \zeta region + a_i + \varepsilon_{it} \tag{6.6}$$

运用筛选后的样本对于方程（6.6）的检验结果如表6-4所示。从表6-4中可以看出，企业研发支出规模与生产率是正相关的，并且在1%的水平下显著，同样，企业在职培训支出规模与生产率也是呈显著的正相关。由此可以看出，企业通过扩大研发支出以及增加员工在职培训可以为其生产率的提高带来积极的意义。尽管运用 Hausman 检验认为随机效应成立的虚拟假设十分微弱，但是三种估计方法一致得出了研发支出规模和在职培训支出规模与生产率呈显著的正相关性。

表 6 - 4　研发与在职训对生产率的影响（二）

变量	混合横截面 OLS	固定效应	随机效应
C	2.7808 ***	3.5348 ***	2.8841 ***
	(0.0281)	(0.0172)	(0.0360)
SRD	0.0228 ***	0.0104 ***	0.0204 ***
	(0.0005)	(0.0007)	(0.0006)
STR	0.0371 ***	0.0174 ***	0.0302 ***
	(0.0006)	(0.0007)	(0.0006)
SCA	0.1214 ***	0.0545 ***	0.1104 ***
	(0.0007)	(0.0020)	(0.0009)
PRO	0.0651 ***	0.0344 ***	0.0510 ***
	(0.0002)	(0.0002)	(0.0002)
EX	0.0176 ***	0.0082 ***	0.0161 ***
	(0.0002)	(0.0005)	(0.0003)
AGE	- 0.0010 ***	0.0023 ***	0.0005 ***
	(0.0001)	(0.0001)	(0.0001)
industry	YES	NO	YES
region	YES	NO	YES
R^2	0.3096	—	—
Prob > F	0.0000	—	—
Prob > Hausman	—	0.0000	0.0000
N	662179	662179	662179

注：括号内是异方差—稳健标准误，＊＊＊代表在 1% 的显著性水平下拒绝系数等于 0 的虚拟假设，在面板数据做固定效应和随机效应分析时，R^2 和 F 统计量将失去意义，所以未报告。

面板数据固定效应回归得出的结果中，在职培训支出对生产率的影响要稍微高于研发支出对生产率的影响，这与表 6 - 3 得出的企业进行研发对生产率的贡献要高于进行在职培训对生产率的贡献并不矛盾，因为研发具有高风险的特点，进行研发的企业所占比例相对较低，这样就会存在更多具有从研发中获得优势的潜在非研发企业，从而检验得出研发决策对于企业生产率的贡献相对较大。但在企业进行研发以及为职工提供在职培训后，在职培训对生产率的积极影响可能会表现得更为迅速，从而检验得出在职培训规模的扩大所带来的生产率提高要高于研发支出增加所带来的生产率提高。

总之，企业研发支出规模以及在职培训支出规模与生产率呈显著的正相关性，从而通过增加研发投入或者提供更多的员工在职培训的机会能对企业生产率带来促进作用。

3. 内生性问题的简要说明

在运用多元线性回归做计量检验时，解释变量与无法观测的其他影响因素之间的相关性将会对估计结果一致性产生影响，这就是多元线性回归无法回避的内生性问题。由于员工在职培训与企业研发之间存在相关性，所以在检验方程中同时引入这两个变量，相对于只考察研发投资的生产性影响，至少在方程设定上就减轻了内生性问题。不过，更多地引入变量也有可能造成多重共线性问题。这些看似只是计量经济学中的小问题，但在具体的实证检验中却会造成大影响，甚至使估计结果不可信，这也是目前大量使用计量检验从事经济学学术研究而被人严厉批评的主要原因。

在计量经济学高级教程里，一般会提到使用 IV 或者 TSLS 等方法来解决内生性问题，但是需要找到合理的工具变量。不过，在很多研究中，寻找合理的工具变量难度并不亚于解决解释变量的内生性问题，本章也正是因为难以找到令人满意的工具变量而放弃了使用 IV 和 TSLS 估计方法。由于本章使用的数据库可以建立面板数据，这样在使用固定效应分析时，可以解决那些与解释变量可能相关但不随时间而变化的无法观测因素所造成的内生性问题。尽管面板数据的固定效应回归可以部分地解决内生性问题，但对那些随时间变化的无法观测因素与解释变量的相关性却无能为力，亦即内生性问题并未完全解决，前几章的检验同样如此。在这几章的实证检验中，均没有花过多篇幅去检验解释变量的内生性问题，也没有试图去彻底解决内生性问题，但得到的检验结果依然具有指导意义，因为即使估计的系数不满足一致性，但是通过所估计的结果及其显著性也能在较大程度上了解研发或在职培训对企业的生产性影响。

四、结论

在考察企业研发投资的生产性影响时，将与之相关的员工培训支出放在一起进行实证检验，可以得到更多有益的信息。通过分析中国制造业企业样本信息，发现企业进行在职培训要比从事研发活动普遍得多。通过估算企业研发以及在职培训的产出弹性，发现两者的产出弹性比较接近。通过检验研发与在职培训对企业生产率的影响，发现两者都有显著的正向影响。具体来看，在估计研发与员工在职培训的产出弹性时，当方程中包含了企业中间投入时，研发与在职培训的产出弹性将变得极小，甚至资本与劳动的产出弹性也会大大减小，由此可见中国制造业企业的工业附加值应该较低，即生产活动更多是以大量消耗中间品甚至自然资源来带动工业总产值增长。在研究中国出口企业"生产率悖论"时，很多学者提出附加值低的加工贸易广泛存在是导致悖论的主要原因。本章检验发现大量依靠中间投入品的生产模式可能会让中国企业缺乏竞争，哪怕是在考虑企业从事研发投资与员工在职培训的情况下也是如此。

在改革开放初始阶段，大量存在的加工贸易为解决劳动力就业以及夯实物质基础等目标发挥过巨大效力。当经济步入新常态，在贯彻新发展理念以带动经济高质量发展的新时代，中国企业要以培育核心竞争力为主线，努力通过研发与在职培训等手段提高产品附加值。总的来看，企业研发与在职培训的产出弹性相对较小，所以短期内企业可能不愿意通过研发与员工在职培训来带动产量增加。现实中也的确如此，即当企业发现产品销量增加且库存消耗较大时，扩大生产的主要措施一般诉诸增加雇佣劳动力或新建厂房与购买机器设备等，很少会通过研发或在职培训等措施以试图在短期内提高产量。不过，研发与在职培训对生产率具有显著的正向影响，生产率是企业获得竞争优势以及保持长期发展的重要因素，更是企业开拓国外市场的内在驱动力量。企业管理者要从长远角度为企业制定适当的研发与员工在职培训战略，以便充分发挥两者的积极作用。

在企业的生产经营谋划中，研发投资几乎完全取决于企业管理层的决策，员工在职培训很大程度上也取决于管理者的慷慨程度。尽管员工与企业签订劳动协议时可以要求在职培训内容与时间等相关条款，但作为供给方的企业依然是决定员工培训支出多寡的主要方。在企业的研发与在职培训活动中，员工的知识水平或者直观来说就是员工学历会对两者发挥何种功效产生影响，同时企业会根据盈利状况以及战略规划等因素来决定雇佣何种教育水平的劳动者，而劳动者也会依据自身的学历水平以及企业所提供的薪资水平决定是否接受雇佣，这种有关员工学历的双向选择是企业经营决策之一。下一章将重点研究员工学历如何决定企业的生产绩效，同时考察企业如何根据经营状况来支付员工的薪水，即回答员工学历与企业支付的薪资有何关系。

第七章　员工学历对企业经营与工资水平的影响[①]

教育是最大的民生，是带动经济与社会长远发展的内驱力。正因为如此，政府财政支出在向教育领域倾斜。在中国，教科文卫领域的财政支出逐渐加大，财政性教育经费支出是其中的最大一项支出，教育部公布了2019年全国教育经费总投入达到50175亿元[②]，足见数量之巨大。国家重视教育，个人和家庭更是如此，后者从事教育投资并致力于取得相应学历以赚取更多收入是其主要目的之一。尽管如此对待教育有些功利主义，但只要劳动者工资是按照生产率（边际生产率）来确定，那么高学历者获得更高工资只是源自他们具有更高生产率，从而高学历对应高工资是市场决定资源配置的自然结果。对于企业的生产与经营来说，管理者雇佣劳动者的学历高低本身不是其主要目标，因为追求长远发展的企业家不会单纯地根据个人喜好只去雇佣高学历或低学历员工而不顾及生产与经营的实际需要。正如前几章所描述的那样，企业的生产与经营要服务利润最大化这一目标，从而雇佣员工的学历高低以及所要支付的工资水平同样需要服务于盈利目标。那么，员工学历水平对于企业盈利状况究竟有何影响呢？受教育者能够如愿以偿地通过接受更多教育而获得更高工资吗？本章将通过理论与实证两个层面来回答这些问题。

---

① 本章主要内容发表于《北京社会科学》2012年第5期。

② 详细资料参见：http：//www. moe. gov. cn/jyb_ xwfb/gzdt_ gzdt/s5987/202006/t20200612_ 465293. html。

一、研究背景

在改革开放以后，我国教育不断改革与发展，为社会主义建设事业培养了一大批优秀的人才。在高等教育层面，高校基础设施以及办学条件在不断改善，例如在"985工程"以及"211工程"建设下，一批优秀的高校脱颖而出，成为培养高尖端人才的摇篮。在"加快一流大学和一流学科建设，实现高等教育内涵式发展"这一决策部署下，新时代中国高等教育必将发挥更为重要的作用，所培养的高等教育人才即高学历人才将是全面建成小康社会后建设社会主义现代化强国的主力军。

高等院校的招生规模在不断扩大，李克强总理在2020年《政府工作报告》中提到该年高校毕业生达到874万人。仅仅一年的高校毕业生就有如此大的数量，那么全国目前已经取得高等教育学历的人口存量必将极为巨大，这对就业提出了巨大挑战。高校招生规模迅速膨胀，除了人口增长、经济发展与教育进步等客观因素外，在国内逐渐蔓延的高学历"追逐症"也是一个影响因素（汤宏波，2006）。当前，在高校校园存在着"考研热"，机关干部中存在着"拿证热"，用人单位对高学历人员存在着"消费热"但又不愿意支付相对更高的工资。这些因素共同导致近年来频频出现有关"本科生扫地""研究生卖货"甚至"博士生打杂"等有关高学历的负面报道，高学历与职位及其工资水平之间的严重不匹配程度引起了社会各界的关注，如刘海洋等（2010）在研究高校人才引进及教师配置效率时所探讨的那样。

对于学历的相关研究，Spence（1973）开创的信号传递理论很有代表性，其认为雇佣者对于应聘者的能力认定在很大程度上取决于其所获得的学历，从而学历是其能力的一个显示信号，这样高学历的应聘者被雇佣者认定为具有高能力并伴随高生产率，所以能够获取高薪水待遇。仲济垠（1990）根据《中国劳动工资统计年鉴1989》对比分析认为学历对于造成工资差异具有影响。徐舒等（2011）在研究残差收入不平等时，发现高学历劳动者的潜在能力价格比低学历劳动者上涨得更快，从而学历差异是劳动收入不平等的原因之一。从学历持有者即劳动者角度所进行的分析基本上一致性地认为高学历能够为劳动者带来高收入，而从个体企业角度研究员工学历的生产性影响及其所对应的工资水平相对较少。王竹青（2002）运用调查问卷方式分析了个体企业对于高学历员工的需求特征，研究认为企业追求生存与发展是其雇佣高学历人才的主要动机，但是并没有提及高学历究竟能给企业带来何种影响。郑京海等（2002）在研究国有企业效率以及技术进步时发现职工学历对于生产率的增长具有显著作用，但是该文的重点在于运用数据包络法和 Malmquist 指数法研究企业的生产绩效，并没有过多地关注员工学历对于企业经营绩效的影响。汤二子（2012）利用企业数据研究了员工学历与性别对其工资水平的影响，识别了不同学历之间工资水平的差异。本章根据 Melitz（2003）异质性企业贸易模型的分析框架，从生产率角度研究员工学历对于企业盈利以及人均工资的影响，之后利用中国工业经济普查数据进行实证检验，以求准确解答所关注的各项议题。

二、数理模型

前面几章业已讨论了异质性企业贸易模型的基本结构，本章将以简略的笔墨概述分析框架，以便将理论研究重点聚焦到员工学历的影响上。从商品的需求角度开始，对于连续的商品束 Ψ，其中任意商品 $\omega \in \Psi$ 的消费数量为 $q(\omega)$，消费者的效用函数是 C.E.S. 型，即效用 $U = \left[\int_{\omega \in \Psi} q(\omega)^\rho d\omega \right]^{\frac{1}{\rho}}$，其中 ρ 是参数并且满足 $0 < \rho < 1$，从而任意两种商品的替代弹性 σ 是固定不变的且 $\sigma = \frac{1}{1-\rho} > 1$。假设商品 ω 的价格为 $p(\omega)$，运用替代弹性 σ 构造价格指数 $P = \left[\int_{\omega \in \Psi} p(\omega)^{1-\sigma} d\omega \right]^{\frac{1}{1-\sigma}}$ 与数量指数 $Q \equiv U = \left[\int_{\omega \in \Psi} q(\omega)^\rho d\omega \right]^{\frac{1}{\rho}}$，商品 ω 的需求数量 $q(\omega)$ 为：

$$q(\omega) = Q \left[\frac{p(\omega)}{P} \right]^{-\sigma} \tag{7.1}$$

商品消费的总支出 $R = PQ = \int_{\omega \in \Psi} r(\omega) d\omega$，其中 $r(\omega)$ 是关于商品 ω 的消

费支出，并且有：

$$r(\omega) = R\left[\frac{p(\omega)}{P}\right]^{1-\sigma} \tag{7.2}$$

现在，考虑企业生产方面的决策，假设企业仅使用一种要素投入即劳动，企业在投入生产以后，为了提高产量将不得不增加要素投入，不过生产率高的企业获得同样的产量所需要的劳动相对较少，所以企业投入生产以后，劳动投入量与产量以及企业自身生产率状况相关，不妨认为 $l = \dfrac{q}{\varphi}$，其中 l 是企业雇佣的劳动力，q 和 φ 分别是企业产量与生产率。假设企业支付的工资①为 w，从而企业生产的总成本 $C = wl + f = w\dfrac{q}{\varphi} + f$，其中 f 是投入生产所需支付的固定成本。

本章区别于经典模型的主要之处就在对企业生产率 φ 的相关假设上，经典模型假设企业生产率是外生给定的，此处认为企业生产率 φ 决定于企业员工的平均能力 e 以及其他可能因素 X，即 $\varphi = \varphi\,(e, X)$，而员工平均能力对于决定企业整体生产率水平具有积极意义，从而 $\dfrac{\partial \varphi}{\partial e} > 0$。鉴于员工平均能力的无法衡量性，员工的平均学历通常被认为是反映平均能力的重要信号，为了论述的简便，不妨认为员工的平均能力 e 唯一决定于平均学历 κ，即 $e = e\,(\kappa)$ 并且 $\dfrac{\mathrm{d}e}{\mathrm{d}\kappa} > 0$，根据以上论述，企业生产率 φ 与员工平均学历 κ 的关系可写为 $\varphi = \varphi\left[e\,(\kappa), X\right]$，并且有以下不等式成立：

$$\frac{\partial \varphi}{\partial \kappa} = \frac{\partial \varphi}{\partial e}\frac{\mathrm{d}e}{\mathrm{d}\kappa} > 0 \tag{7.3}$$

假设企业处于垄断竞争的商品市场，从而企业具有能力制定商品价格，由企业总成本函数可以得出其边际成本 $MC = \dfrac{\mathrm{d}C}{\mathrm{d}q} = \dfrac{w}{\varphi}$，由于市场上任意两种商品的替代弹性是固定不变的 σ，从而与计价物（Numeraire）之间的替代弹性 σ 可以看成该商品的价格弹性，根据边际成本加成定价法则，企业制定的价格为：

---

① 为了简便起见，这里隐含假设了企业支付给每个劳动力的工资水平是相同的。

$$p = MC \cdot \frac{1}{1 - \frac{1}{\sigma}} = \frac{w}{\varphi} \cdot \frac{\sigma}{\sigma - 1} = \frac{w}{\rho\varphi} \tag{7.4}$$

在市场实现均衡时，企业的产出量等于市场对其产品的消费量，从而将式（7.4）代入式（7.1）可以得出企业产量为：

$$q = Q\left(\frac{P\rho\varphi}{w}\right)^{\sigma} \tag{7.5}$$

将式（7.4）代入式（7.2）可以得出企业销售收入为：

$$r = R\left(\frac{P\rho\varphi}{w}\right)^{\sigma - 1} \tag{7.6}$$

利用式（7.4）以及 $1 - \rho = 1/\sigma$ 可以得到企业所获得的利润 π 与销售收入 r 之间具有如下关系：

$$\pi = r - C = r - w\frac{q}{\varphi} - f = r\left(1 - \frac{w}{p\varphi}\right) - f = r(1 - \rho) - f = \frac{r}{\sigma} - f \tag{7.7}$$

这里有必要强调一下企业利润组成的两个部分，前一部分是企业通过生产并且销售所获得的利润，由于其完全决定于产品销售所带来的收入，从而可以称为可变利润，但是不容乐观的是企业投入生产的固定成本伴随左右，这不随产量而变化的固定成本时刻侵蚀着产品市场销售所带来的利润，从而投入生产的固定成本限制了很多潜在进入者进入市场以及逼迫销售收入所带来的可变利润无法弥补此成本的企业退出市场。将式（7.6）代入式（7.7）式可以得到：

$$\pi = \frac{R}{\sigma}\left(\frac{P\rho\varphi}{w}\right)^{\sigma - 1} - f \tag{7.8}$$

根据式（7.5）、式（7.6）和式（7.8）以及 $\sigma > 1$，可以得出以下不等式组成立：

$$\frac{\partial q}{\partial \varphi} > 0, \quad \frac{\partial r}{\partial \varphi} > 0, \quad \frac{\partial \pi}{\partial \varphi} > 0 \tag{7.9}$$

由于 $\varphi = \varphi\left[e(\kappa), X\right]$ 以及式（7.3）可以得出以下不等式组：

$$\frac{\partial q}{\partial \kappa} = \frac{\partial q}{\partial \varphi}\frac{\partial \varphi}{\partial \kappa} > 0, \quad \frac{\partial r}{\partial \kappa} = \frac{\partial r}{\partial \varphi}\frac{\partial \varphi}{\partial \kappa} > 0, \quad \frac{\partial \pi}{\partial \kappa} = \frac{\partial \pi}{\partial \varphi}\frac{\partial \varphi}{\partial \kappa} > 0 \tag{7.10}$$

根据式（7.10）可以总结得出以下命题：

命题 1：企业员工平均学历的提升可能会带来企业产品销售量、销售收入以及利润总额的增加，从而员工学历对于企业经营绩效可能会产生积极影响。

前面章节讨论研发的盈利功能时，强调了出口的传导与扩大效应，此处不妨也研究一下企业出口决策与员工学历及其生产性影响之间的联系。假设出口市场的商品需求特征与国内市场相同，并且不考虑商品出口的单位运输成本，从而对于出口企业，其在出口市场所获得的利润 π_x 与其在出口市场所获得的销售收入 r_x 同样满足式（7.7），即：

$$\pi_x = \frac{r_x}{\sigma} - f_x \tag{7.11}$$

其中 f_x 是企业进入出口市场所需要支付的固定成本。假设企业出口决策完全服务于利润最大化战略，从而企业只有在出口市场获得正的利润时才会选择出口，否则不出口，所以对于任意的企业，π_x 可以写成如下形式：

$$\pi_x = \max\left\{0, \ \frac{r_x}{\sigma} - f_x\right\} \geq 0 \tag{7.12}$$

根据以上论述，假设 $\widetilde{\varphi} = \inf\{\varphi: \pi_x > 0\}$，所以 $\widetilde{\varphi}$ 是企业是否选择出口的生产率门阀值，如果企业生产率高于该门阀值，企业就会选择出口[①]，反之企业将选择不出口。由于 $\varphi = \varphi[e(\kappa), X]$，从而企业是否选择出口的概率为 $\Pr\{\varphi[e(\kappa), X] > \widetilde{\varphi}\}$，根据式（7.3）以及连续性得出：

$$\frac{\partial \Pr\{\varphi[e(\kappa), X] > \widetilde{\varphi}\}}{\partial \kappa} > 0 \tag{7.13}$$

根据式（7.13）可以看出员工学历的提升能够带来企业出口概率的提高，再根据式（7.12）看出只要企业选择进入出口市场，那么其利润必将增加。由此可以总结得出如下命题：

命题2：鉴于员工学历的提升可能带来企业生产率的提高，从而带来企业选择出口概率的提高，这样会带动企业利润的增长，所以员工学历通过企业选择出口而对经营绩效特别是企业利润会产生更大的影响。

根据以上论述发现员工学历对于增强企业经营绩效可能具有积极作用，那么学历对于劳动者本人来说有何影响呢？从企业经营方面直接考虑学历对于劳动者人均工资的影响是研究该问题的新角度，上文提出的企业经营绩效方面的数理模

---

① 这里隐含假设不考虑企业其他方面的异质性，从而企业利润与生产率呈现严格的单调关系。

型可以十分简单地用于分析该问题。由于假设企业处于垄断竞争市场，那么随着市场中新企业进入以及旧企业退出，最终导致企业在考虑一切机会成本后的利润趋向于0，那么根据式（7.8）① 可以得出：

$$\frac{R}{\sigma}\left(\frac{P\rho\varphi}{w}\right)^{\sigma-1} - f = 0 \tag{7.14}$$

根据式（7.14）② 可以得出人均工资 w 为：

$$w = (P\rho\varphi)\left(\frac{R}{\sigma f}\right)^{\frac{1}{\sigma-1}} = PG\rho\varphi \tag{7.15}$$

其中 $G = \left(\frac{R}{\sigma f}\right)^{\frac{1}{\sigma-1}}$，根据式（7.15）可以看出人均工资与企业生产率成比例关系，这正好符合经典微观企业理论的预期，再根据式（7.3）可以得出：

$$\frac{\partial w}{\partial \kappa} = \frac{\partial w}{\partial \varphi}\frac{\partial \varphi}{\partial \kappa} > 0 \tag{7.16}$$

根据式（7.16）可以得出如下命题：

命题3： 从企业经营这一崭新角度研究发现员工学历对于企业支付的人均工资应该具有促进作用，从而学历对于劳动者来说应该会带来工资增长收益。

三、数据描述

利用企业经营数据对员工学历进行实证检验的文献相对较少，已有经验研究一般依据劳动者的调查报告，而这类调查报告会存在很多主观因素使之检验结果存在偏差。由于企业在报告经营绩效时一般不存在刻意改变员工学历之嫌，所以利用企业经营数据来研究劳动者学历的影响会更为客观。前面章节已经介绍到《中国工业企业数据库》绝大多数年份里没有关于员工学历的信息，不过2004年数据来自中国经济普查，该年提供了员工学历分布信息。这是一个非常宝贵的数

---

① 为了论述的简便起见，这里没有考虑企业能否进入出口市场。
② 该式可能永远无法成立，即企业可能永远也不会刚好盈亏相抵，但是该式给出了企业利润的一种趋势，而正是这种趋势体现了企业各方面因素的相互影响，其中就包括企业员工学历水平，所以根据此式可以了解员工学历对于人均工资的影响趋势。

据资源，利用这一数据可以进行本章的实证检验。

对于样本筛选，第四章至第六章对 2005～2007 年数据所进行的筛选程序较为一致。尽管本章利用的是 2004 年的数据，但是样本筛选程序几乎与之前章节相似。相对于第四章的样本筛选，本章没有根据出口交货值与销售值的比率进行筛选。该数据库起初在 2004 年并无出口交货值信息，笔者通过海关方面的数据补充了该年份企业的出口交货值，这是下一章将要使用的重要信息。另外，由于需要利用工资信息，在删除异常样本程序时，按照工业总产值不超过 500 万元、资产总额不超过 50 万元、固定资产不超过 10 万元、支付工资总额不超过 10 万元的样本予以删除的标准进行。

数据库中对于每个企业分别按照男女性别统计初中员工数、高中员工数、大专员工数、本科员工数以及研究生员工数。本章聚焦于学历而暂时不考虑性别差异，所以将男女合并，使员工学历共计分为五个类别，即初中、高中、大专、本科与研究生。根据样本筛选后的数据信息发现各个行业中初中学历与高中学历员工占有绝大多数，高等教育学历员工所占比例相对较少，很多行业研究生学历所占比例仅在 1‰左右。当然，这只是 2004 年的信息，经过这么多年的高等教育人才培养，现在社会上拥有高学历人才的人数大大超过了 2004 年，所以可以预期当前行业中的高学历员工占比应该会更高。

由于仅仅知道每个企业所雇佣的五种学历员工人数很难从整体上体现一个企业的员工学历水平，因此做如下技术性处理：首先，为了衡量企业员工的平均学历，必须采取量化手段，定义员工教育得分变量（S_EDU），利用这个教育得分来衡量企业的平均学历。其次，对于五种学历分别进行赋分，但不能将五种学历按照基数增长来赋分，因为知识积累所产生的作用会呈指数增长，特别是取得学历的年份会让教育收益跳跃，即羊皮效应显著。因此，初中学历赋分为 e^{-2}（即 0.135）、高中学历赋分为 e^{-1}（即 0.368）、大专学历赋分为 e^{0}（即 1）、本科学历赋分为 e^{1}（即 2.718）以及研究生学历赋分为 e^{2}（即 7.389）。最后，对每种学历赋分以后，在计算企业的教育得分时，如果直接将每种学历的员工数乘以对应学历得分并加总的话，那么规模大的企业理所当然得到了更高分数，但无法反映该企业的员工平均学历。由于可以计算每个企业的五种学历各自所占比例，可以用这个比例乘以相应的学历分值并加总而得到每个企业的教育得分，这个分数就能更加准确地反映企业员工的平均学历。根据计算的结果，大致发现不同行业之间的平均教育得分存在着差异，但差异不是太大，所以中国制造业行业对员工学历的要求大体上应该比较接近。

四、实证检验

很明显，通过企业支付的工资总额除以员工总数就能衡量人均工资（HW），那么企业生产绩效如何衡量呢？利润总额就是一种，前文的理论模型也是研究员工学历对其利润的影响，所以用企业利润作为绩效的衡量指标看似理所当然。由于本章的实证检验仅仅使用单个年份的横截面数据，所以设计计量检验方程时需要尽量避免内生性问题。运用利润总额作为企业绩效的衡量指标会存在较为严重的内生性问题，因为一个企业在快速扩张时期，其所获得的利润会迅速增加，并且也会雇佣一些高学历人才，这样高学历与高利润并存局面很可能只是企业处于扩张时期的一种表现而已。为了尽可能避免内生性问题而又和理论模型相一致，可以用利润率作为企业绩效的衡量指标，利润率与企业是否处于扩张期的相关性至少没有利润总额那么大。利润率分为两种：第一种是销售利润率，即企业利润与销售总额的比例，主要衡量企业在市场上的获利情况；第二种是投资利润率，即企业利润与企业固定资产的比例，主要衡量企业固定资产的收益。方军雄（2009）通过研究认为这两种利润率是不一致的，因为这两种利润率对于研究问题所得出的结论存在差异。本章不想过多关注这两种利润率所可能存在的差异，仅仅使用投资利润率，即运用利润总额除以固定资产总额计算每个企业样本的利润率（PR）。至此，已经拥有了教育得分变量 S_EDU、利润率变量 PR 以及人均工资变量 HW，图 7-1 与图 7-2 所给出的各个变量行业均值的散点图较为直观。

图 7-1 与图 7-2 明显地表明教育得分与利润率以及人均工资存在一种正相关趋势，这从行业角度大致就能看出学历对于利润率以及人均工资可能具有的推动作用。为了检验个体企业的员工学历与利润率以及人均工资是否存在正相关性，需要控制其他变量。根据数据库中变量特点以及前面章节的部分做法，此处

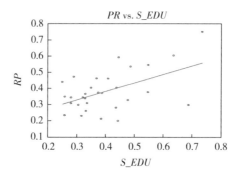

图7-1 教育得分与利润率

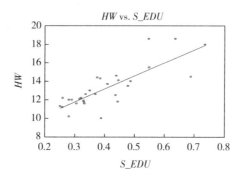

图7-2 教育得分与人均工资

控制以下变量：①工业产出规模（SP）。工业产出增长缓慢可以反映企业是否处于扩张时期，企业扩张与否对于得到平均学历偏效应的一致估计值具有影响，利用工业总产值的对数值衡量工业产出规模。②企业存货规模（SI）。企业存货对于企业所获得的利润可能具有影响，由于企业存货可能是 0，所以将存货与 1 相加再取自然对数来衡量存货规模。③企业负债规模（SD）。企业债务量的增加可能会对企业各方面经营管理带来困难，由于债务量同样存在等于 0 的样本，所以对数化方法等同于存货规模。④管理支出规模（SM）。管理支出方面的增加可能会显示企业目前经营的积极性，这可能对企业利润获得以及支出的工资具有影响，存在管理支出等于 0 的样本而使用存货规模同样的方法进行对数化。⑤职工教育培训规模（ST）。职工在职培训对于企业发展来说可能具有重要意义，而乐意为职工提供更高培训的企业可能更倾向于雇佣高学历人才，职工培训支出在一些企业样本的统计中等于0，仍然运用与存货规模相同的方法进行对数化。⑥补贴规模（SS），企业所获得的补贴对于企业利润获得与支付工资可能会具有积极意义，而且也可能影响到企业雇佣员工的学历层次，对数化的方式同存货规模。⑦企业所得税规模（STA），税收相对于补贴一样会对企业产生影响，运用与存货规模相同的对数化方法计算所得税规模。⑧广告支出规模（SA）。广告支出对于企业增加市场销售份额会带来积极影响，这对于企业获得的利润具有较为积极的意义，对数化方法同存货规模。⑨企业年龄（AGE）。企业发展具有生命周期性，从而处于不同年龄的企业所获得的利润、所支付的工资以及对员工学历要求都可能存在差异。⑩出口虚拟变量（DEX）。前文的论述中涉及员工学历可能会通过企业出口而发挥更大的作用，为了检验这种效应是否存在，需要定义出口的虚拟变量，即当出口交货值大于0时，DEX等于1，否则等于0。⑪其他控制变量如企业所处的行业、所在的省份等，不同行业以及不同地区的企业利润、工资以及员工学历都会存在差异，设定行业与省份的虚拟变量进行控制。确定控制变量以后，运用筛选后的样本进行检验所得到的结果如表7-1所示。

表7-1 实证检验结果

变量	利润率（PR）		人均工资（HW）	
常数项（C）	-1.0203*** (0.1266)	-1.0339*** (0.1138)	-3.4869*** (0.2561)	-1.4111*** (0.2478)
教育得分（S_EDU）	0.5420*** (0.0493)	0.5500*** (0.0433)	9.9159*** (0.1731)	8.6922*** (0.1633)
交互项（S_EDU·DEX）		-0.0408 (0.0720)		6.2077*** (0.2329)
产出规模（SP）	0.3149*** (0.0163)	0.3158*** (0.0158)	0.4425*** (0.0318)	0.3093*** (0.0311)
存货规模（SI）	-0.0514*** (0.0077)	-0.0512*** (0.0077)	-0.0318** (0.0138)	-0.0639*** (0.0138)
债务规模（SD）	-0.1578*** (0.0076)	-0.1580*** (0.0075)	-0.1694*** (0.0187)	-0.1384*** (0.0186)

续表

变量	利润率（PR）		人均工资（HW）	
管理规模（SM）	− 0.0549 ***	− 0.0538 ***	1.4423 ***	1.2724 ***
	（0.0113）	（0.0109）	（0.0242）	（0.0245）
培训规模（ST）	− 0.0324 ***	− 0.0326 ***	0.0453 ***	0.0799 ***
	（0.0055）	（0.0053）	（0.0171）	（0.0169）
补贴规模（SS）	0.0339 ***	0.0340 ***	− 0.0598 ***	− 0.0712 ***
	（0.0035）	（0.0035）	（0.0122）	（0.0121）
税收规模（STA）	0.0913 ***	0.0912 ***	0.1615 ***	0.1767 ***
	（0.0028）	（0.0028）	（0.0092）	（0.0091）
广告规模（SA）	− 0.0347 ***	− 0.0345 ***	0.0246	− 0.0003
	（0.0050）	（0.0052）	（0.0191）	（0.0189）
企业年龄（AGE）	− 0.0022 ***	− 0.0022 ***	− 0.0328 ***	− 0.0270 ***
	（0.0004）	（0.0004）	（0.0027）	（0.0027）
industry	YES	YES	YES	YES
province	YES	YES	YES	YES
R^2	0.2960	0.2961	0.1725	0.1882
Prob > F	0.0000	0.0000	0.0000	0.0000
N	230954	230954	230954	230954

注：***、**分别代表1%与5%显著性水平下拒绝系数等于0的虚拟假设，括号内是异方差—稳健标准误。

表7-1的估计结果可以看出以下几点：①根据第一次估计看出企业员工教育得分与利润率呈显著的正相关性，并且在很低的显著性水平上拒绝虚拟原假设，反映出员工学历可能会对企业利润率产生积极的促进作用，从而员工学历对于企业经营绩效可能具有正向影响。②为了验证员工学历是否会由于企业出口而对利润率具有更强的影响，在第二次检验中引入了员工教育得分与出口虚拟变量的交互项，不过结果显示该交互项的系数估计值是负值且不显著，从而出口企业与非出口企业的员工学历对于利润率的影响不存在显著的差异。不符合理论预期的原因可能正是利用了利润率而非利润总额作为企业经营绩效的衡量，前文模型推导更倾向于认为员工学历通过企业选择出口而对利润具有更强劲的促进作用，

由此可以看出我国企业选择出口，即使员工学历带来了更高利润，但是其利润率可能并未有更为显著的提高。③第三步进行了员工平均学历与企业人均工资的相关性检验，估计结果表明员工学历与工资呈现显著的正相关性，并且学历对于人均工资的偏效应在经济上也十分明显，从而学历对于员工所获得的工资应该具有显著正向影响。④最后一步是为了检验员工学历对于人均工资的影响在出口企业与非出口企业之间是否存在差异，估计结果表明出口企业的员工学历对于人均工资的影响要高于非出口企业，并且这种差异在经济上十分明显，在统计上也十分显著，所以出口带动了企业学历对于人均工资的更强劲作用。

总之，员工学历与企业利润率呈显著的正相关性，从而学历对于用利润率衡量的企业绩效应该具有正向影响，但是这种影响在出口企业与非出口企业之间的差异不显著。学历与人均工资呈显著的正相关性，可以认为学历对于员工所获得的工资具有正向影响，并且出口企业的这种影响大大超过非出口企业。

五、结论

随着高等教育规模的不断扩大，越来越多的高学历人才涌入社会，这对于促进经济与社会发展来说是很重要的，而与之相伴的高学历失业以及得不到理想薪资等问题也占据着某些新闻报道的版面。对于发展中国家来说，高学历人员的失业被认为是一种"贫穷的奢侈"。高等教育由精英教育走向大众教育，学历究竟还能不能对人的薪酬水平产生正向影响呢？在企业的生产经营领域，支付给拥有学历的员工的薪资水平取决于生产与盈利状况，因而本章将员工学历与企业经营状况以及工资支付水平联合在一起分析。

依托异质性企业贸易模型，从生产率角度提出了研究员工学历影响企业经营绩效以及企业支付人均工资的理论模型。从识别影响机制的层面看，员工学历应该会带来企业生产率的提高，从而帮助企业改善经营绩效如提高盈利水平，企业管理者也就愿意为高学历员工支付更高的工资。利用企业经营数据来检验员工学历的影响，在较大程度上规避了劳动者的主观因素所产生的统计偏差，比如问卷调查的高学历填写者可能人为地抬高自己的薪酬水平等。对于如何衡量企业员工的平均学历水平，本章创造性地提出了以指数增长形式来赋值的员工学历得分并按照加权求和的方法计算平均学历，这对于评估存在大量员工的企业所雇佣的劳动者的平均学历水平具有参考价值。实证检验发现员工学历与企业利润率呈显著的正相关性，与人均工资也呈显著的正相关性，并且后者的正相关关系在出口企业样本中表现得更加强烈。

在企业经营决策中，是否雇佣高学历劳动者取决于学历能否改善盈利状况，企业管理者对于高学历人才的薪资支付水平同样取决于员工学历所起到的生产性影响。实证检验发现企业雇用的员工学历水平在整体上越高，那么企业的经营业绩也就越好，员工所获得的工资水平也会更具优势。此外，企业选择出口可能会扩大高学历人员相对低学历人员的薪酬水平。学历高低对应着工资水平差异，可能只是运行良好的市场配置资源时所形成的自然结果。然而，其他因素所形成的工资差异可能就不那么令人信服了，比如仅仅因为性别就让员工所获工资不同的性别歧视问题就值得深思。企业出口决策会扩大高学历与低学历员工之间的工资差别，那么出口贸易对于员工工资性别差异是具有扩大还是缓和的影响呢？下一章就会解开这个谜团。

第八章 企业出口对工资性别差距的影响[①]

浏览中国乃至世界历史，女性群体特别是中国古代女性同胞所受到的歧视可谓严重至极。在很长一段时间内，古代女性几乎完全丧失作为国家公民所应具有的政治权利，甚至连基本的受教育权都不存在。中华人民共和国成立以后，党和政府都极为重视女性群体的合法权益，努力实现男女完全平等。在现实中，仅仅因为性别差异就受到不同对待的现象仍比比皆是，例如家庭中的重男轻女、企事业单位招聘员工时潜在的只招男性不招女性、确定薪资水平时偏向男性等现象。前一章研究发现企业出口贸易会加剧不同学历员工之间的工资差异。员工因为学历不同而得到差异化工资，很多时候可以让人信服，毕竟高学历者在教育上所进行的投资以及为了学习所付出的努力都是巨大的，所以得到更高的工资回报是比较恰当的。然而，如果员工的工资水平仅仅因为性别因素就存在差异，比如拥有同一学历并具有相似工作经验的男女群体所得到的工资不同，那么就会让人怀疑工资性别歧视有可能存在。本章就以企业经营数据为实证研究对象，检验性别工资差异是否存在，特别是要识别企业出口经营决策如何影响性别工资差距。

一、研究背景

性别歧视一直以来受到了经济学家乃至社会学家的关注，并且也是政治家所面对的棘手问题。性别歧视在世界各国均可能存在，而在古代中国可能更为严

---

① 本章主要内容发表于《云南财经大学学报》2013 年第 1 期。

重。我国历史上所形成的重男轻女思想一直延续至今，从子女出生之日起，很多父母对男孩与女孩所投入的关注就会存在差异，当一个家庭同时存在男孩与女孩时尤甚。由于女孩从小所受的家庭关注以及社会关注就要少于男孩，从而女性走上工作岗位时所拥有的学历以及所获得的技能可能就不及男性，导致企业对不同性别劳动者给予区别对待。性别歧视不仅对女性的心灵带来创伤，也会对社会的发展带来恶果，比如出现的"失踪女孩"现象就对人口发展具有影响（李树茁等，2006），杜绝性别歧视以维护社会公平是很重要的（董志勇，2006）。

对于性别歧视的验证，社会学家愿意从男女社会现状角度进行研究，如陈婷等（2009）认为养老保险筹资模式从现收现付到基金制存在"性别中立"到"性别歧视"的变化。经济学家更倾向于从人力资源角度进行思考，即从男女劳动者寻求工作的难易以及待遇的高低来洞察性别歧视的可能性。颜士梅（2008）认为企业在雇佣与升迁方面存在性别歧视，而在薪酬方面存在的歧视较小。李春玲等（2008）根据三次跨时期全国抽样调查所获得的数据进行验证，发现性别收入差距在稳定地扩大，同时改革最初十年里是市场机制带来性别收入差距在扩大，而最近十年是性别歧视因素带来性别收入差距扩大。宁光杰（2011）运用2006年中国健康与营养调查（CHNS）数据，对劳动者工资在性别上所存在的差异进行了测度，在控制个人特征与单位特征后，男性的小时收入比女性高23.8%，从而性别工资歧视很可能存在。

自从实行改革开放以来，特别在正式加入WTO以后，中国企业更加重视参与国际市场，越来越多地关注出口。既然现实中可能还存在工资性别歧视，那么企业出口是加剧还是缓和工资性别歧视呢？何茵（2007）运用DID方法对中国城镇居民家庭微观数据进行研究，发现贸易使低教育人群性别工资差距显著扩大而高教育人群的工资差距缩小。刘斌等（2012）运用中国家庭住户收入项目调查数据（CHIP）中2002年数据进行实证分析，发现贸易开放总体上拉大了性别工资差距，并且贸易开放缩小了高技能劳动力的工资差距而拉大了低技能劳动者的工资差距。在使用劳动者调查数据研究工资性别歧视时，劳动者在报告收入时可能存在主观性，同时调查者在收集数据时可能具有偏向性，如过多地收集低收入女性群体的数据，这会导致检验结果存在偏误。本章利用上一章的企业经营数据来实证检验出口如何影响工资性别歧视，这样就会得到相对更为客观的经验证据。

二、数据与初步统计

本章所使用的数据是 2004 年中国工业经济普查数据，即来自 2004 年全国经济普查数据的《中国工业企业数据库》（方明月等，2010）。上一章已经对 2004 年数据进行了介绍，本章不再赘述。该年按照男女性别分别统计了拥有初中、高中、大专、本科与研究生学历的劳动者人数，这提供了两个信息：一是企业员工的男女性别分布，二是企业员工的学历分布。前一章研究了学历分布有何生产性影响以及工资决定机制，本章将利用员工性别分布来进行实证检验以求识别工资性别差异以及出口贸易的影响。正如上一章所述，从海关方面获取的企业出口交货值弥补了原始数据在这方面的信息残缺。

在前面章节的实证检验中，均全部使用了 30 个制造业行业，第二章详细介绍了这些行业的二分位代码。张杰等（2009）认为剔除垄断性以及资源依赖性行业会更有益于实证检验，特别是这些行业中企业势力差别过大使之所支付工资的离散程度太大，对实证检验造成影响，所以本章将删除这些行业。同时，本章也删除样本容量过少的几个行业。共计删除了 18 个行业，所选用 12 个行业及其二分位代码如表 8 - 1 所示，所删除的行业可以对照第二章表 2 - 2 以查阅。

表 8 - 1　选用的行业及其代码

代码	行业名称	代码	行业名称
13	农副食品加工业	34	金属制品业
14	食品加工业	35	通用设备制造业
15	饮料制造业	36	专用设备制造业
17	纺织业	37	交通运输设备制造业
18	纺织服装、鞋、帽制造业	39	电气机械及器材制造业
27	医药制造业	41	仪器仪表及文化、办公用机械制造业

资料来源：《中国工业企业数据库》关于行业的分类。

对于样本筛选程序，本章所秉持的基本思想与前面章节类似。由于本章的实证检验只剩下了 12 个行业，同时需要考虑员工的性别状况，所以样本筛选与前面的章节略有不同。此处，不妨将全部的步骤写出来：①删除非正常营业的样本；②删除就业人数小于 8 人的样本；③删除工业销售产值低于 100 万元的样本；④删除应付工资总额低于 10 万元的样本；⑤删除按照男女性别所统计的五种学历员工数小于 0 的样本。

对于筛选后的样本，按照五种学历分别计算劳动者总数并除以员工总数得到各学历劳动者所占的比率。由于统计口径差异，数据库中所统计的员工总数与各学历劳动者人数加总未必相等，特别是初中学历以下的员工根本没有统计。因此，在计算比率时，利用各种学历劳动者人数之和作为分母，选用行业中企业五种学历人数比率的均值如表 8－2 所示。

表 8－2　企业五种学历劳动者占比的行业均值

行业	研究生	本科	大专	高中	初中	行业	研究生	本科	大专	高中	初中
13	0.0027	0.0309	0.0905	0.3413	0.5347	34	0.0018	0.0268	0.0748	0.3066	0.5900
14	0.0039	0.0404	0.1015	0.3521	0.5020	35	0.0028	0.0400	0.0878	0.3301	0.5393
15	0.0027	0.0390	0.1085	0.3838	0.4660	36	0.0070	0.0684	0.1232	0.3746	0.4268
17	0.0005	0.0101	0.0382	0.2621	0.6891	37	0.0030	0.0431	0.1005	0.3676	0.4858
18	0.0007	0.0113	0.0399	0.2486	0.6995	39	0.0043	0.0447	0.0995	0.3435	0.5080
27	0.0109	0.0929	0.1658	0.4103	0.3202	41	0.0143	0.1185	0.1560	0.3481	0.3632

注：计算各行业的比率平均值时保留到小数点后四位。

根据表 8－2，低学历（初中、高中）员工占很大比率，学历越高占比越低，具有研究生学历的员工所占比率最低，前一章大致探讨了造成制造业行业学历如此分布的原因。此外，研究生教育的特点使企业难以雇佣研究生学历员工，我国研究生教育之初立足于学术型研究生的培养，使研究生的就业去向集中于高校与研究机构。随着专业学位研究生与学术型研究生培养模式的区分，越来越多的专注于技能培养的研究生可能更受制造业企业的青睐。

为了研究性别歧视，了解各行业劳动者性别分布亦有价值。计算企业女性劳动者所占比率，再计算行业均值，结果如表 8－3 所示。在表 8－3 中可以看出各行业中女性员工所占比率较低，仅在30%左右，其中行业 36（专用设备制造业）

中女性员工所占比率还不到 20%。汤二子（2018）根据宏观数据发现当代女性在研发创新领域的参与程度大大低于男性群体，这可能会使未来女性很难与男性在这方面竞争。

表 8 - 3　企业女性劳动者比率的行业均值

行业	比率	行业	比率	行业	比率	行业	比率
13	0.2480	17	0.3894	34	0.2301	37	0.2273
14	0.3184	18	0.4176	35	0.2044	39	0.2881
15	0.2849	27	0.3060	36	0.1968	41	0.2933

注：计算各行业的比率平均值时保留到小数点后四位。

针对某一学历，计算行业的员工总数与相应的女性员工数，再以女性员工数除以行业总数得出该行业拥有这一学历的女性劳动者所占比率，计算结果如表 8 - 4 所示。

表 8 - 4　行业的五种学历员工中女性劳动者所占比率

行业	研究生	本科	大专	高中	初中	行业	研究生	本科	大专	高中	初中
13	0.1518	0.2116	0.2528	0.2918	0.3311	34	0.1316	0.1923	0.2415	0.2459	0.2701
14	0.2201	0.2739	0.2966	0.3370	0.3764	35	0.1176	0.1916	0.2364	0.2290	0.2371
15	0.1712	0.2305	0.2572	0.2878	0.3067	36	0.1343	0.2005	0.2397	0.2269	0.2426
17	0.2048	0.2765	0.3211	0.3809	0.4236	37	0.1280	0.2065	0.2525	0.2330	0.2440
18	0.2369	0.3072	0.3463	0.4057	0.4382	39	0.1459	0.2230	0.2698	0.3148	0.3596
27	0.1984	0.2802	0.3047	0.3350	0.3425	41	0.1527	0.2321	0.2845	0.3506	0.3829

注：计算各行业的比率平均值时保留到小数点后四位。

根据表 8 - 4 看出五种学历中男性劳动者都要多于女性，并且学历越高，女性劳动者所占比率越低，这本身就反映出女性就业者不具有学历优势。

企业应付工资总额可近似看成企业当年直接支付给劳动者的工资，利用应付工资总额除以企业员工总数得到人均工资变量，计算结果如表 8 - 5 所示。

表 8 – 5 企业人均工资的行业均值

行业	人均工资	行业	人均工资	行业	人均工资	行业	人均工资
13	8.31	17	7.02	34	10.20	37	11.58
14	9.14	18	7.29	35	11.06	39	10.41
15	8.86	27	10.42	36	12.47	41	13.25

注：单位为千元／（人＊年），计算均值时保留到小数点后两位。

根据表 8 – 5 看出不同行业间人均工资差异较大，行业 41 是行业 17 的两倍。正是因为不同行业的人均工资差异明显，所以分行业进行实证检验或控制行业变量进行实证分析是必要的。

对于各行业的出口普遍程度，可计算出口企业占企业总数的比率再计算行业均值，结果报告在表 8 – 6 中。

表 8 – 6 出口企业所占比率的行业均值

行业	比率	行业	比率	行业	比率	行业	比率
13	0.2081	17	0.3917	34	0.3079	37	0.2289
14	0.2589	18	0.6557	35	0.2528	39	0.3386
15	0.1399	27	0.2217	36	0.2378	41	0.4236

注：计算各行业的比率平均值时保留到小数点后四位。

根据表 8 – 6 看出各行业间出口企业占企业总数的比率存在较大差异。出口强度是衡量出口企业的出口交货值规模，一般利用出口交货值除以销售产值来计算（包群等，2010）。各行业出口企业的出口强度均值报告在表 8 – 7 中，据此发现出口企业的出口交货值占工业销售产值的比率在绝大多数行业中都会超过50%，可见只要企业选择了出口，那么出口贸易对这个企业来说就是极为重要的销售渠道。

总之，我国制造业中高学历员工所占比率过低，缺乏高等教育的劳动者在知识积累方面的欠缺可能会对企业长期发展带来消极影响。制造业中所吸纳的女性劳动者过少，同时越高学历的劳动者中，女性所占比率越低。制造业中劳动者的人均工资在各行业间存在较为明显的差异。制造业行业中企业出口行为较为普遍，同时出口企业大约50%的工业销售产值来自于出口。接下来，实证检验工资性别歧视的存在性以及识别企业出口行为如何影响工资性别歧视。

表8-7　出口企业的出口强度的行业均值

行业	出口强度	行业	出口强度	行业	出口强度	行业	出口强度
13	0.6578	17	0.6520	34	0.6858	37	0.4702
14	0.5528	18	0.8443	35	0.4924	39	0.6200
15	0.4237	27	0.4215	36	0.3675	41	0.6453

注：计算各行业的比率平均值时保留到小数点后四位。

三、实证检验

Zhang 和 Dong（2008）从企业层面调查了劳动者工资，通过验证人均工资与女性劳动者所占比率的相关性来估计工资性别歧视的存在性。假设处于行业 j 的企业 i 的人均工资为 HW_{ij}，女性员工所占比率为 FR_{ij}，由于存在企业层面的横截面数据，为了检验 HW_{ij} 和 FR_{ij} 之间的相关性，建立以下检验方程：

$$HW_{ij} = C_j + \beta_j FR_{ij} + \varepsilon_{ij} \qquad (8.1)$$

利用企业数据估计方程（8.1）得到的估计值 $\hat{\beta}_j$ 及其显著性可用来判断行业 j 中的企业是否存在性别工资歧视，如果 $\hat{\beta}_j$ 小于0并在一定的显著性水平拒绝虚拟假设，那么就认为存在性别工资歧视，如果系数在一定的显著性水平下大于0或者不能拒绝系数等于0的虚拟假设①，则认为不存在性别歧视。估计结果如表8-8所示，据此看出在各行业中企业所支付的人均工资与女性劳动者所占比率呈显著的负相关关系，并且在经济意义上这种相关性也较为明显，从而企业可能存在工资性别歧视。

---

①　很多时候，经济学家与社会学家对女性工资收入超过男性的情况并不称之为工资性别歧视。当社会发展到应该更多关注男性所受到的不公平对待时，此处的系数为正值可能就是一种例证。

表 8 - 8　$\hat{\beta}_j$ 估计结果

行业	系数估计值	行业	系数估计值	行业	系数估计值	行业	系数估计值
13	- 12. 8234 ***	17	- 19. 4835 ***	34	- 17. 0262 ***	37	- 19. 3021 ***
14	- 24. 7011 ***	18	- 21. 5643 ***	35	- 13. 7470 ***	39	- 21. 0913 ***
15	- 24. 4279 ***	27	- 18. 1409 ***	36	- 12. 3147 ***	41	- 34. 5876 ***

注：为了节约篇幅，我们仅报告了系数估计值及其显著性，＊＊＊代表在 1% 的显著性水平下拒绝原假设，计算各行业的比率平均值时保留到小数点后四位。

检验工资性别歧视存在性之后，接下来重点研究企业出口是加剧还是缓和工资性别歧视，其实在式（8.1）的基础上稍加改动就可进行估计。定义企业出口虚拟变量 $DEX = \{0, 1\}$，如果企业出口交货值大于 0 则取值为 1，否则取值为 0，然后建立以下检验方程：

$$HW_{ij} = C_j + \beta_j FR_{ij} + \gamma_j FR_{ij} \cdot DEX_{ij} + \varepsilon_{ij} \tag{8.2}$$

利用企业数据对式（8.2）进行估计，交互项系数估计值 $\hat{\gamma}_j$ 及其显著性就可用于识别行业 j 中的企业出口如何影响工资性别歧视。系数估计值显著小于 0，那么出口就会加剧工资性别歧视，如果不显著或者显著大于 0，则出口不能加剧工资性别歧视甚至可以缓和工资性别歧视。对式（8.2）的估计结果报告在表8 - 9 中。

表 8 - 9　$\hat{\gamma}_j$ 估计结果 （一）

行业	系数估计值	行业	系数估计值	行业	系数估计值	行业	系数估计值
13	3. 0821 ***	17	2. 6018 ***	34	3. 3631 ***	37	6. 8454 ***
14	5. 2574 ***	18	1. 0323 ***	35	9. 4309 ***	39	4. 9449 ***
15	15. 9989 ***	27	12. 3258 ***	36	14. 0461 ***	41	- 1. 1080

注：为了节约篇幅，我们仅报告了系数估计值及其显著性，＊＊＊代表在 1% 的显著性水平下拒绝原假设，计算各行业的比率平均值时保留到小数点后四位。

在表8 - 9 报告的估计结果中，除行业 41 的交互项系数不显著外，其他行业估计值均大于 0 并在 1% 的显著性水平下拒绝系数等于 0 的虚拟原假设，从而可以认为出口不会加剧工资性别歧视，很有可能会缓和性别工资歧视。

对于企业出口强度为 SEX，建立方程：

$$HW_{ij} = C_j + \beta_j FR_{ij} + \gamma_j FR_{ij} \cdot SEX_{ij} + \varepsilon_{ij} \qquad (8.3)$$

对式（8.3）进行估计得到交互项系数估计值及其显著性如表 8 - 10 所示。

表 8 - 10　$\hat{\gamma}_j$ 估计结果（二）

行业	系数估计值	行业	系数估计值	行业	系数估计值	行业	系数估计值
13	2.6267 *	17	1.3849 ***	34	- 5.7195 ***	37	- 3.7420 *
14	- 6.2792 **	18	- 0.7306	35	- 11.0644 ***	39	- 3.1881 ***
15	- 11.9999 *	27	- 20.7259 ***	36	- 5.8684 **	41	- 7.0963 ***

注：** 与 * 分别代表在 5% 与 1% 的显著性水平下拒绝虚拟原假设，为了节约篇幅，我们仅报告了系数估计值及其显著性，*** 代表在 1% 的显著性水平下拒绝原假设，计算各行业的比率平均值时保留到小数点后四位。

根据表 8 - 10 看出在 12 个行业中有 9 个行业的交互项估计值显著为负，从而企业扩大出口可能会加剧劳动者的工资性别歧视。

总之，企业女性员工所占比率与人均工资呈显著的负相关性，从而企业增加女性员工带来支付工资的下降，所以可能会存在工资性别歧视。出口企业相对于非出口企业，女性员工所占比率与人均工资的负相关性下降，从而企业选择出口可能会缓和工资性别歧视。对于出口企业样本的估计发现大部分行业中女性劳动者所占比率与人均工资的负相关性会随着出口强度的提高而增强，从而企业扩大出口规模可能会加剧工资性别歧视。根据表 8 - 4 发现越高学历员工中女性劳动者所占比率越低，从而企业增加的女性员工可能更倾向于低学历劳动者，而将学历方面存在的差异所带来的人均工资支付差别算入工资性别歧视中就会存在误导，因为具有不同学历的男女劳动者获得不同工资至少在道义上来说具有合理性。接下来，将员工学历作为研究基准来进行实证检验，据此发现的男女工资差异就能更加准确地用来判断工资性别歧视的存在性。

四、以学历为基准的实证检验

企业按照男女性别分别报告了研究生、本科、大专、高中与初中学历的劳动者数量，首先将研究生、本科、大专、高中与初中学历分别标号为 $\{1, 2, 3, 4, 5\}$，从而将这五种学历男性劳动者数量记为 $\{M\_N^k\}_{k=1}^5$，将女性劳动者数量记为 $\{F\_N^k\}_{k=1}^5$，假设企业按照学历支付工资，并且企业如果存在性别歧视的话，学历相同并且性别一致的劳动者获得相同工资，而相同学历的男性劳动者与女性劳动者获得的工资存在差异，所以假设企业为五种学历男性劳动者支付的工资为 $\{M\_W^k\}_{k=1}^5$，为女性劳动者支付的工资分别为 $\{F\_W^k\}_{k=1}^5$，不妨认为 W 是企业工资总额，从而有：

$$W = \sum_{k=1}^5 M\_W^k \cdot M\_N^k + \sum_{k=1}^5 F\_W^k \cdot F\_N^k \tag{8.4}$$

以研究生学历的男性劳动者工资作为基组，其他工资均在此基础上存在一个变化，对于其他学历的男性工资有 $M\_W^k = M\_W^1 + M\_D^{1k}$（$k = 2, 3, 4, 5$），对于五种学历的女性工资有 $F\_W^k = M\_W^1 + F\_D^{1k}$（$k = 1, 2, 3, 4, 5$），将这些工资表达式代入式（8.4）有：

$$W = M\_W^1 \cdot M\_N^1 + \sum_{k=2}^5 (M\_W^1 + M\_D^{1k}) \cdot M\_N^k + \sum_{k=1}^5 (M\_W^1 + F\_D^{1k}) \cdot F\_N^k \tag{8.5}$$

合并式（8.5）有：

$$W = M\_W^1 \cdot N + \sum_{k=2}^5 M\_D^{1k} \cdot M\_N^k + \sum_{k=1}^5 F\_D^{1k} \cdot F\_N^k \tag{8.6}$$

其中 $N = \sum_{k=1}^5 (M\_N^k + F\_N^k)$ 代表企业总人数，对式（8.6）两端同时除以 N 可以得到：

$$HW = M\_W^1 + \sum_{k=2}^5 M\_D^{1k} \cdot M\_R^k + \sum_{k=1}^5 F\_D^{1k} \cdot F\_R^k \tag{8.7}$$

其中 $\{M\_R^k\}_{k=1}^5$ 分别代表五种学历男性劳动者占企业员工总数的比率，$\{F\_R^k\}_{k=1}^5$ 分别代表五种学历女性劳动者占企业员工总数的比率，可以在数据库中计算出个体企业的这些比率以及人均工资 HW，从而可以对式（8.7）进行估计，斜率系数估计值就是其他学历的男女性别劳动者相对于研究生学历男性劳动者的工资差异，特别地，估计系数 F_D^{11} 表示研究生学历的女性劳动者相对男性劳动者的工资差异，如果在一定显著性水平下小于 0，那么就认为研究生学历员工中可能存在工资性别歧视。同样，为了检验其他学历中男女工资差异，可以将特定学历的男性劳动者工资作为基组，其他工资都是在这个工资水平上有一个变化，从而可以将式（8.7）一般化为：

$$HW = M\_W^h + \sum_{k \neq h}^{5} M\_D^{hk} \cdot M\_R^k + \sum_{k=1}^{5} F\_D^{hk} \cdot F\_R^k \tag{8.8}$$

对于式（8.8）利用数据进行估计得到 F_D^{hh} 的估计值及其显著性就可以衡量相同学历 h 下男性劳动者与女性劳动者的工资差异，如果估计值小于0并在一定的显著性水平下拒绝虚拟假设，那么企业对于学历 h 的男女劳动者可能存在工资性别歧视。

进行实证估计之前，有必要说明两个问题：其一，根据式（8.4）可以同时考虑五种学历劳动者中男性与女性的工资差异，即相对于五种学历的男性劳动者工资，女性劳动者工资存在变化，这样有 $W = \sum_{k=1}^{5} M\_W^k \cdot M\_N^k + \sum_{k=1}^{5} (M\_W^k + F\_D^k) \cdot F\_N^k$，合并有 $W = \sum_{k=1}^{5} M\_W^k \cdot N^k + \sum_{k=1}^{5} F\_D^k \cdot F\_N^k$，其中 $\{N^k\}_{k=1}^{5}$ 表示五种学历劳动者总数，对此利用数据估计可以得到五种学历劳动者中女性相对男性的工资差异 $\{F\_D^k\}_{k=1}^{5}$，但是这个检验存在一个重要缺陷，即被解释变量是企业支付的工资总额，而决定一个企业支付工资总额的因素过多，从而该式进行检验时将其他因素归入随机干扰项并导致没有系数能通过显著性检验。按照式（8.5），把人均工资作为被解释变量时，影响企业人均工资的因素远远少于工资总额，从而随机干扰项的影响要低得多。其二，根据式（8.7）检验得到 $\{M\_D^{1,k}\}_{k=2}^{5}$ 与 $\{F\_D^{1,k}\}_{k=2}^{5}$ 估计值，再用后者减去前者可以识别相应学历下男性劳动者与女性劳动者的工资差异，但无法进行显著性判断。对于式（8.8）的估计结果如表8-11所示。

表8-11 F_D^{hh} 估计值及其显著性

行业	F_D^{11}	F_D^{22}	F_D^{33}	F_D^{44}	F_D^{55}
13	-36.1372	0.5144	-5.9163	-12.4400***	-10.7881***
14	-64.8820	8.8926	-5.7108	-20.1917***	-20.0212***
15	30.8145	0.6111	-18.4390**	-29.2098***	-15.7486***
17	67.2538*	-97.2066***	-5.6785	-19.2006***	-15.1886***
18	-23.6704	1.1658	-7.3209	-16.2204***	-16.9126***
27	74.3098*	67.5175***	-15.9505	-22.3453***	-14.9824***

行业	F_D^{11}	F_D^{22}	F_D^{33}	F_D^{44}	F_D^{55}
34	28.8457	– 14.8069	2.2586	– 16.5521 ***	– 14.1013 ***
35	160.4691 ***	31.4157 ***	13.9758 ***	– 20.1755 ***	– 10.4592 ***
36	35.0684	– 8.6870	– 2.5077	– 12.7919 ***	– 11.7796 ***
37	37.8771	31.0730 *	17.2690 **	– 20.0285 ***	– 16.0346 ***
39	7.2631	1.3463	– 6.1512	– 17.3018 ***	– 13.0473 ***
41	64.3801	– 14.2648	4.5627	– 16.9020 ***	– 12.6837 ***

注：**与*分别代表在5%与1%的显著性水平下拒绝虚拟原假设，为了节约篇幅，我们仅报告了系数估计值及其显著性，***代表在1%的显著性水平下拒绝原假设，计算各行业的比率平均值时保留到小数点后四位。

根据表8－11看出对于初中与高中学历的劳动者，女性员工所获得的工资要低于相同学历的男性劳动者，而对于学历较高的劳动者来说，女性员工与男性员工工资差异在很多行业表现得不显著，甚至会出现一些行业在研究生与本科学历劳动者中女性员工所获得的工资要显著高于相同学历的男性劳动者，所以学历越低的女性劳动者所受到的工资性别歧视可能越严重。需要注意，表8－11的估计结果存在某种缺陷，高学历劳动者中女性相对于男性不存在显著的工资差异，可能是由相应学历女性员工所占比率为0的样本过多导致，比如研究生学历中女性劳动者人数为0的样本占总体样本的80%以上。

为了识别企业出口对于各种学历劳动者工资性别歧视的可能影响，对于存在工资性别歧视的学历劳动者研究企业出口是否会加剧歧视，对于不存在工资性别歧视的学历劳动者主要研究出口是否会增加歧视产生的可能性。为了进行相关检验，根据式（8.2）与式（8.8）很容易设计出检验方程，即将各种学历的女性劳动者所占比率与企业出口虚拟变量的交互项放入方程中，那么利用企业数据检验得到交互项的系数估计值及其显著性就能用以判断出口是否会加剧相关学历劳动者的工资性别歧视，所设计的方程为：

$$HW = M\_W^h + \sum_{k \neq h}^{5} M\_D^{hk} \cdot M\_R^k + \sum_{k=1}^{5} F\_D^{hk} \cdot F\_R^k + \sum_{k=1}^{5} \zeta^k \cdot F\_R^k \cdot DEX \tag{8.9}$$

式（8.9）交互项的系数估计值如果为负并且在一定的显著性水平下拒绝虚

拟原假设，那么企业出口就会导致相应学历劳动者中女性员工工资收入比男性劳动者要更低，就可认为出口加剧了这一学历劳动者的工资性别歧视。由于 $\sum_{k=1}^{5}(M\_R^k + F\_R^k) \equiv 1$，从而在带截距项的检验中，以任意学历男性劳动者工资作为基组检验方程式（8.9）所得交互项的系数估计值及其显著性是一致的，从而可以任意选择一种学历的男性劳动者工资作为基组对式（8.9）进行估计，即任意选择 $h \in \{1, 2, 3, 4, 5\}$ 估计式（8.9）不会对交互项的估计结果产生任何影响。对式（8.9）估计得出的交互项估计值及其显著性如表 8-12 所示。

表 8-12　各种学历女性员工比率与出口虚拟变量交互项系数估计值及其显著性

行业	研究生	本科	大专	高中	初中
13	-38.8236	17.1006	32.1043 ***	0.8833	1.1645
14	190.5095 ***	71.3646 ***	-5.7541	11.3569 ***	-0.7405
15	1115.558 ***	104.2309 ***	1.5797	9.9057 **	7.2695 **
17	322.6891 ***	21.2989 ***	15.5190 ***	2.9044 ***	1.3572 ***
18	-225.2014 ***	2.1754	12.5618 ***	0.2105	1.8892 ***
27	63.9222	111.5016 ***	5.3562	3.9619	4.2300
34	-34.1323	77.3173 ***	15.0802 **	3.4143 *	1.2664
35	36.0724	112.5300 ***	34.4302 ***	8.5580 ***	-1.5097
36	214.6073 ***	65.4526 ***	33.8353 ***	12.8363 ***	0.1898
37	95.1193	80.1571 ***	-24.6000 ***	9.1513 ***	3.4290 *
39	147.9774 ***	77.7121 ***	22.0303 ***	5.0308 ***	0.0576
41	398.5946 ***	39.4371 **	3.8255	5.1272	-0.8746

注：** 与 * 分别代表在 5% 与 1% 的显著性水平下拒绝虚拟原假设，为了节约篇幅，我们仅报告了系数估计值及其显著性，*** 代表在 1% 的显著性水平下拒绝原假设，计算各行业的比率平均值时保留到小数点后四位。

表 8-12 显示各种学历的女性劳动者所占比率与出口虚拟变量交互项系数估计值大部分为正并在一定显著性水平下拒绝虚拟假设，也有相当一部分不能显著拒绝原假设，只有行业 18 的研究生学历以及行业 37 的大专学历劳动者中的女性员工比率与出口虚拟变量交互项系数估计值为负并通过显著性检验，据此看出对于各种学历的劳动者，出口应该不会加剧女性员工所受到的工资歧视，缓和女性

员工所受工资歧视的可能性更大。此外，企业出口对越高学历的女性劳动者工资的积极影响越明显，从而高学历的女性劳动者在企业出口时所获得的工资收益可能越大。

接下来关注出口企业扩大出口强度是否会加剧工资性别歧视，根据式（8.3）与式（8.9）可设计检验方程如下：

$$HW = M\_W^h + \sum_{k \neq h}^{5} M\_D^{hk} \cdot M\_R^k + \sum_{k=1}^{5} F\_D^{hk} \cdot F\_R^k + \sum_{k=1}^{5} \zeta^k \cdot F\_R^k \cdot$$
$$SEX \tag{8.10}$$

利用出口企业样本对式（8.10）进行检验时，任意选择 $h \in \{1, 2, 3, 4, 5\}$ 不会改变女性员工所占比率与出口强度交互项的系数估计值及其显著性，而这样的系数估计值及其显著性正是用来判断企业扩大出口强度是加剧还是缓和工资性别歧视的证据。对式（8.10）的估计结果如表 8-13 所示，据此看出各种学历的女性员工所占比率与出口强度交互项的系数估计值在大部分行业中不显著，所以企业扩大出口对各种学历的女性劳动者所受工资性别歧视的影响并不明显。

表 8-13　各种学历女性员工比率与出口强度交互项系数估计值及其显著性

行业	研究生	本科	大专	高中	初中
13	-104.2853	-40.1819 *	-2.7746	9.0643 **	1.5674
14	-359.7500	-39.8920	-1.3667	2.5150	-1.1222
15	-811.8533	-286.6968 ***	42.0160	5.0072	1.6368
17	288.4085 *	-11.2476	9.2632	2.0085	1.4252 **
18	155.0924	8.7424	-20.6229 *	0.5729	0.2179
27	-1047.072 ***	-75.9017	14.2661	-4.1252	-3.3043
34	60.8164	17.4311	-42.4131 ***	2.0462	0.6046
35	-244.8652	-34.9072	-47.8679 **	-9.2825	8.5402 *
36	108.6347	-69.3119 ***	20.0809	1.3857	2.6824
37	722.7920	-126.3506 ***	20.0567	-1.7929	5.4082
39	-98.2746	-96.7440 ***	11.1053	3.7377	3.4380 *
41	983.1492 ***	52.2873 **	4.7213	4.4306	-5.4758

注：** 与 * 分别代表在 5% 与 1% 的显著性水平下拒绝虚拟原假设，为了节约篇幅，我们仅报告了系数估计值及其显著性，*** 代表在 1% 的显著性水平下拒绝原假设，计算各行业的比率平均值时保留到小数点后四位。

总之，学历越低的女性劳动者所受到的工资性别歧视可能越严重，而企业出口决策应该不会加剧女性员工所受到的工资性别歧视，很大程度上应该会缓和工资性别歧视，出口企业扩大出口规模对工资性别歧视的影响不明显。

五、结　论

　　本章利用企业经营数据验证工资性别歧视的存在性，同时识别了企业出口对工资性别歧视的影响。正如上一章所提及的那样，中国制造业雇佣的高学历员工所占比率相对较低，具有研究生学历人员更是微乎其微。在越高学历的劳动者中，女性员工所占比率越低。实证研究发现企业为劳动者支付的平均工资会随着女性劳动者所占比率的提高而下降，这表明工资性别歧视很有可能存在。在出口企业中，女性劳动者所占比率提高所带来的平均工资下降幅度低于非出口企业，所以出口应该会缓和劳动者的工资性别歧视。对于已经出口的企业来说，企业扩大出口规模可能会加剧工资性别歧视。在以劳动者学历作为基准的实证检验中，学历越低的劳动者中工资性别歧视的可能性越大，高学历劳动者可能不存在工资性别歧视，企业出口依然表现出能够缓解工资性别歧视，而扩大出口规模对各种学历劳动者的工资性别歧视的影响不明显。

　　本章检验结果对于解决困扰中国女性同胞多时的工资性别歧视问题具有借鉴意义。中国女性从出生那刻起所受到的家庭关注度可能就要低于男性，这特别表现在家庭对于男女儿童教育投资的差异上，女性教育相对不足使之困在工资性别歧视之中。治病思源，治标更要治本，为了彻底解决性别歧视，在全社会树立男女平等思想尤为关键，特别要防止家庭区别对待女童与男童，在"全面二孩"时期这种未雨绸缪就显得更有必要了，不能让已经向好的男女平等在家庭层面再次陷入到重男轻女之中。企业出口决策本身是为了服务盈利目标，副产品是能够缓解工资性别歧视，这是中国企业出口经营决策的额外福利效应。

第九章　不利冲击下的企业经营选择与理念借鉴[①]

本书前面章节探讨了异质性企业贸易理论框架下企业出口、研发投资、员工在职培训以及雇佣劳动者的学历等所具有的生产性影响，也分析了企业经营决策如何影响劳动者福利如工资水平等议题。在整个分析框架以及研究逻辑中，其实始终存在着一条看似不重要但影响却极为深刻的假定，即企业的生产与经营决策处于正常的环境里。在宏观经济分析中，外在不利冲击可以对微观企业的经营产生严重的影响，比如前面章节已经描述的 2008 年全球经济危机就对企业的生产与经营特别是出口贸易造成了很大影响。美国针对中国挑起的贸易纠纷，对于将营销重点放在美国市场的中国本土企业也产生了较大影响，第二章中表 2－1 也显示 2018 年中国净出口总额相对以前年份有了较大下降。2020 年暴发的席卷全球的新冠肺炎疫情对世界经济所造成的严重影响，笔者认为应该不亚于过去一个世纪内世界上所出现的任何外在冲击。截至 2021 年 1 月，尽管疫苗已经开始被更多人群接种，但世界依然笼罩在新冠肺炎疫情之中。当企业面对这样的不利冲击时，其所选择的经营策略就不再和本书前面章节所分析的那样了，甚至连盈利目标都不得不暂时放弃。本章就以新冠肺炎疫情作为外在不利冲击来描述企业如何经营，以此来丰富企业生产与经营的选择策略。

---

① 本章"孟子的商业理念"部分发表于《黑河学刊》2020 年第 1 期。

一、经营目标的改变

2020 年，在中国最重要的传统节日春节临近之时，全国人民如同往时一样，备办年货，热闹非凡。企业家与商人也把这次春节作为推动营业创收的重要契机，为预期中的居民消费储备了大量物质资料。例如，餐饮行业在半年前就开始向民众推出预定年夜饭与置办酒席等业务，在春节即将到来之际，这些餐饮企业储备了很多菜品与调料资源。在全国民众翘首以盼等待庚子鼠年之际，从农历腊月二十五开始，新冠肺炎疫情如同突如其来的重磅炸弹一般，在中国大地上引起了民众的忧虑。2020 年 1 月 23 日，农历腊月二十九即除夕的前一天，武汉封城了，此时中国民众谈论的不再是如何快乐地过好鼠年春节，而是如何响应国家疫情防控政策，尽量避免自己、家人以及社会上的其他人感染这种病毒。随着中央全面领导疫情防控以及各个省份在春节前夕启动重大公共卫生事件一级响应，中国步入到如同战时情况下的紧急状态之中。此时，身在本土的企业所做出的任何经营选择都须符合疫情防控需要，这是企业经营所遵循的第一条原则。

对于企业管理者来说，在条件允许的情况下尽可能地追求最大化的盈利水平是一种常态，这种盈利目标也是本书前面章节在分析企业经营决策时所遵循的基本逻辑。在西方学者开创的现代经济学理论中，理性的企业家追求最大利润的动机被当成是指导市场资源实现有效配置的一只"看不见的手"。因此，只要企业管理者的行为不违背国家法律或社会伦理道德，追求利润的行为一般都会得到政府的支持与鼓励。认可企业在法律规范下最大化地追求利润这一行为，是充分调动市场力量来配置资源的一种标志。随着中国改革开放与社会主义市场经济的不断发展，中国本土企业的管理者合法追求利润的行为同样受到了尊重。作为理性个体，把追求个人能够独占的利益作为其行动目的是经济学原理所推崇的基本观点。早在几千年前，中国古代治国者就看到了"民之于利也，犯流矢，蹈白刃，涉血盩肝以求之"（《吕氏春秋·节丧》），即民众为了得到利益会做出任何事情，哪怕让自己流血受伤害都不足为惧。对利益的无限追逐有其积极一面，比如企业管理者甚至劳动者合法地追求企业或个人经济利益确实可以对市场资源的合理配置起作用。然而，无限制追求个人利益也存在消极影响，比如假冒伪劣商品充斥在市场中就是不顾一切追逐私人利益的不当行为。在正常时期，企业管理者不顾国家法律去追逐利润，违法风险以及违法成本是矫正企业行为的规制力量。在新冠肺炎疫情防控这一紧急状态下，即使追求利润的某些行为在正常时期是合法的，但是违背了疫情防控需要，企业管理者就不能只把追求利润当作经营目标，否则就会存在违法犯罪的风险。

　　企业出口贸易也是为盈利目标服务，这是异质性企业贸易理论的基本理念。中国本土疫情在 2020 年 3 月份得到有效防控以后，世界上其他国家因为种种原因如防控不力等因素使疫情大暴发。截至 2021 年 1 月中旬，全球日新增确诊病例还维持在 20 万人以上，其中以美国疫情最为严重。世界疫情所造成经济交往上的影响就是让中国企业产品的出口渠道严重受阻，大量的原本为了国外市场所生产的产品无法通过货物流通渠道销往国外。此时，本土企业再也不能把赚取更多利润当成疫情影响下的出口营销目标了，至少在世界疫情得到有效防控之前，企业想办法尽快从国际贸易受阻中恢复元气才是关键。

二、经营实践

　　此次新冠肺炎疫情全面暴发之前，很多经营管理者让企业开足马力生产或储备资源以抢占春节期间庞大的消费市场。然而，随着疫情的严重性越发让人感到担忧之时，中国政府为了应对疫情，从武汉封城开始，陆续出台了一系列强有力的疫情防控措施，其中包含禁止民众大规模聚集。由于春节期间很多消费就是以相互聚集作为先决条件，例如亲戚朋友之间的团圆聚餐等，禁止人员集聚无疑阻止了这类消费的产生。中国本土企业基本上都能无条件遵从这一疫情防控措施，比如原计划于春节期间上映的一些优质电影，纷纷宣布退出票房潜力预估可达 70 亿元的 2020 年春节档。尽管电影制片与发行公司管理者决定电影更改档期会有一些损失，但延期上映依然可以挽回损失。其他类型的企业停工停产所造成的损失就比电影制片公司大多了，比如餐饮、旅游以及娱乐场所所遇的 2020 年春节可谓其"至暗时刻"。笔者观察到的一个酒店的经营策略变化，非常具有代表性。在某个县级城市比较有名的连锁酒店，原计划要在 2020 年春节期间承办多场宴席，包括年夜饭以及婚宴等。在进入腊月之时，该酒店就开始储备各种菜品物料。就在春节马上到来之际，疫情让客流量急剧下滑。随着政府部门正式出台禁止人员聚集等疫情防控措施，该酒店只能完全停止营业。由于对疫情预期的不确定性，该酒店在春节时还比较乐观地计划到元宵节即 2020 年 2 月 8 日恢复营业，但疫情实际发展使其开业遥遥无期。储备大量的菜品资源无法用来烹饪菜肴，很多菜品因为储备时间较长而开始变质。不得已而为之，该酒店只能摇身一变，在店门口销售春节之际所采购的各种菜品原料，以求挽回一些经济损失，正如"害之中取小也，非取害也，取利也"（《墨子·大取》）。当然，在这种菜品售卖过程中，该酒店还必须按照政府疫情防控要求做好保护举措。直到 2020 年 3 月中旬开始，该县级市才有序恢复餐饮服务，该酒店正式通知 2020 年 3 月 19 日恢复营业，但可以预期需要用较长时间才能"喘上这口气"。

疫情具有随机性与突发性，普通民众基于个人健康考虑，肯定希望疫情能够尽快得到控制。企业管理者除了自身健康这一因素外，尽快恢复企业经营是其希望疫情得到控制的另一动机。中国政府在此次新冠肺炎疫情防控中显示出强大的治理能力以及社会动员能力，为世界上其他国家与地区的疫情防控提供了中国智慧与中国方案。由于这种病毒具有高传染性特点，中国本土这次战"疫"的时间跨度还是相当长的。在这漫长的时间里，很多企业确实面临着自成立以来所遇到的最大困境。此时，企业再去单独考虑利润最大化这一动机，就有可能违背疫情防控条例而做出不合理的经营选择。再拿餐饮行业来举例，如果其他企业按照政府疫情防控举措选择暂停营业，某个企业单独营业，就很可能独占整个市场而实现盈利。很多新闻报道了疫情期间某些地区个别餐饮企业偷着营业的现象，进而受到相关部门的严厉处罚。为了防控疫情，企业的确面临很多的困难，企业管理者要肩负起民族责任感，诚如"士之为人，当理不避其难，临患忘利，遗生行义，视死如归"（《吕氏春秋·士节》），这样才能更为长远地为企业发展筹谋划策。

在新冠肺炎疫情防控时期，具备预防作用的口罩特别是医用口罩瞬间成为严重的稀缺品。此时，完全寄托于市场来调配这一紧缺物资是无法满足疫情防控需要的，因为"天价"口罩会阻碍普通民众购买充足的口罩数量用于病毒防护。

某些企业经营管理者想利用疫情抬高口罩等与疫情防护直接相关的物资价格，国家市场监督管理总局及时处罚了相关企业囤积居奇大发国难财的不法行为。某些秉持西方经济学基本原理的学者鼓吹疫情期间口罩等物资价格应该完全交给市场去处理，这种思路完全没有考虑国家所处的紧急状态与平时市场环境之间的不一致性。如果交由市场决定口罩价格，那么突如其来的疫情势必大幅度推动需求的增加，供不应求状况导致口罩价格快速上涨。对于正常时期的正常商品，这种维持市场出清的价格调整力量的确能够有效配置资源。然而在疫情时期，口罩价格的大幅提高可能会导致某些潜在消费者放弃购买口罩，而不戴口罩所伴随的负外部性可能会影响疫情防控这一大局。换言之，疫情期间的口罩如同食盐等生活必需品，其价格不能交由市场自由决定，企业的经营管理者更不能利用这种紧急状态所造成的某些物资稀缺来哄抬价格。在疫情期间，中国政府部门对于因疫情而损失惨重的企业给予了尽可能帮助，比如发放金融贷款、延期缴纳社会保险费用、延迟征收相关税收等有效措施。随着疫情防控向好发展，中央及时提出了有序复工复产。生产性企业长时间停工停产所造成的困难与影响是巨大的，符合疫情防控需要的复工复产让这些企业慢慢地恢复了元气。政府大力支持有序地复工复产，例如国家交通运输部门点对点启动劳动力跨地区有序流动，奖励企业在复工复产时期雇佣新的劳动者等。

在特定的市场上，企业实现利润最大化的最优销售量并非越多越好，而是处在某个位置上，如垄断企业会在边际收益与边际成本相等的地方确定最优产品量。尽管在单个市场中，企业商品的最优销售量存在区间约束，但生产者还是希望自身产品面临的市场需求越强劲越好。中国古人说过"舆人成舆，则欲人之富贵；匠人成棺，则欲人之夭死也。非舆人仁而匠人贼也，人不贵，则舆不售；人不死，则棺不卖"（《韩非子·备内》），即卖车的人希望人人富贵以便都能买车，木匠希望更多的人夭折死亡使其对棺材的需求增加。为了进一步拓展销售空间，在运输以及保存等技术条件能够满足长途货运以后，企业把经营目光从本土跨越到国外市场的激励就在盈利动机驱动下而变得越来越大。在经济全球化背景下，包括中国本土企业在内，跨越领土范畴从事出口贸易成为企业的主要经营决策。正如前面章节所分析的那样，只要企业具备某些条件如高生产率以确保出口能够盈利，那么该企业就会选择出口。然而，在新冠肺炎疫情最为严重的时期，企业出口贸易几乎陷于停滞中。

　　在实际经济运行中，企业所处的行业一般已经形成了固有的生产与经营模式，如"农赴时，商趣利，工追术，仕逐势"，也会遇到各种外在冲击，如"农有水旱，商有得失，工有成败，仕有遇否"（《列子·力命》），此时决策主体应该因时制宜地采取有效的应对策略。"良商不与人争买卖之贾而谨司时。时贱而买，虽贵已贱矣；时贵而卖，虽贱已贵矣"（《战国策·赵策三·希写见建信君》），中国古人的这一经验较为形象地表明企业经营者应该懂得等待时机。新冠肺炎疫情阻碍了出口贸易的货物流通渠道，此时企业的经营决策已经不是如何通过出口产品来赚取更多利润，而是想办法及时止损，比如如何及时有效地处理原本为国外市场生产与储存但又无法销售到其他国家与地区的"出口"商品。为了解决过度依赖出口的企业所遇到的严重困难，中国政府及时提出了支持出口产品转内销的帮扶措施。企业经营者应该按照政策要求将原本计划销售到域外的商品努力销售到国内市场，等待世界疫情防控趋好以后，再去考虑如何通过出口追逐更多的利润。

　　在疫情防控时期，生动与感人的企业经营实践例子数不胜数，企业在面临严重的不利冲击时，盈利可能不再是企业的目标。中国古代儒家秉持"国不以利为利，以义为利"（《大学》），企业经营选择会因为重大的外部事件如新冠肺炎疫情而改变，很多时候放弃了商人重利的属性，而将"义"即符合疫情防控需要的经营选择放在首要位置。如此行事，既有利于疫情防控需要，也为企业未来更好地生产与经营积累了声誉。说到这里，重义轻利的中华传统商业理念可能就比经典的利润最大化动机在特殊时期里对企业管理者更具借鉴意义了。儒家文化中存在很多商业理念与思想，接下来就以孟子商业理念为例，阐述传统理念如何对企业的生产与经营乃至政府帮扶企业提供借鉴。

三、孟子的商业理念

　　在文化领域中存在一种误解，即认为儒家轻视商业而重视农业、鄙视商人而尊重农民。仔细研究孔子与孟子的思想就能发现他们并没有明确地反对商业与鄙视商人，也没有更加尊重农民，但对农业的关注的确要更多一些。他们将商人与农民都当作民众来看待，呼吁统治者应该给予关怀与照顾，即实行仁政。对于孟子的商业发展理念来说，不能脱离他的理论核心即仁政思想。仅仅解释他在商业方面只言片语的论述是无法看出其理论内涵的，更有可能会人为地夸大或缩小他对商业的看法与支持力度。因此，先概述孟子仁政思想的内涵，再去系统地分析孟子的商业理念，阐明如何对身处不利冲击的企业经营选择给予借鉴。

1. 孟子仁政的内涵

孟子之所以提出仁政思想，根源于他所做出的人性本善的基本哲学判断。孔子早已提过人的天性是相似的，只是后天的行为习惯不同导致人相去甚远，即"性相近也，习相远也"（《论语·阳货篇第十七》）。对于人类本性如何相似，孟子认为当属于"善"。孟子把人的善性比喻为水总是往低处流淌这种自然之性，即"人性之善也，犹水之就下也"，并进一步提出人人都是善良的，即"人无有不善，水无有不下"（《孟子·告子上》）。其实，不单是孟子将人性之善比喻为水，道家老子同样认为水的特性最为接近于他所阐述的"道"，从而指出"上善若水，水善利万物而不争"（《老子·八章》），据此告诫人们可参照水来修身养性以激发内心本有的善而悟道。

在人性本善的道德判断之下，孟子认为治国甚至治天下是非常简单的，只要唤醒人与生俱来的善良之性就可以了。比如他说敬爱自己的老人进而将这种善意延伸到别的老人，爱护自己的孩子进而将这种善意拓展到其他孩子，那么善意被唤起的社会将得到极好的治理，即"老吾老，以及人之老；幼吾幼，以及人之幼，天下可运于掌"（《孟子·梁惠王上》）。周代大夫周任提到治理国家务必要像农夫除掉杂草一样扫除罪恶，如此才能让善性得以发展，即"为国家者，见恶如农夫之务去草焉，芟夷蕴崇之，绝其根本，勿使能殖，则善者信矣"（《礼记·隐公六年》）。在孟子的话语体系中，概括这一注重唤醒人性之善治国策略的就是仁政。为了详细阐述仁政，孟子从作为个体的人的身上阐述何谓仁，他提到"恻隐之心，仁之端也；羞恶之心，义之端也；辞让之心，礼之端也；是非之心，智之端也"（《孟子·公孙丑上》），即恻隐同情之善心是仁的开始，羞耻之心、辞让之心与辨别是非分别是义、礼与智的开始。孟子进一步告诫道人如果没有仁义礼智，那么只能被人奴役，即"不仁不智，无礼无义，人役也"（《孟子·公孙丑上》）。他总结道"仁也者，人也。合而言之，道也"（《孟子·尽心下》），从而将人性本善具体化到人具有仁心。孟子对仁的阐述部分继承了孔子的思想，孔子就非常严肃地说过为了实现仁可以牺牲生命，不会因为贪生怕死而做出损害仁的事情，即"志士仁人，无求生以害仁，有杀身以成仁"（《论语·卫灵公篇第十五》）。

在人性本善及其具体化的人具有仁心这一基本判断之下，孟子提出要以仁治国。在孟子及其之前的年代里，天下处于"春秋无义战"（《孟子·尽心下》）的动乱之中，依靠武力吞并他国以实现称王称霸成为诸侯国君乃至一些思想家如法家商鞅等人的政治追求。孟子对崇尚武力批评道"以力服人者，非心服也，力不赡也"（《孟子·公孙丑上》），即依靠武力让人服从不是心悦诚服，只是自己实力相对不足暂时委曲求全而已。这种不以仁而得到国家的情况即使存在，这些统治者也永远不会拥有天下，即"不仁而得国者，有之矣；不仁而得天下，未之有也"（《孟子·尽心下》）。他提出国君爱好并崇尚仁的话，那么将无敌于天下，即"国君好仁，天下无敌焉"（《孟子·尽心下》），以此来呼吁统治者实行仁政。

在了解孟子仁政的内涵以后，再去分析嵌在其中的商业发展理念会更为准确，也会更加清晰地看出孟子商业发展理念中的某些局限之处，这样才能对面临不利冲击的企业经营选择给予恰当的借鉴。

2. 孟子的商业理念

在仁政思想的指导下，孟子提出君主首先要保证民众能够实现基本的生活水平。孟子在和齐宣王的交流中提到英明的国君规定产业以使百姓能够侍奉父母与养活妻儿，丰年可以吃饱喝足且饥荒之年也不至于因冻饿而死亡，即"明君制民之产，必使仰足以事父母，俯足以畜妻子，乐岁终身饱，凶年免于死亡"（《孟子·梁惠王上》）。在古代侍奉父母要能达到衣帛食肉这种标准，孟子提出的自给自足农耕经济可以实现，比如他在和梁惠王交谈之时说道只要"不违农时"，粮食就能充足而吃不完；细密的渔网不用在池沼中捕鱼，那么"鱼鳖不可胜食也"；"斧斤以时入山林"，那么木材就用不完；"五亩之宅，树之以桑"以及"鸡豚狗彘之畜，无失其时"的话，那么七十岁的老人就可以实现"衣帛食肉"，其他家庭成员也会"不饥不寒"(《孟子·梁惠王上》),这是实现王业的社会基础。孟子从全体民众的视角去刻画这种自给自足的经济图景,但到底是谁依照农时去种粮食与收粮食、谁去编织渔网与捕鱼、谁去砍伐木材、谁去种植桑树、谁去饲养家禽等,他在与梁惠王的交谈中没有给出明确的答案。

不同的产业(部门、领域)需要不同属性的劳动力,因而分工是一国民众同时完成多种生产的必要条件。孟子非常重视并积极鼓励劳动分工,他将人分为脑力劳动与体力劳动,即"劳心"者与"劳力"者,指出"劳心者治人,劳力者治于人",即劳心的人统治别人而劳力的人接受别人的统治,但接受统治的劳力者养活劳心的人,劳心的统治者要被人养活,即"治于人者食人,治人者食于人",这种各司其职做好自己是"天下之通义也"(《孟子·滕文公上》)。在天子、国君作为最高统治者的时候,其他劳心或劳力的人所接受的俸禄即生活资料必须实至名归,即必须在这个国家有正常的职务,否则接受最高统治者赏赐就是一种不敬,即"抱关击柝者,皆有常职以食于上。无常职而赐于上者,以为不恭也"(《孟子·万章下》)。

劳动分工让人专业化从事自己擅长的工作,作为协助统治者治国且具有职事的劳心者或劳力者可以直接得到国君的俸禄而满足基本生活需要。日常生活中从事专业化工作的普通民众之间,则必须通过更为普遍的交易来获取满足基本生活需要的各种物品。先秦法家重视农耕而反对商业,提出国家政策要使"商无得粜,农无得籴",即下令商人不得销售粮食,农民不准购买粮食,实现"商怯,则欲农"(《商君书·垦令第二》),让劳动力集中到农业生产上,进而排斥区分农商的劳动分工。孟子一个名叫彭更的弟子问孟子读书人不从事生产劳动就白吃饭是否不妥,孟子从劳动分工的角度来回答他,同时指出"子不通功易事,以羡补不足,则农有余粟,女有余布;子如通之,则梓匠轮舆皆得食于子"(《孟子·滕文公下》),即如果阻止各行各业交换产品,那么农夫就会有多余的粮食而妇女就会有多余的布匹,要是允许产品交换的话,那么工匠与造车匠就能从农夫那里得到粮食。为了让交易能够实现,一些交通工具被制造出来以方便商品的流通,如汉代盐铁会议上提出在孟子甚至更前的时代,"圣人作为舟楫之用,以通川谷,服牛驾马,以达陵陆;致远穷深,所以交庶物而便百姓"(《盐铁论·本议第一》)。民众根据自身条件各司其职,也会根据自然资源等条件来决定如何生产，比如古代朝聘进贡的物品都会依据土地条件与距离等因素来规定，即"旅币无方，所以别土地之宜，而节远迩之期也"（《礼记·郊特牲第十一》）。

劳动分工与自然条件制约，使不同的人只能生产一部分产品，其他生活必需品则要通过与他人之间的相互交易来获取，那么在什么地方进行交易呢？古代圣贤从易经的噬嗑卦中领会到"日中为市，致天下之民，聚天下之货，交易而退，各得其所"（《周易·系辞下》），从而引入了市场的概念。孟子同样重视能互通有无的市场，并提出政府机构应保护市场，即"古之为市也，以其所有，易其所无者，有司者治之耳"（《孟子·公孙丑下》）。孟子呼吁统治者保护市场而不要乱征税并依法收购滞销的货物以促进商品流通，这会激励天下所有的人都来到这一市场，即"市，廛而不征，法而不廛，则天下之商皆悦而愿藏于其市矣"（《孟子·公孙丑上》）。充分发挥政府对市场的调节作用，在汉代盐铁会议上代表统治集团的大夫桑弘羊就用"古之立国家者，开本末之途，通有无之用，市朝以一其求，致士民，聚万货，农商工师各得所欲，交易而退"（《盐铁论·本议第一》）驳斥贤良、文学等儒者的观点，而桑弘羊的话与儒家代表人物孟子的商业思想具有相当高的契合度，可见后世儒者抑商的理念并不能代表孟子本人。孟子也提到市场可能会失灵，他很可能是世界上最先提到垄断的思想家。他在阐述市场互通有无的作用时，提到"有贱丈夫焉，必求龙断而登之，以左右望而罔市利"，即有个让人讨厌的人在运行良好的市场中登上一个高坡（"龙断"即垄断）左顾右盼，想着把市场上所有的好处都收归己有，孟子接着提到政府对市场交易进行征税就是从这个垄断者开始的，即"征商自此贱丈夫始矣"（《孟子·公孙丑下》）。孟子的税收思想比先秦法家思想要开明得多，商鞅建议"重关市之赋，则农恶商，商有疑惰之心"（《商君书·垦令第二》），即在处于交通要道的市场上加重征税，目的是让从事农业的劳动者不再想着去从事商业，让从事于商业的劳动者回归从事农业。当然，政府征税等干预市场的很多举措未必能成功，例如清朝纪昀在乌鲁木齐任职时所记录的一段耕牛价格波动的政府干预失败例子就很有代表性。他记载道"牛少价昂，农颇病。遂严禁屠者，价果减。然贩牛者闻牛贱，皆不肯来。次岁牛价乃倍贵。驰其禁，始渐平"（《阅微草堂笔记·如是我闻二》），即政府官员通过禁止宰牛来确保耕牛的供给并降低其价格，但贩牛商人看到牛价大幅下降以后，不愿再来此地出售牛，导致第二年牛价倍增，使民众更为苦恼，官方取消禁止屠牛规定后，牛价才趋于平稳。因此，劳动分工及与之相伴的交易动机是市场运行的核心力量，政府应该试图保护这样的市场流通力量。

商业交易的顺利进行，离不开明晰的产权界定。尽管与儒家观点截然不同，但法家的代表人物商鞅用兔子所做的比方可谓先秦时期中国学者对产权含义的明确界定。商鞅提到"一兔走，百人逐之，非以兔可分以为百，由名分之未定也。夫卖兔者满市，而盗不敢取，由名分已定也"（《商君书·定分第二十六》），即一只兔子跑了而百人在后面追赶，不是因为这只兔子能够让每个人都能分到一百分之一，而是这只兔子的所有权不明确；然而在集市上到处都是兔子却没有任何人去偷抢，这是因为这些兔子的产权明确。孟子将产权从市场交易上升到仁政层面，认为所有权不明确是导致贪官污吏甚至暴君存在的制度基础，即"经界不正，井地不钧，谷禄不平，是故暴君污吏必慢其经界"（《孟子·滕文公上》）。

周文王咨询姜太公治国之道时，姜太公说道"大农、大工、大商，谓之三宝"，表示农工商是国家三大行业，这三个行业运转良好就会让国家安定，即"三宝完，则国安"（《六韬·文韬·六守第六》）。无论古今，商业经济的本质均是追求最大化的利益或利润。在孟子的仁政思想及其整个哲学体系之中，与"利"相对的"义"则更为得到重视，这里的"义"又来源于内心的"仁"及与生俱来的善。其实，"利"与"义"本可以实现相容相通，比如经商应该要以义即满足基本的伦理道德以及法律规范为前提，然后再去追求最大化的利。在儒家的道德体系中，两者却更多地处于相互矛盾之中。儒家先贤孔子就说追求个人利益而行事必定会招致很多怨恨，即"放于利而行，多怨"，从而他得出结论认为君子懂得义而小人只懂得利，即"君子喻于义，小人喻于利"（《论语·里仁篇第四》）。对于春秋时代在鲁国历经庄公、闵公、僖公与文公的四朝老臣臧文仲，孔子评价他有三件事情做得不仁：其一就是"妾织蒲"（《左传·文公二年》），即让自己的妾编织蒲席贩卖而与民争利。孟子也从道德上阐述道"富贵不能淫，贫贱不能移，威武不能屈，此之谓大丈夫"（《孟子·滕文公下》），这种道德素养内在含有淡泊利益的要求。更为重要的是古代社会精英把商业与农业分离开来，从人力资源分配的角度认为从事商业如果利益过大，那么将没有人从事农业而都从事商业，即"农桑勤而利薄，工商逸而入厚，故农夫辍耒而雕镂，工女投杼而刺绣"（《政论·阙题三》），但这一论点已经被现代经济学所证伪，因为要素分配是按照边际生产率来决定的，其中边际报酬递减决定着人力资源不可能集中于商业而完全放弃农业。在"不患寡而患不均，不患贫而患不安"（《论语·季氏篇第十六》）在伦理价值观下，商业发展很有可能导致贫富的两极分化。孟子没有明确提出限制商业的想法，但他要求诸侯国君以唤醒民众仁心来治国的方略，必然要求统治者不能以利益来行事，所以在《孟子》开篇第一段的对话中，孟子就回答梁惠王道"王，何必曰利？亦有仁义而已矣"（《孟子·梁惠王上》）。对统治者呼吁不要重视利，而商业发展的最大促进力量就是"利"，所以孟子的商业理念在他的仁政思想之下没有得到进一步发展，但却对特殊时期企业利润目标之外合乎道义的经营选择给予了借鉴。

3. 启示

孟子阐述了某些商业发展理念，其中包括重视劳动分工、加速商品流通、保护产权、政府维护市场正常运行以及通过征税来调节市场失灵如垄断等理念，对于解释企业的生产与经营选择提供了某些参考。孟子在两千多年前的这些商业理念可谓中华文化的一大瑰宝，纠正了传统观念中所认为的经济或商业理念完全来自于西方社会的误解。孟子仁政思想中存在重视仁义而轻视利益的道德规范，这与平常时期企业追求利润最大化目标难以吻合，但对企业在面对新冠肺炎疫情这种不利冲击时如何做出恰当的经营选择具有启示意义。对于当前的市场与政府关系来说，社会主义市场经济体制强调要"使市场在资源配置中起决定性作用，更好发挥政府作用"，与孟子提出的统治者应该保护市场并合理调节市场具有某些相似性。在国际贸易的货物流通渠道因为新冠肺炎疫情而严重受阻之际，中国政府及时提出支持出口产品转内销的帮扶措施，弥补出口市场因为突发状况而陷于瘫痪的困境，这是政府合理调节与保护市场的例证。

四、结论

对于像新冠肺炎疫情这种重大外在不利冲击的影响，企业的经营选择必须重点考虑疫情防控需要。在正常时期，只要企业的经营行为不违反经济法规，就会得到政府部门以及司法机关的保护。在疫情防控时期，包括疫情基本被控制后的常态化疫情防控期间，企业的经营行为除了要遵守经济法规，还要遵守传染病防治法以及与之相关的政府条例等。企业家、企业管理者与商人等群体都对盈利具有很大激励，这种假定是本书前面章节分析企业行为所遵循的基本逻辑，也是西方经济学特别是微观经济学所推崇的基本理念。然而，在新冠肺炎疫情防控时期，企业不能只关注盈利，更不能做出违背政府所发布的疫情防控条例或法令的经营行为。处在疫情防控关键时期的企业管理者在做出任何经营决策时，舍利取义这种具有中华传统儒家特色的经营理念要比利润最大化动机更为恰当。因此，本章比较简略地阐述了孟子的商业理念及与之相关的经营法则，以期对遭遇不利冲击的企业给予某些借鉴。

本书前面章节提到只要企业能够在出口市场获取利润，企业管理者就会做出出口决策，努力让出口贸易成为企业盈利的一种模式。在新冠肺炎疫情特别严重的那段时间内，整个世界的人员与物流交往几乎处于停滞之中，此时哪怕企业拥有异质性企业贸易理论所提到的所有出口优势，企业也无法进行出口，甚至原本计划销往国外市场的产品也因物流阻断而滞留在国内的仓库之中。为了帮助企业纾难解困，支持出口产品转内销的扶持政策可谓出口企业的及时雨。截至2021年1月，离庚子春节武汉封城已有一年时间，市场特别是国内市场逐渐恢复正常，但河北与黑龙江等省份相继出现的散发疫情或局部集聚性疫情，让不少民众对于即将到来的牛年春节有些担忧，企业管理者特别是服务行业对春节消费持谨慎乐观的态度。相对于中国本土，全球疫情要严重得多，国外市场完全恢复正常应该还要很长时间。人类定会彻底战胜新冠肺炎病毒，科学势必助力世界完全恢复正常。到了那一刻，渡过经营难关特别是出口难关的企业，必将拥有更加广阔的发展空间。

参考文献

［1］Adams，J.，Jaffe，A. Bounding the Effect of R&D：An Investigation Using Matched Establishment – firm Data ［J］. Round Journal of Economics，1996，27 (4)：700 – 721.

［2］Aghion，P.，Howitt P. A Model of Growth through Creative Destruction ［J］. Econometrica，1992，60 (2)：323 – 351.

［3］Almås，I.，Johnsen，Å. The Cost of a Growth Miracle – Reassessing Price and Poverty Trends in China ［J］. Review of Economic Dynamics，2018，30：239 – 264.

［4］An，Z. Taxation and Capital Structure：Empirical Evidence from a Quasi – experiment in China ［J］. Journal of Corporate Finance，2012，18 (4)：683 – 689.

［5］Baldwin，R. Heterogeneous Firms and Trade：Testable and Untestable Properties of the Melitz model ［R］. NBER Working Paper，No. 11471，2005.

［6］Bernard，A.，Jensen，B. Exceptional Exporter Performance：Cause，Effect，or Both？［J］. Journal of International Economics，1999，47 (1)：1 – 25.

［7］Bilbiie，F.，Ghironi，F. and Melitz，M. Monopoly Power and Endogenous Product Variety：Distortions and Remedies ［J］. American Economic Journal：Macroeconomics，2019，11 (4)：140 – 174.

［8］Brander，J. Strategic Trade Policy ［J］. Handbook of International Economics，1995，3：1395 – 1455.

［9］Costantini，J.，Melitz，M. The Dynamics of Firm – Level Adjustment to Trade Liberalization ［A］. in The Organization of Firms in a Global Economy，Helpman，E.，Marin，D. and Verdier，T (ed). Cambridge：Harvard University

Press, 2007.

[10] Cuneo, P. , Mairesse, J. Productivity and R&D at the Firm Level in French Manufacturing [A] //Griliches, Z. R&D, Patents and Productivity [C]. Chicago: University of Chicago Press, 1984: 375 – 392.

[11] Dixit, A. , Stiglitz, J. Monopolistic Competition and Optimum Product Diversity [J] . American Economic Review, 1977, 67 (3): 297 – 308.

[12] Dornbusch, R. , Fischer, S. , Samuelson, P. Comparative Advantage, Trade, and Payments in a Ricardian Model with a Continuum of Goods [J] . The American Economic Review, 1977, 67 (5): 823 – 839.

[13] Dominique, G. , Eric, M. Returns to Firm – provided Training, Evidence from French Worker – firm Matched Data [J] . Labour Economics, 2000 (7): 1 – 19.

[14] Duncan, G. J. , Hoffman, S. On – the – job Training and Earnings Differences by Race and Sex [J] . Review of Economics and Statistics, 1979, 61 (4): 594 – 603.

[15] Fernandes, A. M. Firm Productivity in Bangladesh Manufacturing Industries [J] . World Development, 2008, 36 (10): 1725 – 1744.

[16] Frankel, J. Globalization and Chinese Growth: Ends of Trends? [R] . HKS Working Paper No. 16 – 029, 2016.

[17] Gibbons, R. Game Theory for Applied Economists [M] . Princeton, New Jersey, Princeton University Press, 1992.

[18] Greenaway, D. , Gullstrand, J. , Kneller, R. Export May Not Always Boost Firm Productivity [J] . Review of World Economics, 2005, 141 (4): 561 – 582.

[19] Greenhalgh, C. , Stewart, M. The Effects and Determinants of Training [J] . Oxford Bulletin of Economics and Statistics, 1987, 49 (2): 171 – 190.

[20] Griliches, Z. Returns to Research and Development Expenditures in the Private Sector [A] . in Kendrick, J. and Vaccara, B. (EDS), New Development in Productivity Measurement and Analysis, University of Chicago Press, 1980: 339 – 374.

［21］Griliches, Z. Productivity, R&D and Basic Research at the Firm Level in the 1970s ［J］. American Economic Review, 1986, 76 (1): 141 – 154.

［22］Griliches, Z. , Mairesse, J. Productivity and R&D at the Firm Level ［A］. in Griliches, Z. (ed), R&D, Patents and Productivity, Chicago: University of Chicago Press, 1984: 339 – 374.

［23］Griliches, Z. , Mairesse, J. R&D and Productivity Growth Comparing Japan and US Manufacturing Firms ［C］. In: Hulten, C. (Ed.), Productivity Growth in Japan and the United States. The Univ. of Chicago Press, Chicago, 1990.

［24］Grossman, G. , Helpman, E. Innovation and Growth in the Global Economy ［M］. Cambridge: MIT Press, 1991.

［25］Hall, R. , Jones, C. Why Do Some Countries Produce so Much More Output per Worker than Others? ［J］. Quarterly Journal of Economics, 1999, 114 (1): 83 – 116.

［26］Hall, B. H. , Mairesse, J. Exploring the Relationship between R&D and Productivity in French Manufacturing Firms ［J］. Journal of Econometrics, 1995 (65): 263 – 293.

［27］Houthakker, H. Revealed Preference and The Utility Function ［J］. Economica, 1950, 17 (66): 159 – 174.

［28］Hu, A. Ownership, Government R&D, Private R&D, and Productivity in Chinese Industry ［J］. Journal of Comparative Economics, 2001, 29 (1): 136 – 157.

［29］Hu, A. , Jefferson, G. , Qian, J. R&D and Technology Transfer: Firm – Level Evidence from Chinese Industry ［J］. Review of Economics Statistics, 2005, 87 (4): 780 – 786.

［30］Jefferson, G. , Bai, H. , Guan, X. , et al. R&D Performance in Chinese Industry ［J］. Economics of Innovation and New Technology, 2006, 15 (4/5): 345 – 366.

［31］Krugman, P. Increasing Returns, Monopolistic Competition, and International Trade ［J］. Journal of International Economics, 1979 (9): 469 – 479.

［32］Krugman, P. Scale Economies, Product Differentiation, and the Pattern of Trade ［J］. The American Economic Review, 1980, 70 (5): 950 –959.

［33］Krugman, P. Increasing Returns and Economic Geography ［J］. Journal of Political Economy, 1991, 99 (3): 483 –499.

［34］Levinsohn, J., Petrin, A. Estimating Production Functions Using Inputs to Control for Unobservables ［J］. Review of Economic Studies, 2003 (70): 317 – 342.

［35］Lillard, L., Tan, H. Private – Sector Training: Who Gets it and What are Its Effects? ［J］. Research in Labor Economics, 1992 (13): 1 –62.

［36］Mairesse, J., Hall, B. Estimating the Productivity of Research and Development in French and US Manufacturing Firms: An Exploration of Simultaneity Issues with GMM Methods ［A］//Wager k. and Van Ark, B. International Productivity Difference and Their Explanations ［C］. Elsevier Science, 1996: 285 –315.

［37］Melitz, M. When and How Should Infant Industries Be Protected? ［J］. Journal of International Economics, 2005 (66): 177 –196.

［38］Melitz, M. The Impact of Trade on Intra – Industry Reallocations and Aggregate Industry Productivity ［J］. Econometrica, 2003, 71 (6): 1695 –1725.

［39］Melitz, M., Ottaviano, G. Market Size, Trade, and Productivity ［J］. Review of Economic Studies, 2008, 75 (1): 295 –316.

［40］Mincer, J. On the Job Training: Costs, Returns, and Some Implications ［J］. Journal of Political Economy, 1962 (70): 50 –79.

［41］Mitra, D. Endogenous Lobby Formation and Endogenous Protection: A Long – Run Model of Trade Policy Determination ［J］. American Economic Review, 1999, 89 (5): 1116 –1134.

［42］Olley, G., Pakes, A. The Dynamics of Production in the Telecommunications Equipment Industry ［J］. Econometrica, 1996, 64 (6): 1263 –1296.

［43］Ramsey, F. A Mathematical Theory of Saving ［J］. The Economic Journal, 1928 (38): 543 –559.

［44］Ranjan, P., Raychaudhuri, J. The "New – New" Trade Theory: A Review of the Literature [A]．In：Roy, M．, Sinha, Roy S．（eds）International Trade and International Finance. Springer, New Delhi, 2016.

[45] Redding, S．, Weinstein, D. Measuring Aggregate Price Indices with Taste Shocks：Theory and Evidence for CES Preferences [J]．The Quarterly Journal of Economics, 2020, 135（1）：503 – 560.

[46] Roberts, M．, Tybout, J. What Makes Exports Boom? [M]．Washington, D. C．, The World Bank, 1977.

[47] Rodrik, D. An African Growth Miracle? [J]．Journal of African Economies, 2018, 27（1）：10 – 27.

[48] Romer, P. Endogenous Technological Change [J]．Journal of Political Economy, 1990, 98（5）：s71 – s102.

[49] Rybczynski, T. Factor Endowment and Relative Commodity Prices [J]．Economica, 1955（22）：336 – 341.

[50] Samuelson, P. The Transfer Problem and Transport Costs, Ⅱ：Analysis of Effects of Trade Impediments [J]．The Economic Journal, 1954, 64（254）：264 – 289.

[51] Schumpeter, J. Capitalism, Socialism and Democracy [M]．Unwin, London, 1942.

[52] Solow, M. Technical Change and the Aggregate Production Function [J]．The Review of Economics and Statistics, 1957（39）：312 – 320.

[53] Spence, A. Job Market Signaling [J]．Quarterly Journal of Economics, 1973, 87（3）：35 – 74.

[54] Stolper, W．, Samuelson, P. Protection and Real Wages [J]．The Review of Economic Studies, 1941, 9（1）：58 – 73.

[55] Tang, E．, Peng, C. The Global Contribution of Energy Consumption by Product Exports from China [J]．Environmental Science and Pollution Research, 2017, 24（17）：14690 – 14699.

[56] Tang, E．, Peng, C．, Xu, Y. Changes of Energy Consumption with Economic Development When an Economy Becomes More Productive [J]．Journal of

Cleaner Production, 2018（196）：788 - 795.

[57] Tsai, S., Tsai, P., Weng, Y. Endogenous Strategic Trade Policy：The Case of the Third Market Model［J］. International Review of Economics & Finance, 2018, 58：676 - 682.

[58] Yang, X., Heijdra, B. Monopolistic Competition and Optimum Product Diversity：Comment［J］. The American Economic Review, 1993, 83（1）：295 - 301.

[59] Zhang, L., Dong, X. Male - female Wage Discrimination in Chinese Industry Investigation Using Firm - level Data［J］. Economics of Transition, 2008, 16（1）：85 - 112.

[60] 安虎森，皮亚彬，薄文广. 市场规模、贸易成本与出口企业生产率"悖论"［J］. 财经研究, 2013（5）：41 - 50.

[61] 白俊红，江可申，李婧. 中国地区研发创新的相对效率与全要素生产率增长分解［J］. 数量经济技术经济研究, 2009（3）：139 - 151.

[62] 包群. 贸易开放与经济增长：只是线性关系吗［J］. 世界经济, 2008（9）：3 - 18.

[63] 包群，邵敏. 出口贸易与我国的工资增长：一个经验分析［J］. 管理世界, 2010（9）：55 - 66.

[64] 陈陶然，谭之博，张慧慧. 出口变动、产业特性与失业——基于中国微观数据的实证研究［J］. 国际贸易问题, 2018（2）：70 - 80.

[65] 陈婷，丁建定. 从"性别中立"到"性别歧视"——现收现付制与基金制的养老金性别利益差异［J］. 人口与经济, 2009（2）：86 - 91.

[66] 程相宾. 文化贸易理论视角下我国民族文化产业快速发展的对策研究［J］. 黑龙江民族丛刊, 2018（5）：69 - 74.

[67] 戴维·韦尔. 经济增长［M］. 王劲峰等译. 北京：中国人民大学出版社, 2011.

[68] 董志勇. 行为经济学的社会公平态度与价值取向研究——以新加坡、中国上海和兰州为例［J］. 中国工业经济, 2006（10）：75 - 81.

[69] 段玉婉，杨翠红. 基于不同贸易方式生产异质性的中国地区出口增加

值分解［J］．世界经济，2018（4）：75 - 98.

［70］范剑勇，冯猛．中国制造业出口企业生产率悖论之谜：基于出口密度差别上的检验［J］．管理世界，2013（8）：16 - 29.

［71］方军雄．所有制、市场化进程与经营绩效——来自中国工业行业统计数据的发现［J］．产业经济研究，2009（2）：17 - 24.

［72］方明月，聂辉华，江艇，谭松涛．中国工业企业就业弹性估计［J］．世界经济，2010（8）：3 - 16.

［73］方向，魏艾．基于马克思霸权周期理论解析当前中美贸易关系［J］．学术研究，2018（10）：84 - 92.

［74］格里高利·曼昆．宏观经济学（第九版）［M］．卢远瞩译．北京：中国人民大学出版社，2016.

［75］郭庆旺，贾俊雪．中国全要素生产率的估算：1979 - 2004［J］．经济研究，2005（6）：51 - 60.

［76］何欢浪．供给侧改革背景下出口政策和竞争政策协调研究——以战略性资源产品出口为例［J］．国际贸易问题，2019（4）：35 - 49.

［77］何茵．贸易自由化对中国城镇劳动力市场性别歧视的影响［J］．国际贸易问题，2007（6）：27 - 33.

［78］洪世勤，刘厚俊．出口技术结构变迁与内生经济增长：基于行业数据的研究［J］．世界经济，2013（6）：79 - 107.

［79］胡国恒，闫雪培．中国制造业出口工资溢价的异质性分析——来自企业微观数据的实证研究［J］．河南师范大学学报（哲学社会科学版），2020（3）：47 - 53.

［80］黄俊，陈信元．集团化经营与企业研发投资——基于知识溢出与内部资本市场视角的分析［J］．经济研究，2011（6）：80 - 92.

［81］金碚．论国有企业改革再定位［J］．中国工业经济，2010（4）：5 - 13.

［82］金碚．国有企业的历史地位和改革方向［J］．中国工业经济，2001（2）：5 - 16.

［83］金祥荣．中国幼稚工业及其保护机制的选择［J］．国际贸易问题，

1994 (9)：15－21.

[84] 金晓梅，张幼文，赵瑞丽．行业要素结构与对外直接投资：来自中国工业企业的经验研究 [J]．世界经济研究，2019 (6)：109－123.

[85] 金雪军，欧朝敏，李扬．全要素生产率、技术引进与 R&D 投入 [J]．科学学研究，2006 (5)：702－705.

[86] 荆逢春，陶攀，高宇．中国企业存在出口学习效应吗？——基于所有制结构角度的实证研究 [J]．世界经济研究，2013 (3)：41－47.

[87] 赖明勇，张新，彭水军，包群．经济增长的源泉：人力资本、研究开发与技术外溢 [J]．中国社会科学，2005 (2)：32－46.

[88] 雷达，刘元春．新贸易理论与自由主义：冲突与融合中的发展 [J]．世界经济，2005 (5)：62－74.

[89] 李春顶．中国企业"出口－生产率悖论"研究综述 [J]．世界经济，2015 (5)：148－175.

[90] 李春顶．中国出口企业是否存在"生产率悖论"：基于中国制造业企业数据的检验 [J]．世界经济，2010 (7)：64－81.

[91] 李春顶，石晓军，邢春冰．"出口－生产率悖论"：对中国经验的进一步考察 [J]．经济学动态，2010 (8)：90－95.

[92] 李春顶，尹翔硕．我国出口企业的"生产率悖论"及其解释 [J]．财贸经济，2009 (11)：84－90.

[93] 李春顶，赵美英．出口贸易是否提高了我国企业的生产率？——基于中国 2007 年制造业企业数据的检验 [J]．财经研究，2010 (4)：14－24.

[94] 李春玲，李实．市场竞争还是性别歧视——收入性别差距扩大趋势及其原因解释 [J]．社会学研究，2008 (2)：94－117.

[95] 李丹，董琴．全球价值链重构与"引进来""走出去"的再思考 [J]．国际贸易，2019 (9)：63－69.

[96] 李建萍，辛大楞．异质性企业多元出口与生产率关系视角下的贸易利益研究 [J]．世界经济，2019 (9)：52－75.

[97] 李建伟．我国劳动力供求格局、技术进步与经济潜在增长率 [J]．管理世界，2020 (4)：96－113.

［98］李丽霞，李培鑫，张学良．开发区政策与中国企业"出口－生产率悖论"［J］．经济学动态，2020（07）：65－83．

［99］李树茁，姜全保，刘慧君．性别歧视的人口后果——基于公共政策视角的模拟分析［J］．公共管理学报，2006（2）：90－98．

［100］李卫红，陈圻，王强．基于产品创新的企业 R&D 行为与定价策略研究［J］．研究与发展管理，2011（2）：67－75．

［101］李湘萍，郝克明．企业在职培训对员工收入增长、职业发展的影响［J］．北京大学教育评论，2007（1）：150－160．

［102］李晓华．比较优势、竞争优势与中国企业的跨境并购［J］．经济管理，2011（5）：56－63．

［103］李玉红，王皓，郑玉歆．企业演化：中国工业生产率增长的重要途径［J］．经济研究，2008（6）：12－24．

［104］林毅夫，李永军．比较优势、竞争优势与发展中国家的经济发展［J］．管理世界，2003（7）：21－28．

［105］梁会君，史长宽．国内外贸易成本差异、行业要素密集度与我国出口"生产率悖论"——基于中国制造业动态面板数据［J］．山西财经大学学报，2013（10）：54－67．

［106］刘斌，李磊．贸易开放与性别工资差距［J］．经济学（季刊），2012（2）：429－460．

［107］刘海洋，马靖，宋巧．中国地级以上城市的工资差异：原因及趋势［J］．中国软科学，2012（5）：93－102．

［108］刘海洋，汤二子，郭园园，王珺．异质性企业贸易模型的扩展及中国经验［J］．世界经济与政治论坛，2011（5）：147－162．

［109］刘海洋，袁鹏，苏振东．精英治理、人才引进与高校教师资源配置［J］．南开经济研究，2010（6）：137－150．

［110］刘伟，张辉．中国经济增长中的产业结构变迁和技术进步［J］．经济研究，2008（11）：4－15．

［111］刘志彪，张杰．我国本土制造业企业出口决定因素的实证分析［J］．经济研究，2009（8）：99－112．

［112］马述忠，郑博文．中国企业出口行为与生产率关系的历史回溯：2001－2007［J］．浙江大学学报（人文社会科学版），2010（5）：144－153.

［113］马艳艳，刘凤朝，孙玉涛．大学－企业合作网络结构及对企业创新产出效应［J］．研究与发展管理，2011（6）：1－7.

［114］毛其淋，方森辉．创新驱动与中国制造业企业出口技术复杂度［J］．世界经济与政治论坛，2018（2）：1－24.

［115］聂辉华，江艇，杨汝岱．中国工业企业数据库的使用现状和潜在问题［J］．世界经济，2012（5）：142－158.

［116］宁光杰．中国的工资性别差距及其分解——性别歧视在多大程度上存在？［J］．世界经济文汇，2011（2）：19－34.

［117］皮建才，仰海锐．京津冀协同发展中产业转移的区位选择——区域内还是区域外？［J］．经济管理，2017（7）：19－33.

［118］乔瑞雪．从多元视角解析清朝闭关锁国政策的产生根源［J］．内蒙古大学学报（哲学社会科学版），2011（3）：111－114.

［119］盛丹．地区行政垄断与我国企业出口的"生产率悖论"［J］．产业经济研究，2013（4）：70－80.

［120］史泰丽．中国的国有企业为什么亏损［J］．经济研究，1995（4）：21－28.

［121］苏振东，洪玉娟，刘璐瑶．政府生产性补贴是否促进了中国企业出口？——基于制造业企业面板数据的微观计量分析［J］．管理世界，2012（5）：24－42.

［122］苏振东，严敏．美国反倾销反补贴并用对中国出口贸易影响研究——以中国输美橡胶和纸制品为例［J］．南方经济，2011（3）：56－68.

［123］孙辉煌，韩振国．不完全竞争、R&D投入与成本加成变动——基于中国工业行业的实证研究［J］．科学学研究，2010（7）：1022－1027.

［124］孙静，徐映梅．企业广义创新资本及其产出弹性测度［J］．统计与信息论坛，2020（5）：69－77.

［125］孙敬水，丁宁．企业异质性、出口对工资溢价的影响——基于中国工业企业微观数据的经验证据［J］．经济理论与经济管理，2019（5）：33－47.

[126] 孙晓华，王昀．研发、出口与全要素生产率：基于联立方程模型的实证检验 [J]．管理工程学报，2015 (4)：1-8.

[127] 孙永波，胡晓鹃，丁沂昕．员工培训、工作重塑与主动性行为——任务情境的调节作用 [J]．外国经济与管理，2020 (1)：70-84.

[128] 汤二子．中国制造业企业发展之路：理论与实践 [M]．北京：经济管理出版社，2020.

[129] 汤二子．新时代全面深化改革之战略及策略的国家审计研究——以旅游扶贫审计为例 [J]．财贸研究，2019 (2)：102-110.

[130] 汤二子．中国歧视女性的社会根源及在国家治理上的红利：古今论据 [J]．制度经济学研究，2018 (4)：176-206.

[131] 汤二子．中国企业"出口-生产率悖论"：理论裂变与检验重塑 [J]．管理世界，2017 (2)：30-42.

[132] 汤二子．中国情境下企业广告策略与研发战略的逻辑关系 [J]．制度经济学研究，2017 (2)：87-110.

[133] 汤二子．生产率、市场规模对企业生存空间的影响 [J]．财经科学，2016 (7)：80-89.

[134] 汤二子．学历和性别对劳动者工资的影响研究 [J]．统计研究，2012 (11)：67-73.

[135] 汤二子，刘凤朝，张娜．生产技术进步、企业利润分配与国民经济发展 [J]．中国工业经济，2013 (6)：18-30.

[136] 汤二子，刘海洋．中国出口企业"生产率悖论"存在性检验——来自 2005-2008 年中国制造业企业的证据 [J]．国际经贸探索，2011 (11)：39-47.

[137] 汤二子，刘海洋．基于中国经验重构新新贸易理论的分析框架 [J]．财经研究，2012 (4)：48-58.

[138] 汤二子，刘海洋．中国出口企业的"生产率悖论"与"生产率陷阱"——基于 2008 年中国制造业企业数据实证分析 [J]．国际贸易问题，2011 (9)：34-47

[139] 汤二子，邵莹，刘海洋．生产率对企业出口的影响研究——兼论新新

贸易理论在中国的适用性 [J] . 世界经济研究, 2012 (1): 62 - 67.

[140] 汤二子, 孙振 . 引入产品质量的异质性企业贸易模型及中国经验证据 [J] . 经济评论, 2012 (4): 68 - 77.

[141] 汤二子, 孙振 . 研发对企业出口贸易的影响研究 [J] . 研究与发展管理, 2012 (6): 87 - 95.

[142] 汤二子, 王瑞东, 刘海洋 . 研发对企业盈利决定机制的研究——基于异质性生产率角度的分析 [J] . 科学学研究, 2012, 30 (1): 124 - 133.

[143] 汤二子, 于长宏 . 中国工业企业支出规模与 R&D 波及面: 2005 ~ 2007 [J] . 改革, 2011 (4): 103 - 110.

[144] 汤宏波 . 高学历"追逐症"与失业的经济学分析——一个基于斯宾塞劳动力市场模型的研究 [J] . 财经研究, 2006 (1): 113 - 120.

[145] 王彩霞, 李春秋 . 国家民族利益高于一切——"乐凯人"的价值选择 [J] . 道德与文明, 1999 (1): 14 - 15.

[146] 王东京 . 中国经济稳中求进的优先目标及其宏观政策取向 [J] . 管理世界, 2019 (5): 1 - 8.

[147] 王岚, 罗小明 . 从俄林到 Krugman: 区位对贸易意味着什么? ——区际贸易理论和新经济地理学的比较 [J] . 当代财经, 2012 (12): 104 - 111.

[148] 王红领, 李稻葵, 雷鼎鸣 . 政府为什么会放弃国有企业的产权 [J] . 经济研究, 2001 (8) .

[149] 王孝松, 谢申祥 . 中国出口退税政策的决策和形成机制——基于产品层面的政治经济学分析 [J] . 经济研究, 2010 (10): 101 - 114.

[150] 王永进 . 关系与民营企业的出口行为: 基于声誉机制的分析 [J] . 世界经济, 2012 (2): 98 - 119.

[151] 王竹青 . 企业高学历员工需要特征研究 [J] . 探索, 2002 (2): 101 - 103.

[152] 吴延兵 . 自主研发、技术引进与生产率——基于中国地区工业的实证研究 [J] . 经济研究, 2008 (8): 51 - 64.

[153] 吴延兵 . R&D 与生产率——基于中国制造业的实证研究 [J] . 经济研究, 2006 (11): 60 - 71.

［154］吴延兵．中国工业 R&D 产出弹性测算（1993－2002）［J］．经济学（季刊），2008（3）：869－890.

［155］吴延兵．中国工业 R&D 投入的影响因素［J］．产业经济研究，2009（6）：13－21.

［156］吴杨伟，王胜．再论比较优势与竞争优势［J］．经济学家，2018（11）：40－47.

［157］谢千里，罗斯基，张轶凡．中国工业生产率的增长与收敛［J］．经济学（季刊），2008（3）：809－826.

［158］徐念沙．"一带一路"战略下中国企业走出去的思考［J］．经济科学，2015（3）：17－19.

［159］徐舒，朱南苗．异质性要素回报、随机冲击与残差收入不平等［J］．经济研究，2011（8）：92－105.

［160］许英明，邢李志，董现垒．"一带一路"倡议下中欧班列贸易通道研究［J］．国际贸易，2019（2）：80－86.

［161］薛蕊，苏庆义．相对技术差异对贸易结构的影响有多大？［J］．国际经贸探索，2014（4）：4－13.

［162］亚当·斯密．国富论［M］．胡长明译．南京：江苏人民出版社，2011.

［163］颜士梅．企业人力资源开发中性别歧视维度及程度的实证分析［J］．浙江大学学报（人文社会科学版），2008（6）：173－184.

［164］杨洪常，丁秀玲，奚国泉．中国企业培训管理现状研究综述［J］．科学管理研究，2004（1）：103－107.

［165］杨继东，罗路宝．产业政策、地区竞争与资源空间配置扭曲［J］．中国工业经济，2018（12）：5－22.

［166］叶娇，赵云鹏，和珊．生产率、资本密集度对企业国际化模式选择决策的影响［J］．统计研究，2018（1）：32－42.

［167］易靖韬，傅佳莎．企业生产率与出口：浙江省企业层面的证据［J］．世界经济，2011（5）：74－92.

［168］易先忠，欧阳峣．大国如何出口：国际经验与中国贸易模式回归

［J］．财贸经济，2018（3）：79－94.

［169］于洪霞，龚六堂，陈玉宇．出口固定成本融资约束与企业出口行为［J］．经济研究．2011（4）：55－67.

［170］余淼杰．中国的贸易自由化与制造业企业生产率［J］．经济研究，2010（12）：97－110.

［171］张海洋．R&D两面性、外资活动与中国工业生产率增长［J］．经济研究，2005（5）：107－117.

［172］张杰，李勇，刘志彪．出口促进中国企业生产率提高吗？——来自中国本土制造业企业的经验证据：1999－2003［J］．管理世界，2009（12）：11－26.

［173］张杰，李勇，刘志彪．出口与中国本土企业生产率——基于江苏制造业企业的实证研究［J］．管理世界，2008（11）：50－64.

［174］张杰，黄泰岩，芦哲．中国企业利润来源与差异的决定机制研究［J］．中国工业经济，2011（1）：27－37.

［175］张军．需求、规模效应与中国国有工业的亏损：一个产业组织的方法［J］．经济研究，1998（6）：11－19.

［176］张莉，朱光顺，李夏洋，王贤彬．重点产业政策与地方政府的资源配置［J］．中国工业经济，2017（8）：63－80.

［177］张礼卿，孙俊新．出口是否促进了异质性企业生产率的增长：来自中国制造企业的实证分析［J］．南开经济研究，2010（4）：110－122.

［178］张世伟，司颖华．"物价－失业"关系的再探讨——基于"三角"菲利普斯曲线［J］．中央财经大学学报，2018（1）：87－92.

［179］张永胜，刘新梅，王海珍．研发/市场职能整合与产品创新绩效关系研究［J］．科学学研究，2009（2）：309－314.

［180］赵春燕，黄汉民．出口工资溢价：自我选择效应还是出口学习效应？——基于企业异质性视角的经验研究［J］．国际贸易问题，2013（9）：111－119.

［181］赵伟，李淑贞．出口与企业生产率：由实证而理论的最新拓展［J］．国际贸易问题，2007（7）：24－30.

［182］赵志耘，刘晓路，吕冰洋．中国要素产出弹性估计［J］．经济理论与经济管理，2006（6）：5－11.

［183］郑江淮，曾世宏．企业家职能配置、R&D 与增长方式转变——以长江三角洲地区为例［J］．经济学（季刊），2009（1）：73－94.

［184］郑京海，刘小玄，Arne Bigsten. 1980－1994 期间中国国有企业的效率、技术进步和最佳实践［J］．经济学（季刊），2002（3）：521－540.

［185］郑文博．新结构经济学与新兴古典经济学的理论融合：一个比较优势理论的扩展模型［J］．经济问题探索，2019（10）：22－33.

［186］郑小碧．贸易中介空间集聚如何提升出口边际：沟通外溢性视角［J］．世界经济研究，2019（9）：46－66.

［187］仲济垠．企业职工不同职务和学历人员之间的工资差异［J］．经济纵横，1990（5）：10－12.

［188］周黎安，张维迎，顾全林，汪淼军．企业生产率的代际效应和年龄效应［J］．经济学（季刊），2007（4）：1297－1318.

［189］周世民，沈琪．中国出口企业的"生产率之谜"：理论解释［J］．宏观经济研究，2013（7）：26－31.

［190］祝树金，钟腾龙，李仁宇．进口竞争、产品差异化与企业产品出口加成率［J］．管理世界，2019（11）：52－71.

［191］朱方明，刘得扬．国家利益与中国企业国际化发展［J］．财贸经济，2009（4）：88－93.

［192］朱有为，徐康宁．中国高技术产业研发效率的实证研究［J］．中国工业经济，2006（11）：38－45.

后 记

异质性企业贸易理论在被提出以后，国际贸易领域掀起了利用该模型并结合微观企业数据进行研究的热潮，中国本土学者在这方面取得了很多有价值的成果。2010年，我有幸进入大连理工大学攻读硕士学位研究生，师从刘海洋老师。正当此时，异质性企业贸易理论在国内学术界掀起了一波又一波的研究高潮，刘海洋老师建议我以及同门的其他几位同学以此作为研究方向。经过很多夜晚的模型推导与实证文献研读，以及无数不分昼夜的论文写作的日子，我逐渐在这个领域取得了一些研究成果并顺利地在国内期刊上发表出来。特别是对中国出口企业"生产率悖论"不厌其烦的研究，让我逐渐明白中国企业出口与生产率之间的关系。沿着生产率这条线，我又在企业研发方面进行了诸多研究。大量的学术研究让我逐渐回归理性，那就是想去深入思考这些由西方经济学者建构的理论模型，究竟能对中国企业有何借鉴与指导意义。

本书把我已经取得的比较重要的有关异质性企业贸易理论与中国企业出口、生产率等逻辑关系的研究成果整合在一起，以求让这些成果以学术专著的形式继续发挥一些余热。在此我要感谢我的合作者，某些章节在以学术论文形式发表时，他们与我一起署名。由于本书致力于凝练我个人的一些学术观点，所以他们没有在本书上署名。我感谢这些合作者与我共同研究时所做的贡献，本书只代表我个人的观点，文责自负，书中任何错误或不到之处均与我的合作者无关。

本书出版之际，我既是南京审计大学的一位教师，也是南京大学的一位博士研究生，感谢两所高校的包容与支持。感谢南京审计大学李陈华教授，他既是我的院领导，更是关爱我这样年轻老师成长的和善可亲之人。他对学校与学院工作的兢兢业业和对个人得失的虚怀若谷都是值得我长期学习的。感谢南京大学刘志彪教授，他对学问的钻研与对学术的热爱都深深地吸引着我努力从事研究工作。

此外，我也要对南京审计大学经济学院的同事表示感谢，比如几个办公室的行政人员，她们提供的无私帮助是我们教师群体安心做好教学与科研工作的保障。

我第一本专著出版后，收到样书那天正是儿子汤泽杨出生的日子。在准备这第二本书稿之际，泽杨宝宝已经开始咿呀学语，他天真无邪的可爱是消除我一切烦恼的开心果。在此，我要对岳母表示感谢，她对泽杨宝宝的精心照料，让我和爱人能够全身心地投入到工作中去。相比父辈一代，我们这一代人生活在更加繁荣的世界里，相信泽杨宝宝这一代人肯定也会比我们这代人享受到更多的经济繁荣。经济繁荣离不开企业生产与经营的优化与发展，希望这本书能对企业合理做出生产与经营决策起到绵薄之力。最后，感谢经济管理出版社赵亚荣编辑对本书审阅与校对等程序所付出的辛勤劳动。

汤二子

2021 年 1 月于南京审计大学位育楼